伟大的投资机会

——在全球股市蓝海中拾贝

[美] 杰夫·D·奥普代克（Jeff D. Opdyke） 著

胡丽英 译

The World is Your Oyster
The Guide to Finding Great Investments Around the Globe

东方出版社

导　言

破解全球投资密码

30 年前，杰夫·D·奥普代克抛弃传统理念，成为一名成功的国际投资商。从那时起，他就成为了一个传奇人物。当时，华尔街档案局要求投资商通过购买基金进行海外投资，但杰夫对此不屑一顾。一些基金管理者认为购买海外证券不划算，而杰夫却义无反顾地在新西兰、中国香港等地开办银行账户并购买当地证券。

杰夫很有远见，认为人不管生活在哪里，总有一些共性，他们要喝酒、买房和装修。当上百万人努力向中产阶级的生活迈近时，生活用品公司就会为投资商带来最大的机遇，然而，只有很少一部分人在美国进行证券交易。

与我们使用相同的投资工具，杰夫也使用因特网、电子邮件等投资工具。他发现，企业与不断发展的当地经济，与美国、亚洲及其他发展迅速的地区有着密切联系。总部在新西兰的生活用品公司 Fisher & Paykey 就是一个鲜明的例子。十几年来，它一直保持盈利，并带给投资者稳定的股息回报，杰夫每年从中获利 12%。

教你如何发现 Fisher & Paykey 这样的公司是这本书的关键，优化你的投资组合，世界就会成为你的珍珠贝。在这里，杰夫的独到见解和实用指南，涉及海外投资的方方面面，他教你如何对公司进行调查研究，如何获取海外公司的红利，怎样解决纳税问题，怎样兑换货币及更改账户类型。

为什么要在海外进行投资呢？因为与全世界相比，美国只是一个小岛，美国公司只占世界公司的 1/5，而其他大部分公司都是中小企业，它们具有巨大的发展潜力，在美国你不会发现这样的机遇。

如果你准备调整自己的投资组合，你不仅可以从杰夫的经验和教训中获取无价的精神财富，还可以在投资道路上畅通无阻，取得巨大成功。

　　海外投资机遇不容置疑，本书就是你的投资指南，它提出了走向全球的五个原因，为各种性格的投资商提供相应的投资方式，帮你跨越金融壁垒，教你如何集中精力在中国、土耳其、东欧等地进行投资。并且，本书教你如何运用网络及 21 世纪高新技术开启全世界的机遇之门。

目录

序

洗碗机中的珍珠贝

一切探险都始于灵感。这次探险也不例外，它始于一台洗碗机。

1995年秋，我逐渐成为一名全球投资者。在此之前，我的投资仅限于美国股票市场。我投资的对象都是世界知名的企业，然而，公司发展壮大带来的利润还是非常有限。品牌创建、商品营销及售后服务是这些企业不断发展的主要因素，也是美国经济向外扩张的主要手段。毕竟，在财富500强中，有320多家企业的生存依赖于美国以外的市场，数以千万计的小企业在美国根本没有出头之日。因此，如果你在纽约和美国证券交易市场中找不到发财机会，不妨到海外尝试一下。在海外进行的区域间公司股票交易，通常都是在美国人难以想到的一些地方进行的。

我不是一名专业投资者，也不是一位成熟的资金管理者，更不是一个万无一失的投资研究分析专家。我只是一位旅行者，一名普通的投资者，与任何一位平凡的投资者使用相同的投资工具——因特网和电子邮件。我相信，随着美国的机遇越来越多，除了因特网和电子邮件以外，这个世界还将为我们提供更多抓住机遇的手段。我也相信，尽管美元具有至高无上的地位，它在全球畅行无阻，但它并不是这个世界唯一的流通货币。正是抱着这种信念，我在远离纽约的证券市场寻找机会。

1995年，这次探险开始了。那时，美元并不是国际投资者的通行货币；这个世界更没有像《福多尔旅游指南》（Fodor)① 那样的图书教他们如何进行证券交易；美国的经纪人事务所也无法就国际投资为他们提供咨询服务。那些在国外进行交易的投资者，要么是大量买进证券，以证明他们的努力；要么是大幅度拉升自己投资的股票价格，用以弥补把美元兑换当地货币的损失和其他海外交易的费用。投资者既不能在短期内筹集大量资金，也不愿向银行贷款，因为贷款需要支付高额利息。

再也不能这样下去了，如果要像当地人那样用当地货币进行证券交易，我就必须出奇制胜。

我做到了！多年来，我在新西兰、澳大利亚、中国香港、新加坡和加拿大开户。在这些地方，我进行了很多证券交易。最近，我又开始在越南、埃及、中东和东欧等地开户，因为我能在这些地方直接投资。

你可能会问：你为什么要这么做？

让我们回顾一下20世纪90年代的华尔街。那时，美国股市很不稳定，但是标准普尔500指数还没有让人失望。证券交易所资金流动自如，理发店成了投资者商议投资策略的主要场所，谁都可以投机倒把。不费吹灰之力，美国每年的证券指数就能上升两位数。按照当时的记录，其利润回报率接近40%。在那10年里，标准普尔500指数曾多次在世界最佳股票市场中名列前茅。1995年是标准普尔指数具有里程碑意义的一年，它的总利润达到了其最高值38%，而当时，瑞士的股市平均收益将近45%。两年后，标准普尔指数又以34%的利润回报让人大吃一惊，而土耳其股市的利润率却高达118%。1998年，标准普尔的利润率下降到31%，人们对此束手无策，而此时，韩国股市的利润率却高达141%。

最近10年，这种局面并没有改变。2003年，标准普尔指数从连续三年熊市局面中卷土重来，当年的利润率达29%。然而此时，泰国的指数利润率已高达145%，而奥地利、澳大利亚、巴西、加拿大、丹麦、德国、

---

① 《福多尔旅游指南》是世界上最权威的旅游手册，该书每年出一册，指导世界各地的旅游者如何进行旅游观光。——编者注

希腊、以色列、新西兰、西班牙和瑞典的指数利润率都在 50%～115% 之间。2005 年，当标准普尔在竭力维持其一位数的增长率时，埃及股市的指数利润率已高达 161%，那一年，其他 40 多个国家的股市利润率也都很高。

实际上，以标准普尔指数为指标的美国证券市场，从未在世界证券市场中高居首位。在标准普尔指数引领美国证券市场期间，其他国家的证券市场正在走向繁荣；而在标准普尔指数走向繁荣时，其他国家或地区的证券市场则更加红火。

因此，美国并不是唯一的机遇之邦。要找到更多的机会，你必须像澳大利亚的土著居民那样，在证券市场的密林中徒步探险。这就是我写作本书的动机。正如出国旅行需要有人做向导一样，进行投资也需要一个投资指南。因为无论旅行还是投资，风险和机遇都会并存；一旦你明确了目标，你就必须清楚自己要去哪儿，怎样到达那里，以及需要注意什么。因此，你可以把这本书当作全球投资的手册。

其他此类书籍也列举了很多有关全球投资的实例。当你做投资选择时，它们会教你如何估计美国共同资金及在美国上市的海外股票。这就好比有人告诉你钓鱼多么有趣，然后让你自己去建一个池塘。这本书与众不同，如果你不愿通过中介公司在陌生国家投资，在这本书的前几章，你就可以了解：怎样运用不同方法在国内进行海外投资。

这本书构思新颖：它教投资者如何避开华尔街，直接进入当地经济。这样一来，如果你想找到愿意与你合作的中介公司，它就能为你提供很多实用性建议。如果你在海外公司所做的财务报表中发现一些奇怪的问题，它就能帮你解决这些问题，并教你建立基金账户；同时，它能为你解决投资中的税务问题，帮你应对挑战；它还能教你如何对已经投资或将要投资的企业进行调查研究。

这本书告诉你如何应对海外货币存在的潜在风险——由于政府的干预，汇率波动会对我们的投资造成影响。为此，它浅显易懂地叙述了币值间的相互作用，币值波动对投资的影响，以及货币兑换的程序。其实，货

序

洗碗机中的珍珠贝

币兑换并不复杂，这本书还将为你提供一些兑换货币较方便的网站。

在这本书中，你还可以学会如何建立海外银行账户与中介公司的联系，以及为何建立这种联系。了解这些很必要，因为它关系到的不只是股息。你要知道，海外的分红与国内不相上下，即使是在纽约或洛杉矶那些可为用户提供各种兑换服务的大银行里，你若要求将美元兑换成泰铢，出纳员也会目瞪口呆。

这本书中有专门介绍中国和土耳其的章节，在这些章节中，作者列举了实例教你如何对海外投资做长远打算，如何发现、研究国外企业并应对一些潜在风险。

本书最大的优点是，不管你的家是位于波士顿这样的金融中心，还是位于阿肯色州的渔村或农场，你都不需要办理护照，就可以拥有整个世界。你可以随时随地在世界各地进行投资——东京、开罗、奥克兰、伦敦、上海……

华尔街的历史告诉我们，尽管美国股票市场号称世界顶级市场，然而它并不是最重要的投资场所。事实上，虽然纽约证券交易所是独一无二的，但其他的投资空间也非常广阔。

这正是我在 1995 年所追求的——从一台洗碗机中发现机遇。

20 世纪 90 年代中期，很多美国人还不了解 Fisher & Paykey 公司。当时，生活用品公司引领着各国的经济。新西兰在大洋洲也崭露头角，越来越多的人正跻身于中产阶级的行列，他们渴望过上西方人那样的舒适生活——例如，拥有一台很受消费者欢迎的自动洗碗机。20 世纪几十年来的经济发展给太平洋沿岸的公司带来了很大的利润，这些都是以消费者为导向的公司，那些以此为投资对象的人们或许就会发现 Fisher & Paykey 公司。

即使那些投资者们发现了 Fisher & Paykey 公司，但在 1995 年，他们想在美国买到这家证券公司的股票也不容易。如果他们想以当地人的价格在 Fisher & Paykey 入股，就必须到距纽约证券交易所 9 000 英里之外的新西兰证券交易所办理业务，在当地开户并兑换新西兰货币。

几周来，我用电脑和拨号上网系统反复搜索网站，并给新西兰的中介公司发送邮件，询问他们是否可以接受美国的投资商，多数公司礼貌地回绝了我，还有一些公司根本就没有给我回复。

只有一家名叫 Ord Minner Securities 的有价证券公司接受了我的请求，一位当地的经纪人通过电子邮件和一个应用软件帮助我开通了账户，而那个软件又是跨越 17 个时区传真过去的。如今，这家证券公司已经破产。

他最后告诉我："现在就剩下调配资金了。"也就是说，在世界的另一边通过一个专门的银行，我要将资金汇入一个从未到过的国度的某个账户。

我一一照做。

然后就杳无音信。

很多天过去了。

我的热情逐渐消失，焦虑却在不断增长。难道是我太信任他了吗？那位和蔼可亲的经纪人真的为我开户了吗？我们相距万里，我对他束手无策，他会不会将我的数千美元据为己有呢？

四天以后，我收到一个传真，那位经纪人说，由于出差才没能及时与我联系。他已经收到了我的汇款，建立了账户，而且按我的要求为我购买了 Fisher & Paykey 公司和一家名叫莱恩·内森（Lion Nathan）的啤酒有限公司的股票。

最后，他告诉我，我汇入账户的钱只剩下 10 新元了，再投资的话，金额就太少了。我第一次的海外交易就这样不了了之。

"不过别担心，"他在信中说，"我将为你补偿那部分损失，欢迎到新西兰来！"

从那时起，我就成为一名国际投资商和世界金融旅行家。

当然，你不用亲自带钱到国外投资。美国有很多公司拥有外国证券，在那里你就可以购买共同基金（mutual fund）和开放式基金（exchange-traded funds，简称 ETFs），你还可以购买任何一家中介公司所代理的海外公司股份。美国列出了很多可通过各种方式进行交易的外国公司，包括索尼公司、丰田公司、英国航空公司及诺基亚公司等。你也可以和其他投资商一样，购买可口可乐、沃尔玛及星巴克等大型跨国公司的股份，期待着它们出现在国外市场，从而为你的投资组合带来长远利益。

这些策略都值得尝试，以下我们将逐个进行探究。这些策略虽然很方便，但不够透明。通常，一旦你买下封闭式基金、开放式基金或中介公司代理的股份，就意味着你拥有了一个国家或地区的最大公司，这些公司就是我们刚才提到的索尼、丰田、英国航空及诺基亚等公司，它们已是众所周知的全球性大公司。这听起来不错，却存在一个难题：由于大型跨国公司在美国已经拥有相当大的销售群体，这就使得投资商们像是在美国经济与当地经济之间下赌注。拥有多个国家的公司股份也是如此。尽管这些公司在海外能创造很大利润，但由于它们毕竟属于美国，因此，它们与美国经济的波动和证券市场的变化关系密切。

如果你不想这样做，又想从当地的经济发展中获取利润，就必须向与当地经济联系紧密的中小企业进行投资，而这些公司通常不受美国市场的影响。要拥有这些公司的股票，你就必须将资金打包，向它们所在的国内市场直接投资。

1995年，我花费了很长时间寻找机遇，开始这次投资探险。如今，抓住国外机遇就像在美国进行证券交易一样容易。在中国香港、新加坡、澳大利亚甚至越南等地开立中介账户或银行账户也像在网上购书一样简单。随着网络技术的高速发展，你可以通过扫描，将这些文件存入自己的电脑，再通过电子邮件在数秒之内将其发送至地球的另一边。电汇也使开通基金账户变得方便快捷，进行网上交易意味着你可以在纽约人还未醒来的清晨，开始你在东欧的证券交易。美国市场收盘时，你可以在悉尼抛出。如果你愿意，即使是在夜半时分，你也可以在雅加达或开罗开始你的另一场交易。

如果你想对已经拥有或渴望拥有其股份的公司进行调查研究，你就必须注意以下这一点：十年前，我在新西兰开户时，调查某家公司只能通过很慢的网络系统和电子邮件进行。下班后，我还要坐在办公室里，花上一两个小时的时间，将诸如"南非、酿酒厂、股东"等关键字输入搜索引擎，寻找约翰内斯堡交易所的啤酒公司的股票。第二天，我又得输入"银行、斯堪的纳维亚"等关键字，搜索挪威和瑞典的金融公司，还得浏览新西兰各个城市（如奥克兰、惠灵顿和奎恩）和澳大利亚各个城市（悉尼、墨尔本、珀斯）发布在网上的报刊信息，以了解当地公司的运营模式。对于那些我比较感兴趣和前景较好的公司，我会向其外联部门发送邮件，索取近几年的年度报告或半年报告，通常在几周以后我才能收到这些报告。

当前，网络信息正以指数形式高速发展，这使得投资过程变得更加方便快捷。几乎所有公司——即使是一些欠发达国家的公司，如今都有自己的网站，投资者很容易在其主页找到并下载该公司的年度报告及半年报告。因此，你很快就能得到这些信息。从中介公司到自主调查机构，从金融网站到博客，从工业贸易协会到世界证券交易所再到个体公司，在网上你可以得到所有的信息。这些公司不但可以为你提供很多便于投资的信息，而且还可以帮你链接到很多有用的网站。

现在，万事俱备，只欠东风：一本为你导航的投资指南！

这本书就是你所需的投资指南。

翻开这一页——你的投资旅行将从这里开始……

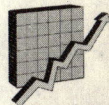

第一章

剑走偏锋:
走向全球的 5 个理由

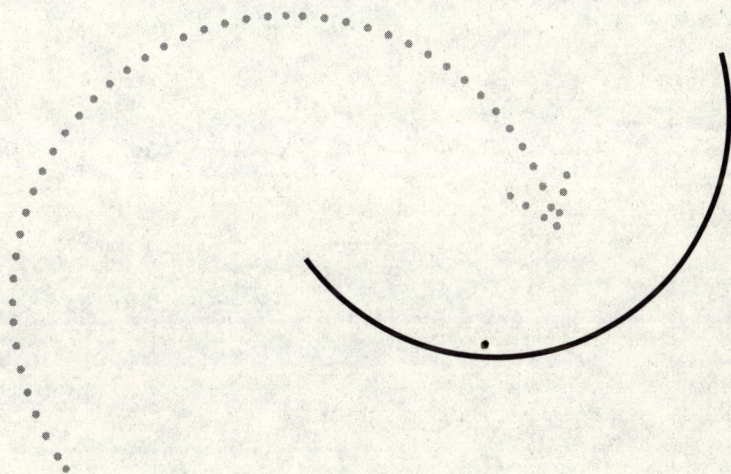

为什么要走向全球？

这本书就是答案。

既然在美国证券市场隐藏着这么多投资机遇，为什么还要到海外去投资呢？毕竟，2007年，除6家公司以外，5 100多家著名公司都贴有"美国制造"的标签，这其中包括一些最大的跨国公司，如麦当劳、可口可乐、通用汽车公司、沃尔玛、埃克森以及波音公司。拥有这些公司的股票，意味着你的一部分资金就可以在亚洲、欧洲、中东、非洲以及其他地方流通。如果一名巴基斯坦人这样选择自己的午餐：在卡拉奇的麦当劳喝了一杯柠檬汁，吃了一袋薯条，那么，你就会从中获利。如果一名阿根廷人在门多萨的沃尔玛商场买了一些家具，你也会从中获利。如果像在2004年9月那样，阿拉伯联合酋长国的国家航空公司艾提汉德（Etihad）航空公司定购了5架波音777喷气机，那么，你同样还会获利。当然，对你的个人账户来说，这些利润是微不足道的。然而，随着这种交易的日积月累，你的收益就会积少成多。

在国内进行这样的交易，你的利润并不仅限于美国公司，你也有权选择在美国上市的很多外国公司进行投资。这些外国企业通常与本田、沃达丰、法国航空公司和联合利华等公司名气相当。事实上，你无需离开美国，就可以得到一大堆美国存款收据以及美国与外国企业交易的股份，这些企业也许来自于马拉维、多米尼加和斯里兰卡。此外，你还可以通过位于美国的中介公司，像在电脑上点击图标一样方便快捷地进行海外交易。

随着资金的跨国流动，世界已经进入了一个没有金融壁垒的时代。如今，美国公司在国内就可以兼并那些在德国的竞争伙伴；英国公司也可以兼并美国公司；那些日本公司也很容易进入韩国的市场。美国的投资者们在全球证券市场的投资大部分都来自共同基金、保障基金和养老金。我们这些个体投资者，现在也能够在距离我们很远的交易所进行投资。这样做的理由很充分：2007年，在世界股票市场上市的50 000多家公司中，那些标有"美国制造"的5 100家公司只占10%。尽管这个比例在世界处于领先地位，但投资者在美国市场的投资空间仍很有限。

当然，还有很多世界级大公司并不值得你去尝试。它们的股票通常是在一些战乱和政治腐败的国家进行交易的；当股票价格下跌时，这些公司的交易额就会很小，因此，你就会处在一场无法接受的贸易危机中。通常，它们还在一些你鞭长莫及的国家进行交易，这样你就不能随时遭返资金；这些公司有没有法人资格同样也值得怀疑，这更使得你的投资处于危险的境地。其中的一些公司属于国有企业，其运行模式与苏联集体农庄相似。这些公司的管理者经营这样的企业，并不是为了让股东获利，而是为了保持散漫、臃肿、官僚的政府机构，不至于使自己丢掉工作。

但是，大部分公司发展势头强劲，它们通常具备健全的贸易体制，拥有数十年的盈利历史，还有稳定的贸易市场和固定的合作伙伴。这些公司信誉良好，有很大的国内外发展潜力。它们的法定代表人精力充沛，经理和主管头脑清醒，时刻都在考虑如何使本公司发展得更快更好，为自己和股东创造更多的利润。

在它们的经营计划中，唯一不做的是：在美国上市。

如果你想拥有这些公司的股票——当然，你有充分的理由这样做——你就必须找到这些公司，因为它们不会主动送上门来。

找这样的公司，就像你准备做一份日本大酱汤，需要买原料一样，你可以在离家不远的大商场里找到它们，尽管其中的原料成千上万，你只需找到关键的两种，即大酱和几袋鲣鱼片，它们是汤的底料。美国大商场的营业员会建议你到亚洲商品专柜，挑选你所需要的原料，尽管那里种类繁多，却不一定有你所需的能烹饪出正宗风味的汤料。这样一来，你就需要到另一个城市的亚洲商场去看一看，那里的杂货店有你所需的所有原料，通常有不同的等级和数量供你选择，而这些原料保证货真价实。除此之外，亚洲杂货店里的原料价格比大商场的标价要低很多，对本地顾客来说，他们不可能花大价钱去买这些日常用品。当然，这种跨地区的交易费时费力，同时，你还可能遇到一些诸如难以识别标签之类的困难。另外，你还要尽力与店主沟通。不过，店主可以帮你解决一些问题，为你推荐质量较好的商品，还会为你介绍当地人是如何使用这些原料的。

总而言之，如果你想做一道正宗的日本大酱汤，就别怕费劲，你应该到当地购买原料。

股票市场与杂货市场大同小异。你可以在美国证券交易所购买所有公司的股票，但其中也有很多股票，是你想买也买不到的。在北美，数以千计的7－Eleven便利商店很受欢迎，如果你想购买总部在日本的7－Eleven便利商店的股票，最好通过中介公司进入东京股票市场。如果你想从迅速发展的中国房地产市场中盈利，那么，你应该在香港开通一个账户，以便与中国万科房地产公司进行贸易往来；你最好再认识一位深圳的房地产开发商，以便在中国内地进行投资。意大利人在度假时会首选Gruppo Ventaglio S. P. A 旅游公司，因为它是米兰最好的包价旅游承办商，如果你想在这家公司投资，就必须学会如何在这个国家进行股票交易。

你为什么会对意大利的包价旅游商、日本便利店以及中国的房地产开发商感兴趣呢？这本书的精髓就是为你解答这个问题的，即成为一名全球投资者到底意味着什么。全世界的人们都做着与美国人相同的事情，他们寻找那些迎合自己所需并可从中获利的商业，以获得其商品与服务。也就是说，美国人热衷于度假，欧洲人也一样。事实上，每年八月都是欧洲人的度假期。无论是意大利人在斯里兰卡的海滩晒太阳，挪威人在希腊群岛的小船上享受日光浴，还是英国人在巴利阿里群岛（Balearic Islands）上的游艇里欢呼，他们都是在将大把大把的钱装进当地人的腰包。

实际上，数以千计的海外公司与美国根本没有关系。通常，它们不在美国出售商品，也没有针对美国消费者的店面，更不在美国开办工厂。因此，这些公司的商品就不会进入美国的千家万户，它们也没有这方面的打算，更不会在美国预订房间进行隔夜交易。同样，它们也不提供任何售后服务，并且纽约的各大证券交易所也没有它们的股票。这些公司通常都是自产自销，它们只想在本国经济中发展，也只是在了解本公司品牌的国内证券市场上市。如果你想同这些公司一起发展，也就是你想融入美国之外的经济大潮，就必须到当地的证券交易所，像本地人那样投资。

这样一来，就又回到了开头的那个问题：我为什么要走向全球呢？具体地说就是：美国市场只占世界投资空间的 10%，那我为什么偏偏要把投资局限在这里呢？

当然，在这个答案中存在一个难题——怎样走向全球化？

美国人对国外的事物，在很大程度上是持反对态度的。当然，我们还是会买德国轿车，日本的 DVD 播放机以及智利的红葡萄酒，因为这些产品如今在美国随处可见，与其说它们来自国外，还不如说它们本来就属于美国。同样，对于在美国证券市场上市的德国、日本及智利等公司的股票，美国人也是这种态度。尽管，它们本质上属于海外公司，然而，由于它们在纽约市场是以美元方式进行交易的，所以很容易被美国投资者接受。因此，这些公司享有很高的声誉。另外，从经验来看，这些公司在纽约证券市场进行交易很容易。如果换作在东京、法兰克福和圣地亚哥呢？恐怕就没那么容易了！因为它们毕竟不是美国公司。

作为一个国家，除非此刻有令人振奋的消息，例如美国足球队在其他国家的一场并不重要的比赛中获胜，这时，我们才会关注发生在国外的事情。位于华盛顿的 Pew 研究中心是一个调查组织，它主要研究态度与倾向对美国及世界的影响。其数据显示：在 1997 年至 2002 年期间，只有 20% 的美国人出国旅行，1/4 的美国人与其他国家的人们有电话或通信来往……在这些数字中，你还得考虑到其中有不少人是回国探亲的。在纽约之外的地方，如人口集中的小镇迈阿密，你还记得最后一次看到兑汇小摊是在什么时候吗？在世界的大部分地方，包括那些偏远的小镇和村庄，普遍存在着这样的兑汇小摊。

这里还要涉及一个问题：当一家海外公司通过发行股票而拥有一位美国投资者时，也就意味着它将自己的份额分配给了投资者。这样一来，我们就可以迅速地将拥有的海外股份抛出，即证券市场出现的"飞回"现象——将海外公司的股份返回到本国的证券市场。

我们之所以排斥外来事物，一部分原因是由于我们地理知识的匮乏。除了加拿大、墨西哥以及加勒比海沿岸的所有海滩圣地，在美国人眼中，其他国家只是度假场所、食物来源地和奥运会的竞争对手，美国人几乎对

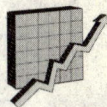

其他国家的存在视而不见。

还有一部分原因是由于我们历史知识的欠缺。过去的一个世纪里，美国在文化、政治、社交、军事、经济等各方面都处于世界领先地位。这就使得美国人自以为是一个很有优越感的联合体。2000 年，《商业周报》中的一篇文章就很好地表达了这种观点。它宣称美国公司是不可能被外来的竞争者超越的，并且鼓励投资者购买美国跨国公司的股票，而不要买国外的股票。

事实是不是这样呢？

很显然，这种看法对日本的丰田汽车公司来说，是错误的。因为几年来，它已经远远超过美国底特律通用汽车公司和福特公司。还有，当韩国和日本高质量的电子产品摆满货架并处于领先地位时，美国那些破产的电子公司又跑到哪里去了呢？美国东海岸有许多已经破产或正在垂死挣扎的纺织商，当它们在全球市场逐渐衰落的时候，又是谁在以低成本生产高质量的纺织品呢？那些美国远洋轮船公司的境况又是怎么样呢？它们也不过只是盖着海船货物集装箱的钢印，穿梭在加利福尼亚的长滩（Long Beach）、华盛顿的西雅图以及新泽西州的纽瓦克（Newark）等港口。而真正的大型轮船公司，其业务却主要集中在北欧和亚洲。在网络动画出现之前，动画市场就已经逐步向亚洲转移。在印度，为美国制作卡通作品是一笔很大的生意，而且印度的宝莱坞（Bollywood）已经成为世界第二大娱乐公司。我们对自己的创新精神、白皮肤和蓝眼睛太过自信，以至于我们错误地认为：只有美元才是这个世界真正的货币；美国公司是唯一的、真正的改革者；美国市场是引领世界自由经济的灯塔。事实上，2006 年，美国经济的世界排名是第九位，排在它前面的还有中国香港、新加坡、爱尔兰、丹麦、大不列颠联合王国，甚至还有爱沙尼亚。

还有一部分原因是，我们除了会计算美国参加了多少次战争以外，对国际时事了解甚少。这就使得我们忽略了全世界的大背景，跟不上其他国家的步伐。因为大部分国家的邻国很多，并且总有一些好战的邻国对一些热点问题争执不休。战争的爆发，除了与争夺边界有关外，还有一些是出于与经济、军事和自我防御有关的历史原因。

因此，我们基本可以这样理解美国人：他们通常对外界的事物不闻不问，除非这件事直接影响到他们的切身利益。

这是很不幸的。因为，在其他地方发生的任何事情都可能给你带来很大的利润回报。

现在，你需要睁开双眼，到美国之外的地方去寻找机遇。打开这本书，你就能发现带着美钞走向全球的 5 个理由。

第一节　走向全球的第 1 个理由：你做得到

1989 年，投资者要想在全球投资，可从 56 个证券市场中进行选择，这些证券市场还为那些勇敢的投资者们提供了多家公司的联合证券，备选公司数量接近 26 000 家。

那么现在的情况又是如何呢？

如今，拥有证券交易市场的国家是原来的 2 倍多，而在这些市场进行交易的公司数目却只有大约 50 000 家。

越来越多的经济体摆脱了纯粹的计划经济，它们以某种形式践行市场经济体制，那些分裂出来的小国家也开始联合起来寻找资金，以求得生存与发展。证券市场也在全球各地涌现，美国人也许会在晚报上看到某些国家发生了灾难，如哈萨克斯坦、巴勒斯坦、马其顿王国、苏丹、黎巴嫩等，然而，他们通常不会考虑在这些国家投资。

证券市场的出现也带动了中介公司的发展，这些中介公司中有一些是以某种形式出现在网上的，它们很乐意帮助国外的投资者，也包括美国投资者，为其提供开户和债券兑换等业务。还有一些公司没有建立网上贸易途径，只是在网上发布其业务范围及所能提供的信息。与这些公司联系业务通常需要你通过传真或电子邮件，发送开户申请及交易订单。不过，这些都不是什么问题，它也是我第一次交易使用的方式——就是在新西兰投资的那次。这种方式一直持续了很久，直到它被新的网络通信方式所

代替。

对于任何一个位于不同城市里的投资者来说，不管你采用的是哪种认购方式，例如在线、电子邮件或是电话，事实上，你只需要坐在自己的电脑前，就可以开通任何一个国家或地区的账户，进行证券交易，例如加拿大、中国内地、中国香港、中国台湾、日本、澳大利亚、新西兰、泰国、越南、马来西亚、菲律宾、新加坡、俄罗斯、西班牙、希腊、法国、芬兰、波兰、爱沙尼亚、匈牙利、大不列颠联合王国、葡萄牙、埃及以及博茨瓦纳等等，这里只是列举了一部分国家和地区，而且是很少的一部分。

当然，现在你没必要通过中介公司在每个国家的证券市场开户。虽然，世界上有一些证券市场确实非常火爆，每天的交易额达数百亿美元，但是，其他的证券市场却没有如此繁荣。2006 年初的一个星期三，共有 8 家公司在位于非洲西部科特迪瓦的阿比让证券交易所上市，当天的交易额累积只有 3 091 股，还不到 290 000 美元。这只相当于迈阿密当红篮球明星沙奎尔·奥尼尔一晚上的收入。还有一些国家由于太小，其经济只能依赖于国内的一两家企业，一旦这些企业停滞不前，国家就会处于危机之中，同时，你的投资组合也会受到很大的影响。还有一些证券市场，由于每天的交易额太低，一旦发生经济危机，你就不能及时地将股票抛出，这就是华尔街所描述的"非现金市场"。一般来说，一名个体投资者在这种市场购买股票不会由于一时冲动而入股，也不会一次性进行大笔投资交易。因为在这里，没有足够多的购买者和卖出者进行交易，想要抛出股票就不是那么容易，特别是在经济危机的时候，它会变得更加困难。例如，前面提到的阿比让证券交易所就是非现金交易的一个典型的例子。这种情况的结果是，当购买股票的人出现时，你所希望卖出的股票价格可能已经跌了很多，而在你脱身之前，已经造成了无形的损失，至少你的利润会减少很多。

2006 年 7 月的黎巴嫩事件就是一个值得人们冷静思考的例子。真主党是一个伊斯兰教激进组织，它占领黎巴嫩以后，绑架了两名以色列士兵。因此，以色列对黎巴嫩的海、陆、空进行持续的袭击，这又招致黎巴嫩的真主党向以色列北部发射大量火箭。事实上，这场未经宣战的战争持续了几个星期。以色列的攻击对象包括黎巴嫩的基础建设和国际机场，其军舰还阻塞了贝鲁特海港，而在这些炸弹与导弹摧毁黎巴嫩之前，几年来的内战已经使得其民主政治建设变得脆弱不堪。在黎巴嫩内战后的一段时期，局势相对稳定，贝鲁特海滨成了中东地区主要的运动场，旅游业开始推进当地的经济发展。据美国报道，黎巴嫩的旅游业产值占其国内生产总值的15%。

黎巴嫩事件改变了这种相对稳定的局面，那些想从其经济恢复中获利的投资者们因此而大大受挫。

以色列对贝鲁特的地毯式轰炸开始于某个星期三，截止到那一周的星期五，证券交易所收盘时，黎巴嫩股票价格已下跌了其总价值的13%，这是一个迅速而令人痛苦的跌势。在接下来的星期一，黎巴嫩证券交易所的管理人员就离岗了。当双方对抗的消息传来时，如果你一时冲动，害怕黎巴嫩证券交易所停盘，想尽快脱离市场，你就不得不在价格下跌时将股票全部抛出，即使抛出的价格很低。证券市场的突然停盘意味着你已没有机会抛出股票，如果你有足够的耐心，那么你就只能坐观其变，期待着证券市场的重新开盘。例如，你会想它将何时开盘，开盘后投资者对股票的标价将会有多低。两周半以后，贝鲁特证券市场终于重新开盘，黎巴嫩股市跌幅确实很大，而且还在进一步下跌，当天就又下跌了4%。

除了战争的影响之外，一些国家还对货币加以控制，或者限制国外投资者在当地进行投资。在这种情况下，你就不能随心所欲地购买心仪的股票，即使能买到，你也不能随意地遣返所投资金。通过出国调查，或者咨询你所投资的公司，你就可以了解这一点。对于这个问题，我们还将在第三章进行详细探究，相信这些都会引起你的兴趣。2007年，你还不能通过中国货币"人民币"进行证券自由贸易。因为在中国上市的大部分公司的标价都是元，因此，你不能买中国的"A股"。不过，你倒可以购买份额相对较小的"B股"，因为这些股票的标价是港币和美元。后面有一章我们还将对中国作详细介绍。

同时，在另一些市场，总存在一部分消费者阶层，他们为了最基本的生计，而不愿将闲钱任意挥洒，更不愿将它们投资到本地的公司。由于缺少真正的个体消费者和投资者阶层来驱动经济的发展并形成市场，证券市场的发展在很大程度上就只能依赖于集体投资者，而他们通常又会毫无原因地将资金从一个证券交易所转移到另一个证券交易所，所以，这种证券市场的发展就很不平衡。这样一来，你在一个小型市场，如科特迪瓦证券交易所，积累的账面利润可能就会很快蒸发。假如一些集体投资者因为某种原因，突然将资金转移到阿塞拜疆，那么你在巴库证券交易所的投资就有先见之明了。

这样看来，在小地方投资确实很有趣。

尽管罗马尼亚拥有一个相对很大的平民群体，但它以前并不是欧洲人崇拜的偶像。中央情报局统计数字显示，2005年东欧各国人均收入为8 400美元左右，远远落后于克罗地亚、拉脱维亚和斯洛文尼亚。然而，曾被誉为东方巴黎的布加勒斯特，在其宽阔的林荫大道和狭窄的小巷两旁，随处可见时尚的服饰店、电子产品专卖店和咖啡店，随时能听到年轻人用手机打电话的声音。在西方人眼里，罗马尼亚并不是财富的象征，但它是欧洲发展的一个典型：它将古老的传统与日益现代化的经济结合起来，成为西方现代化的动力。反过来，它也是国际投资的典型：它既拥有本地企业，也拥有跨区域企业。随着经济的发展，这些企业与本地经济和整个区域的经济联系也越来越紧密。

罗马尼亚的证券交易所位于布加勒斯特，它是一座高大的建筑，在林荫大道的映衬下，红色的砖墙和玻璃框架结构更显其现代化风格。它沉睡了50年，终于在1995年开始苏醒。在其他各国正在发展经济潜能的时候，布加勒斯特证券交易所也在思索今后的发展。

2000年，罗马尼亚领导人与西欧各国协商加入欧盟的事宜。那一年，在布加勒斯特证券交易所上市的114家公司，其股票市盈率仅为3.98。这些股票还支付了7.5%的利息，与标准的股息相比，这是一个很高的数字。在证券市场乃至所有的证券交易市场，这都是标价不高的一个迹象。

直到2005年底，罗马尼亚的股票不再下跌。同时，在其对欧盟的大规模攻势下，投资者也不断涌入，其股票的市盈率也增至35。而且，市场总体利润率也下降至1.5%，这些都是由于投资者对罗马尼亚公司的需求增加，从而导致了该国股票的增值。到2007年，罗马尼亚为加入欧盟做准备的时候，这种需求还在不断增加。为了加入欧盟，它必须加强经济、银行、法律及司法等体制的建设，必须采取相应的措施避免发生通货膨胀和其他经济危机。由于很多国家都想加入欧盟，在前进的道路上，罗马尼亚人就必须解决这些经济问题。在单一的计划经济时代，罗马尼亚的经济发展曾经一度比较缓慢。但是，目前，罗马尼亚的经济已有了很大的改善，就像它在金融、法律和司法体制中的改进一样，所有这些都促使其成为相对安全的投资场所。投资者一旦发现一个安全的投资场所，或者这个国家正在进行一系列的改革，他们通常就会来购买当地证券，所有这些因素都会推动股票价格的上涨。反过来，这种局势还会为另一些投资者创造更多的机会，他们通常喜欢在那些股票价格上涨的国家进行投资，这样，就形成了一个良性循环。

来，让我们回到第一个走向全球的原因：你做得到。美国投资商要想直接介入中欧地区的经济浪潮，就像进入其他前景良好的经济大国一样，可以在线联系各种各样的中介公司进入罗马尼亚。在第三章，我们还将详细探讨这个问题，这里只是为你举个例子，告诉你如何在全球找到落脚点。例如，欧洲投资公司接受美国投资者，并为他们提供跨国交易，那么，从伦敦到拉脱维亚，从俄罗斯到希腊，这只是众多中介公司中的一家，它们不但为欧洲投资服务，还提供部分亚洲业务。

最妙的是，投资商们要进行国际投资，在世界的任何一个地区，他们都可以找到像欧洲投资公司一样的中介公司。

第二节　走向全球的第 2 个理由：机遇

先来看一份上市证券清单：德国大众汽车公司；仅次于美国阿肯色州沃尔玛的世界第二大零售店——法国家乐福超市；还有德国Metro全球零售店；已遍布从爱尔兰到日本再到美国加利福尼亚各大城市

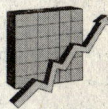

的英国乐购食品连锁店；日本东京电子公司；连小孩都知道的瑞士雀巢集团公司；总部位于法国的法国电力公司以及德国 RWE 电力公司。

这些进行公开贸易的大公司，除大众汽车公司和雀巢集团公司外，其他的你可能还没听说过，但它们都具有以下两个特点：

● 它们都位居世界财富 100 强，而世界财富 100 强中列出的都是世界上最大的公司；

● 从 2007 年起，这些公司的股票将不在纽约证券交易所和美国证券交易市场上市。

尽管这些世界级大公司在全球获得了很大的利润，如大众汽车公司和麦当劳公司，但其中的大部分公司并不属于美国。还有一些公司在美国有很大的市场，但其股票并不在美国证券交易所上市。德国宝马汽车公司就是其中的一个。2006 年，该公司制造出了迷你型库珀汽车和豪华型罗－罗汽车，受到了消费者的青睐，这两款产品仅在美洲就为该公司创造了 1/4 的销售收入。然而，你却很难在美国购买到该公司的股票，因为它们只在德国证券交易所上市。

表 1-1　世界跨国公司排名

美国当然可以吹嘘自己拥有很多大型跨国公司，但是，它却没有庞大的市场。2005 年，财富杂志的统计数据显示，在全球 100 家跨国公司中，其中 2/3 的公司属于其他国家。

排名	公司	国家
1	沃尔玛商场	美国
2	英国石油公司	英国
3	爱克森－美孚石油公司 （Exxon Mobil）	美国
4	壳牌运输贸易公司	英国、荷兰
5	通用汽车公司	美国

排名	公司	国家
6	戴姆勒－克莱斯勒公司	德国
7	丰田汽车公司	日本
8	福特汽车公司	美国
9	通用电器公司	美国
10	道达尔公司（Total）	法国
11	雪佛龙－德士古公司（Chevron Texaco）	美国
12	科诺科－飞利浦公司（Conoco Philips）	美国
13	安盛人寿保险公司（AXA）	法国
14	安联人寿保险公司（Allianz）	德国
15	大众汽车公司	德国
16	花旗集团公司	美国
17	荷兰国际集团（ING）	荷兰
18	日本电报电话公司	日本
19	美国国际集团公司	美国
20	国际商用机器公司	美国
21	西门子有限公司	德国
22	家乐福公司	法国
23	日立电器公司	日本
24	忠利集团（Assicurazioni Generali）	意大利
25	松下电器公司	日本
26	麦克森公司（McKesson）	日本
27	本田公司	日本
28	惠普公司	美国
29	日产汽车公司	日本
30	富通集团（Fortis）	比利时、荷兰

排名	公司	国家
31	中国石油化工股份有限公司	中国
32	伯克希尔哈撒韦公司（Berkshire Hathaway）	美国
33	埃尼集团公司（ENI）	意大利
34	家得宝公司（Home Depot）	美国
35	英杰华集团公司（Aviva）	英国
36	汇丰集团公司	英国
37	德国电信公司	德国
38	弗莱森电讯公司（Verizon Communications）	美国
39	三星电子公司	韩国
40	国家电网公司	中国
41	标致汽车公司	法国
42	麦德龙集团（Metro）	德国
43	雀巢公司	瑞士
44	美国邮政局	美国
45	法国巴黎银行	法国
46	中国石油天然气集团公司	中国
47	索尼公司	日本
48	卡地纳健康公司（Cardinal Health）	美国
49	皇家阿霍德公司（Royal Ahold）	荷兰
50	奥驰亚集团（Altria Group）	美国
51	墨西哥国家石油公司	墨西哥
52	美国银行	美国
53	沃达丰公司	英国
54	乐购公司	英国
55	慕尼黑再保险公司	德国

第一章　剑走偏锋：走向全球的5个理由

排名	公司	国家
56	日本生命人寿保险公司	日本
57	菲亚特公司	意大利
58	苏格兰皇家银行	英国
59	苏黎世金融服务集团公司	瑞士
60	法国农业信贷银行	法国
61	瑞士信贷公司	瑞士
62	州立农业保险公司（State Farm Insurance Cos.）	美国
63	法国电信	法国
64	法国电力	法国
65	摩根大通银行	美国
66	瑞士联合银行	瑞士
67	克罗格公司（Kroger）	美国
68	德意志银行	德国
69	鲁尔燃气公司	德国
70	德国邮政公司	德国
71	宝马公司	德国
72	东芝公司	日本
73	瓦莱罗能源公司（Valero Energy）	美国
74	美国美源伯根公司（Amerisource Bergen）	美国
75	辉瑞制药公司	美国
76	波音公司	美国
77	宝洁公司	美国
78	莱茵集团（RWE）	德国
79	Suez	法国
80	雷诺公司（Renault）	法国

排名	公司	国家
81	联合利华公司	美国、荷兰
82	美国塔吉特公司（Target）	美国
83	博世公司（Robert Bosch）	德国
84	戴尔公司	美国
85	蒂森克虏伯公司（Tyseen Krupp）	德国
86	好市多公司（Costco Wholesale）	美国
87	苏格兰哈里法克斯银行	英国
88	强生公司	美国
89	英国保诚集团公司（Prudential）	英国
90	东京电力公司	日本
91	巴斯夫公司（BASF）	德国
92	韩国现代汽车公司	韩国
93	埃尼尔公司（Enel）	意大利
94	马拉松石油公司	美国
95	挪威国家石油公司	挪威
96	日本电气公司	日本
97	雷普索尔YPF公司（Repsol YPF）	西班牙
98	日本第一生命保险公司	日本
99	富士通公司	日本
100	时代华纳集团公司	美国

美国公司共计33家

其他国家公司共计67家

　　一些世界级大公司的股票也会在美国上市，你可以通过某些途径向这些公司投资。还有一些公司，尤其是那些大型的海外公司，如英国航天公

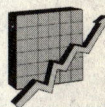

司和索尼公司，它们分别以美国存托凭证（American Depositary Receipts，ADRs）、美国存托股份（American Depositary Shares，ADSs）和全球存托凭证（Global Depositary Receipts，GDRs）等形式，将其股票在各州发行。还有一些公司，如雀巢集团公司，除了以 ADRs 的形式发行外，还可以通过"外来普通股"（foreign ordinaries）的形式，不经证券交易所，直接出售给投资者。这些普通股与当地证券市场发行的普通股相同。然而，这种不经证券交易所的交易市场（OTC①），其实不应该成为你的首选。事实上，它没有任何调节机制，只是一个自发的市场。像一个电子公告板，买主和卖主把他们感兴趣的公司股票张贴出来，进行自由交易。而另外一些股票市场，尽管它们具备完善的调节机制，但却不能进行类似的交易。我们将在下一章详细探究美国存托凭证、外来普通股和 OTC 市场。不过，眼下你只需要认识到，在 OTC 市场进行外来股交易，甚至包括纽约证券交易所或全国证券交易所上市的美国存托凭证，与在国内市场的任一家公司投资相比，你都可能面临更大的风险。这些国内公司的今天就是我们的昨天。在数天、数周，甚至是更长的时间里，这些公司的大部分股票都能不进行一次交易，这样，你的资金在很大程度上就会出现流动不畅，而且，还会由于缺少本地购买者，使你不能将股票在国内市场的其他地方抛出，因此，你就会处于危机之中。

如果你想从世界级公司或那些前景最好的公司中获利，就必须出国。由于海外个别市场已达到财富融合的水平，当地公司也不需要纽约或伦敦为其筹集资金，因此，走出国门就显得越来越重要。这样，当地公司就可以通过国内证券汇兑来筹集资金，而不需要求助于其他国家。如果你想抓住这些机遇，我们就会带你了解最好的买卖特权。

---

① OTC 是 over-the-counter 的简称，即场外交易市场，又称柜台交易市场。和证券交易所市场完全不同，OTC 没有固定的场所，没有规定的成员资格，没有严格可控的规则制度，没有规定的交易产品和限制，主要是交易双方通过私下协商进行的一对一的交易。场外交易主要出现在金融机构和金融业十分发达的国家。——编者注

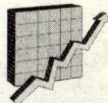

不过，你也需要换个角度来看待"机遇"。美国的很多公司尽管有过一段辉煌的历史，但如今，它们进入成熟期，已经筋疲力尽。无论它们再怎么努力，最多也只能在产量上有所突破，或者通过损害其他竞争者的利益，来求得自身的发展。汽车公司就是一个这样的例子。美国的汽车公司、卡车公司已经过度饱和，那些汽车制造商们想尽各种办法来吸引顾客的注意。例如，按成本价出售产品，或者通过电视广告的宣传，在所有大大小小的节日里，面向大众按内部价打折出售产品。

另外一些公司的处境就像电信业的状况一样。美国曾是一个不断发展的市场，尤其是在 20 世纪 90 年代，它的发展更快。不过如今，不用说几乎每个成年人都拥有手机，就连青少年也普遍拥有 1~3 部手机。因此，为了吸引新的消费群体，电信公司不断更新长途服务业务，为击败竞争对手，它们不惜推出 19.95 美元的月租业务，并赠送大量免费通话服务，或者在某个特定网络上免费通话。与汽车制造商一样，电信公司为了吸引顾客，也是绞尽了脑汁。尽管最终结果就像是注射强心针，并不会有什么根本性的发展，但是，为了使业务取得实质性进步，电信公司只能刺激顾客不断购买手机。

美国市场就是这样，而海外市场却是另一番景象。尤其是在那些发展中国家，区别就更大了。一些发展中国家，如中国和印度，随着经济的发展，购买私家车的人会越来越多，在这些国家就会形成一个消费者群体。这样，它们的汽车制造商、轮胎制造商、汽车部件零售商、加油站和其他相关企业将会有很广阔的发展空间。例如，在中国，拥有私家车已经成为一个与健康有关的问题。在中国的大部分地区，尽管公交车一直是人们首选的交通工具，但 2003 年非典型性肺炎（SARS）的传播，让许多中国人开始思考公交车和地铁的安全问题。SARS 的传播途径主要是近距离接触，而公交车和地铁中拥挤的人群，使其成为人与人最容易接触的场所。在很多情况下，公交车和地铁中人与人之间几乎是摩肩接踵，这对人的健康很不利。中国人突然意识到，拥有一部私家车就可以避免这种潜在的健康危机。

更进一步说，在中国，尤其是在上海这样的大都市，拥有私家车是人们享受都市生活的象征。每到周末，他们就开车来到海滩、高山或乡村，摆脱都市的喧闹，享受快乐。并且，越来越多的人喜欢开车行驶在宽阔的收费公路上。其中有些公路是世界最好的高速公路，它们大大缩短了往返两地之间的时间，这意味着中国的汽车市场将会非常广阔。

同样，几年后，发展中国家的电信公司也将处于正常发展阶段。举个例子，欧洲政策研究中心是欧洲经济研究的权威机构，在2005年3月，英国电信巨头沃达丰公司委托该中心展开了一项调查，结果显示，全球发展最快的手机市场在非洲。而美国投资者却很少考虑这个地方。这项调查只是一次随机调查，但投资者肯定对此很感兴趣。我们将在第三章详细介绍如何从中获取有用信息。

以下是对英国沃达丰公司调查的部分数据。

●97%的坦桑尼亚人表示，他们有购买一部手机的能力；只有28%的人认为自己只需要一部有线电话；

●由南非黑人创办的小企业，其85%的业务主要靠手机来联系；

●埃及59%的商业往来依靠手机联系，尽管这种联系增加了费用，他们还是能从中获取很大的利润；

●最重要的一个统计数字是：非洲人使用手机的比例仅为6%。

现在，你知道手机需求量最多的地区在非洲：在那里，手机使用率不到总人数的10%；顾客与公司之间的交流对手机有高度的依赖等等。所有这些信息都意味着，在开拓用户市场方面，非洲电信公司具有广阔的空间。反过来，它们的利润最终也将流向股票市场，股票价格也会令人满意，这样，就为投资者带来了难得的海外投资机遇。

掌握了这些数据，你就不难发现在非洲手机公司进行投资的机遇。经过不到1分钟的搜索以后，你就可以得到以下信息：埃及 Orascom 电信公司的股票在开罗、亚历山大和伦敦等地的证券交易所上市，美国投资者可

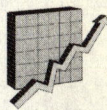

以在任何地方向该公司投资。Orascom 电信公司并不只是对埃及人开放，通过电信服务，它还将世界各地的人们联系起来，包括阿尔及利亚、突尼斯、巴基斯坦、孟加拉国甚至是伊拉克。在这些地区人口集中的城市，Orascom 电信公司首先获得了人们的认可。截止到 2006 年 3 月，Orascom 电信公司已拥有 3 500 万客户；在世界各地，已经有 4 亿人在使用该公司的手机。目前，该公司准备进一步开拓沙特阿拉伯等地的手机市场。

埃及 Orascom 电信公司已成为世界级大公司，它也是非洲和中东地区最大的电信公司之一，这里可为你提供很多机遇。而在国内，那些失去发展潜力的公司比比皆是，你很难找到这样的机遇。而且，如果你想进行长期投资，它也能为你提供施展才干的机会。

第三节　走向全球的第 3 个理由：发展

21 世纪的美国，已经遗忘了自己发展的根基。

我们已完全习惯了证券市场的存在，并且拥有着最大的股票市场。因为，近几十年来，我们一直保持着这种状况。我们忘记了，在当今这个难以想象的时代，美国已成为一个发展中国家。

并且，美国的股票市场破烂不堪，危机四伏。

说得更直白一点，我们只是一个第三世界国家，这种说法可能在政治上有失偏颇。对那些衣冠楚楚的欧洲投资者来说，这些市场还存在很多风险。美国大大小小的公司曾许下承诺，要保证快速发展，但投资者们只看到了这一点，却不知道这些国家存在的政治暗杀、内战、经济剧变、法制改革以及其他欺骗手段对其造成的不利影响，腐败的政府官员对股票市场的操纵，对自由市场的控制以及政界丑闻都会对他们的投资带来风险。上述这些风险在发展缓慢的国家中只算九牛一毛。

尽管如此，欧洲投资者还是愿意将资金投入到那些做出承诺的国家，他们只考虑最终的结果及这个国家已创造的财富。

投资者的唯一目的就是让资金升值，毫无疑问，当今美国产权投资市场已经为投资者提供了很多机会，它可以把小份额资金转换成大份额资金，只要我们一直实行资本主义，这种状况就不会改变。

不过，在很大程度上，当你越过个体公司而将目光投向美国市场的时候，就会发现很多大型公司都会在那里交易。美国市场是一个成熟的市场，也是世界上最大的经济实体。无论是标准普尔500指数、道琼斯工业股票指数，还是美国最大的交易市场的指数都可能在一年之内翻倍，但与那些发展中国家相比，上升的幅度仍然很小。你可能会问：一些新出现的证券市场，如埃及市场，其股票指数也会在一年之内翻倍吗？答案是肯定的。2005年，埃及股票指数上升161%，2004年上升126%，2003年上升92%，形成了三年连续上涨的局面。

一些较小的国家——这里的"小"并不是指真正的"小"，只是与那些经济大国相比——它的经济较弱。这些国家起点虽低，但它们的发展速度却很快。投资者一旦意识到这一点，就会购买当地股票，从中获利。他们之所以这样做，通常是由于这样一种传统观点：当一个国家的经济不断发展时，当地的股票市场就会变得炙手可热，股票价格也会随之上升，这样，上市公司的利润就会增加。尤其是那些专业投资者，如共同基金管理员、对冲基金交易者以及被称作"体制内"的人们，也会集中投资这些公司，促进经济发展的良性循环。按传统观念来讲，这些公司通常指银行、啤酒公司（据调查，人们越富有，就越爱喝啤酒）、建筑公司、基础设施构建公司（如机场、高速公路、有用设施及港口）。如果你已经在这些公司投资，那么，它们的快速发展很快就会让你的资金像注射了生长激素一样膨胀起来。

举个例子，2000年，澳大利亚的经济也像其他地方一样，开始走下坡路。澳大利亚－新西兰跨国银行（ANZ银行）是这个地区最大的银行，其单股价格不到10美元。然而，在短短的几年内，人们开始意识到，中国快速发展的经济对整个世界的影响，中国制造的商品已经涵盖所有你能想得到的日常用品。那些在澳大利亚商品经济中投资的商人准确地预测到，中国商品的消费对其邻国的经济也将起到积极的作用。由于在经济发展过程

中，银行的个人存款和商业存款以及借贷业务将迅速增加，银行就理所当然地成为经济发展的首要受惠者。截止到 2006 年初，ANZ 银行的股价已上调至 29 美元，六年之内几乎上升了 3 倍，这就意味着其年回报率约为 20%。

上面这个例子并不是要告诉你，作为一名海外投资者就必须推测出，到底哪个地方的经济正处于迅速发展时期，然后第一个到那里投资；也不是让你将资金投到那些被人们遗忘的小国家，因为它们为了适应充满活力的市场经济的发展，必须经过一次经济体制的彻底变革。恰恰相反，通过澳大利亚的这个例子，我只是想告诉你，在一个长期稳定的市场中，存在着与其他市场相同的机遇，例如在标准普尔和道琼斯指数涉及的市场中，存在着与英国、新加坡、法国等市场相同的机遇。真正好的企业，其规模不一定很大，但它们能为美国投资者提供先进的投资通道。它们之所以能够不断发展繁荣，并不是因为它们能随叫随到，而是因为它们能为一部分消费者和其他公司提供必需的商品。

例如，水就是这样的一种商品。

不错，在这个纳米技术时代，生物制药、苹果播放器和水显然已经不是人们最喜欢的产品了。作为一项技术，拥有 600 年历史的古登堡压力机，因为水而完全现代化。另外，距樟宜机场不远的新加坡凯发集团，能使水由低浓度向高浓度流动，即进行反渗透作用。

世界上越来越多的人渴求干净卫生的水源，如果你意识不到这一点，就不会了解一个国家特殊的地理面貌。为了帮助第三世界的发展中国家解决缺水问题，很多高新技术应用到这些地区。新加坡反渗透公司也就应运而生。

塞缪尔·泰勒（Samuel Taylor）的《古舟子咏》中，有一句很著名的诗："水，水，随处可见，却没有一滴能喝。"这里指的就是新加坡的情况。几十年来，这个国家的饮用水都是从邻国——马来西亚的河流中汲取的。具有讽刺意义的是，新加坡却是一个四面环水的国家，只不过，这些水全是海水。让我们走近新加坡凯发集团，它发明了一项先进而高效的技术，能利用海水制造饮用水。2005 年，这家公司成立了全国第一家海水脱盐分公司，制水原理是：首先将海水压入渗透膜，然后逐级脱盐，最后制造出饮用水。它每天的平均产量是 3 千万加仑，能满足新加坡 10% 人口的饮水需求。

同样是在 2005 年，新加坡凯发集团在中国也建立了一个反渗透基地，可是对于有着 13 亿人口的中国，一家分公司还远远不够。事实上，中国将在第十一个五年计划（2006 年~2011 年）中，加大对水资源的投资，让另外 1 亿中国人喝上安全的饮用水。为了达到这个目标，中国将投资几十亿元人民币，用于建立水净化工厂。如此一来，新加坡反渗透公司在中国将会大赚一笔。同时，在印度与中东等水资源匮乏的地区，这家公司也能找到更多的发展机遇。

其实，只要你在某个地方建立这样的公司，就会有人喝你制出的水。而目前，新加坡凯发集团正在这样做。

尽管美国投资者还不了解这家公司，但它却是一个世界级的技术先锋。其产品拥有巨大的消费群体，而且，这种产品已经遍布那些发展迅速的国家。但是，它在美国证券交易所并没有上市。要想购买其股票，需要在新加坡开户。这个国家拥有世界上最发达的市场，也有很多中介公司，它们随时欢迎美国投资者的加入。

小提示：购买好公司的股票

就像告诉你"不要忘记呼吸"一样，它是一个简单的道理。然而，还是有很多人一想到全球投资，就抱着下赌注的心理。他们一听到印度外包火爆，就在那里投资；一看到 Tamiflu 有抵抗禽流感的作用，就在瑞士罗氏制药公司投资，希望能早日获利。不过，结果很让他们失望，当这些公司的股票还未升到 7、8 美元时，他们就把股票抛了。

其实，海外投资与在美国投资并没有什么两样。你只是在进

行一次小规模的买卖，而不是在下赌注。

即使你不考虑好公司所处的位置，它也总能获得最后的胜利。至少在很长一段时间里，它能始终保持这种获利的态势。当然，随着时间的流逝，你的股票也会下跌，你也会成为一个失败者。事实上，每个人都会遇到这种情况，即使是那些有着数十年经验的投资商也不例外。不管你在挑选投资伙伴时多么用心，对于命运的无常，他们也束手无策。如经济衰退、政府失策、全球经济紧缩、贸易之争、军事大战、港口禁运、政治选择、消费群体的改变、货币升值、游手好闲的雇员和先进技术的应用等等。对于这些情况的出现，你根本无法控制。

尽管如此，你也不必被这些困难所吓倒。因为，在美国也会遇到同样的难题。在美国一出现通货膨胀，股票价格就会上涨，而一旦联邦储备控制系统利率上升，股票价格又会下跌。IBM公司曾放弃了一个电脑操作系统，但是，作为西雅图的暴发户，微软公司却从中看到了无限的商机。20年后，微软公司的操作系统已成为无可争议的技术先驱。9·11恐怖袭击之后，美国的航空公司和旅游公司的股票也都受到了非常严重的打击。在克林顿的第一任总统当政期间，国家准备对卫生保健进行改革，制药公司原来是有权对自己的药品进行标价的，可是因为担心这次改革会干预这个权利，他们就开始仓皇行动。

由于9·11恐怖袭击，西南航空公司、美国航空公司和欧洲航空公司曾有过短暂的业绩下降，尽管如此，如今它们还是重新起飞，开始盈利了。德国默克、美国辉瑞及拜尔等制药公司仍在生产昂贵的药品。IBM公司也开始注意并开发微软公司尚未涉及的领地，最终获得了巨大的利润。

无论市场是大是小，都会存在动荡不安的因素，而全球投资商每天都可能面对这样的情况。不用怕，这只是你在投资过程中遇到的可变因素之一。

因为好公司具有规范的制度，所以，在这些反复无常的生意场中，它们能够很好地立足于世界。

第四节　走向全球的第 **4** 个理由：投资多样化

假设你拥有一家小餐馆，菜单上只有一道菜——烤鸡，尽管你只会做这个，但是你却比其他饭店做得都好吃。因此，仅凭借烤鸡这一道菜，你就可以从顾客的口袋里赚得一大笔钱。你会陶醉于这道特色菜，你的小餐馆也会财源滚滚。

但是，有些事情是不可预料的。例如，有一种超凡的力量使得人们开始崇尚另一种饮食习惯，你的老顾客就会将烤鸡弃之一旁，转到其他地方用餐；或者更糟一点，你的家乡爆发了一次与鸡肉有关的细菌感染，很多小孩被夺去了生命。如果生活发生了类似这样的剧变，那么，你的烤鸡就变成了垃圾，你就不得不将烤鸡做成炸鸡。那些美食家们不远千里本来只为品尝你的烤鸡，这时也会远远地避开你的餐馆，这样，你的烤鸡真的成了不受欢迎的囚犯。面对餐馆销售量急剧下降，你只能眼睁睁地看着烤鸡高高挂起，而无人问津。

为了改变这种状况，你可以像其他餐馆一样，转卖费城干酪、金枪鱼以及涂有黄油花生酱的三明治。

同样的道理，在证券市场进行长期交易也是如此。看一下你的投资组合，你拥有的基本都是美国公司的股票和共同基金。当然，这种情况很正常。毕竟，与匈牙利等其他国家相比，在美国，你可能更熟悉本国公司及其股票，也更了解如何通过中介公司进行交易。

如果没有意外发生，那么，你的投资选择就是正确的。然而，一旦美国证券市场就像过去一样突然下挫，那么，你的投资组合就会像禽流感时期的小鸡一样，鸡毛不得不被拔个精光。

如果你将资金多样化，就可以改善这种状况。

实际上，投资多样化就是将你的资金分散开，进行多种方式的投资。你可以将投资按资产形式（如证券、债券、房地产、日用品、收藏货币等）、股票性质（如增长股、价值股、动力股等）、产业类型（如医疗、金融、技术、航空、零售等）以及公司规模（如小型公司、中型公司、大型公司）等进行分类，还可以按投资地域进行划分。

你可以对一些相对较小的国内公司或者中小型跨国公司进行投资，但是，你需要明白，一旦你开始海外投资，特别是当你把它们作为投资对象时，你就成了促进那个国家经济发展的螺丝钉。同时，那个国家的消费者群体和商业行为、经济周期以及货币流通趋势等等都会对你造成影响。如果你的投资组合是美元占优势，并且以美国为中心，那么，它们就能帮助你远离那些由国内市场波动所引起的风险。

其他国家经济发展的步调与美国并不一致，当美国经济衰退或者道琼斯指数下降时，说不定欧洲、亚洲或拉丁美洲的经济正在攀升，或者至少保持着相对的稳定。当美元贬值时，其他国家的货币就一定会升值。因此，将你的部分资金投入国外市场，这样，你的全部投资组合就不会再经历那么多风险了。

因此，就像你不希望自己的餐馆只经营一道菜一样，你肯定也不想只在一个国家建立投资组合。对于在美国的投资组合，尽管你按资产形式、股票性质、产业类型和公司规模进行了分类，但由于你面向的仍然是美国市场，其结果就是，你必须时刻警惕美国市场可能遭遇的暴风雨。如果美国市场崩溃，那么，随着美国有形资产价值的下跌，你的所有投资都会飘摇不定。也许你的这些资产不会全部泡汤，不过，它足以拖垮你所有的账户。

那么，你就可以选择那些经济攀升、市场稳定的国家，将多样化资金投向那里。

即使将股票放在一边，暂且不提，美国投资者还是会面临另一种危机。通常，在很大程度上，你的金融命运与美元联系紧密。你的薪水、奖金、银行账户、家庭资产以及你的大部分投资都是以美元计算的。你生活在美国，因此，你赚取、消费和投资所用的都是美元。但是，美国人购买的东西并不都是美国制造的。为了满足日常需求，我们需要进口很多商品。而所有这些都产自其他国家，如葡萄酒、小汽车、鱼子酱、衣服、鞋、地毯、手表，还有其他很多商品，都是以其本国货币标价出售的。如果，那个国家的货币相对美元增值了，也就是说，1美元只相当于越来越少的日元、人民币、铢①、欧元、林吉特②等等，那么，你在商店里买到的商品就会贵许多。尽管这种商品的质量、大小、功能都没有变化，但它的价格还是会上涨。造成这个结果的唯一原因就是，你需要花更多的美元来购买这件商品。这样一来，你的开支自然也就变大了。随着消费品价格的上涨，你的收入就会面临贬值的危机。

在投资过程中，由于货币兑换和单一市场，你会遇到很多风险，要解决这个问题，你就必须摆脱对美元的依赖，减少由于美国股票的变化对你造成的影响。

因为海外股票都是以当地货币标价的，所以，当你在海外进行多样化投资时，不仅你的投资市场会多样化，你的资金也会跨越货币兑换的壁垒。这样一来，你就有两种缓和的余地：

● 当美国股票下跌时，海外股票价格也许会保持相对稳定，甚至是升高，这样，就可以抵消你在国内的损失，你的收入也会平衡；

● 当美元相对于其他货币贬值时，即使你在海外的股票价格不变，价值都会上升。因为，用来购买这些股票的当地货币能够兑换更多的美元，这样，就抵消了你在美国购买进口商品的高消费。我们将在第四章中详细解释这些。

_____

① 铢是泰国的货币单位。——编者注
② 林吉特是马来西亚的货币单位。——编者注

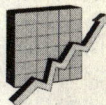

这些多样化的东西并不是凭空臆造的，它有很多科学的理论根据。接下来的第 5 个原因，还将为你详细介绍。标准偏差是衡量股市波动的一个指标。统计数字显示，在 1970 年到 2001 年间，仅美国证券市场的标准偏差就高达 15.5，尽管美国、欧洲、澳大拉西亚①和远东（EAFE）等地的市场都是大型、成熟的市场，

但它们的平均标准偏差仅为 14.5，这就意味着你的风险降低了。如果你将资金投在一些刚开发或者尚待开发的市场，你就会发现，这种多样化投资对资金的影响更大。有一点很明确，当全球市场偶尔受到各种影响时，增加投资组合中的海外证券，就能减少股市波动带来的影响，并且降低你的投资风险。

第五节　走向全球的第 5 个理由：低风险、高回报

按理说，在海外那些不太稳定的国家进行投资，风险会更大。尽管看起来有些自相矛盾，但事实证明，如果将海外公司的股票纳入你的投资组合，那么，你的投资风险会降低，利润也会增加。

金融专家将这种现象称为"均值方差有效性"或者"均值方差跨度"。我们可以将其简单概括为下面这句话：

当一个国家、两个国家或三个国家的经济联为一体时，那么，这些国家的经济就会一起攀升。

你可以将这种投资方式看作是"把你的鸡蛋放进不同的篮子里"，只有通过这种合理的投资组合，你的投资前景才会更加广阔。如果你将资金投向全球，就可以享受不同的经济体制给你带来的好处。例如，在新加坡，经济发展的主要驱动力是电子制造业、金融服务业以及港口贸易。而

---

①　澳大拉西亚包括澳洲的大陆（包括塔斯马尼亚岛）、新西兰和美拉尼西亚：新几内亚岛和太平洋澳洲东北部的邻近岛屿。有时也指在赤道和南纬47°之间的所有太平洋的陆地和岛屿。——编者注

西班牙则是一个典型的西欧国家，它的经济繁荣主要依靠服务行业，如零售业和旅游业。这两个国家都不同于智利，智利拥有很丰富的矿产资源，它是南美洲西部的经济中心。单一市场，特别是以工业股票为主的经营市场，常常会影响你的资金，但是，如果你扩大投资领域，就会有效地避免这种影响。在 21 世纪的头几年里，当工业股票下跌时，新加坡磁盘驱动器和计算机芯片制造业的经济也开始出现萎缩，然而，智利的经济却没有受到丝毫的影响，其商品市场正处于发展时期，尤其是铜矿市场，已居世界领先地位。

再来看一个例子：对标准普尔指数的 500 家公司来说，2002 年是最糟糕的一年。由于美国基准指数下降近 23%，这些公司损失惨重。相反，在其他国家，投资商却正为他们的好运欢呼。

表 1-2 来自美国华盛顿的一家金融服务公司，它显示了 49 个证券市场在 2002 年的平均利润。对大多数证券市场来说，2002 年是糟糕的一年。尽管如此，证券市场还是出现了很多赢家。而且，你还要注意到，这些赢家与输家之间存在巨大的差距。虽然你可能在美国与其他很多地区损失一部分资金，但是，你也许可以从新西兰、南非或者其他地区的证券市场中，获得利润，从而弥补你的损失。

表 1-2　2002 年世界各地股市指数涨幅

市场指数	指数涨幅
巴基斯坦指数	154.0%
捷克共和国指数	44.2%
印度尼西亚复合指数	42.8%
匈牙利指数	30.7%
秘鲁指数	29.1%
南非指数	28.0%

市场指数	指数涨幅
泰国复合指数	27.6%
新西兰指数	26.1%
哥伦比亚指数	25.4%
奥地利指数	17.3%
俄罗斯指数	15.7%
韩国自由指数	8.6%
印度指数	8.4%
约旦王国指数	4.5%
埃及指数	1.6%
波兰指数	1.3%
澳大利亚指数	-0.3%
马来西亚指数	-0.7%
意大利指数	-6.3%
挪威自由复合指数	-6.7%
摩洛哥指数	-8.4%
瑞士自由复合指数	-10.0%
日本指数	-10.1%
新加坡复合指数	-11.0%
加拿大指数	-12.8%
葡萄牙指数	-13.2%
墨西哥指数	-13.3%
中国指数	-14.0%
比利时指数	-14.2%
西班牙指数	-14.9%
英国指数	-15.2%
丹麦指数	-15.6%

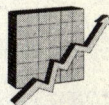

第一章　剑走偏锋：走向全球的5个理由

市场指数	指数涨幅
委内瑞拉指数	-15.8%
中国香港特别行政区指数	-17.8%
智利指数	-19.8%
荷兰指数	-20.3%
法国指数	-20.8%
美国指数	-22.7%
中国台湾指数	-24.5%
希腊指数	-25.3%
爱尔兰指数	-26.2%
菲律宾指数	-29.0%
芬兰自由复合指数	-29.9%
瑞士自由复合指数	-30.1%
巴西指数	-30.7%
以色列指数	-31.2%
德国指数	-32.9%
土耳其指数	-35.7%
阿根廷指数	-50.5%

　　如果 2002 年，你将全部资金都投在了标准普尔 500 指数的公司里，那么，你的损失就大了。反之，如果你将部分资金投向其他市场，如巴基斯坦（其基准指数上升 154%）、新西兰（其基准指数上升 26%）和波兰（其基准指数上升 1.3%）等国家，那么，这些市场经济实力的增强就能弥补你在美国的部分损失。为了让你明白这些资金的运转情况，我们来做个假设：假设 2002 年初，你拥有两个 10 万美元的投资组合，如表 1 - 3 所示：

表1-3　单一投资和全球投资的收益对比

国家	2002 年收益率	在美国投资 100 000 美元		在全球投资 100 000 美元	
		投资比例	利润/损失	投资比例	利润/损失
美国	-23%	100%	-23 000 美元	80%	-18 400 美元
新西兰	26%	0%	0 美元	12%	3 120 美元
巴基斯坦	154%	0%	0 美元	3%	4 620 美元
波兰	1%	0%	0 美元	5%	65 美元
最终价值			77 000 美元		89 405 美元

　　不管你的海外投资组合是在一个小市场，还是一个不稳定的市场（如巴基斯坦和波兰），都能抵消你在美国一半的损失。并且，它还可以有效地降低你在美国所遭遇的风险，进而增加你的收入。（当然，这只是实际投资过程中一个很简单的例子。举这个例子只是为了更好地解释这个概念。因为，对个体投资者来说，目前这个国家的局势存在太多无法控制的外来风险，所以，这里并不是真的建议你将资金投向巴基斯坦）。

　　当然，这种海外投资之所以能够降低国内投资风险，是因为它们之间具有"相关性"。相关性是描述各种事物运动过程中相互作用的一个概念。这些事物可以指不同的证券，不同的资产类型（证券、黄金、债券、商品等），也可以指不同国家的证券市场。我们必须理解这个数学概念，这种相关性只包括 +1 和 -1 之间的数值。为了更好地理解这个普遍的相关性原理，我们不妨举一个小酒馆的例子。酒馆里有三类人，第一类是恋爱中的人，他们彼此吸引，整晚相依偎，做着相同的事，他们之间就是正相关的一类人（+1）；第二类是害怕恋爱的人，他们习惯了一个人的闲逛，与其他人背道而驰，害怕撞到他人，他们是负相关的一类人（-1）；还有一类人，他们对其他人的存在毫不在意，在酒馆里随便走，对其他人的行为熟视无睹，他们属于不相关的一类人（0）。不过，在有些情况下，他们的行为方式也会相同，并且有可能在同一时间朝同一方向走动。

将这个例子应用到全球证券市场，你就会理解相关性的意义。有些国家之间几乎没有任何关系，即相关性接近 0，它们互不影响；另一些国家之间联系紧密，即相关性接近 +1，它们发展的步调基本一致；还有一些国家之间的关系是负相关的，即相关性接近 –1，也就是一国经济的衰退会引起另一国经济的繁荣。图示如下：

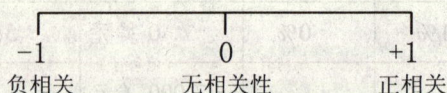

```
      ┌──────────┬──────────┐
     -1          0          +1
    负相关     无相关性     正相关
```

图 1 – 1　相关性

这种相关性是相互影响的，即使你将大笔资金用于多样化投资，以降低投资风险，这些投资还是会存在很大的内在联系，结果是一种股票下跌时，其他的股票也会跟着下跌。这是进行单一市场投资常见的风险。也有一些国家例外，那里的大部分证券市场能保持协调发展，当然，其中会有一些市场比其他市场发展得更快更好。

为了使你的投资组合能够抵挡美国市场的衰退，你就会想到那些与华尔街相关性相对较小的市场，并在那里进行投资。这里之所以说"相对"，是因为世界上几乎所有的市场都与美国息息相关。纽约市场的日常行为对世界上大部分的金融市场都有着重要的影响，我们在交易过程中遇到的所有问题通常都会蔓延到其他国家。例如，亚洲证券市场刚刚从可怕的跌势中挺过来时，欧洲的证券也会在随后的一个早上大跌。然而，由于一些主导产业的公司财务报告良好，美国证券市场就可以高标开盘，而欧洲证券标价会在当天下午开始反弹，亚洲证券也会在第二天早上重整旗鼓。尽管这种情况并不是每天都会发生，但也会周期性出现。正如那句老话所言：美国打个喷嚏，其他国家就会感冒。

截止到 2005 年 12 月 31 日，芝加哥的投资研究公司 Ibbotson Associates

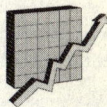

的调查结果显示，在最近 15 年间欧洲与美国证券市场的相关系数为 0.89，即使考虑其他刚出现的欧洲市场，其与美国的相关系数也达 0.82。在这样一个市场联系如此紧密的世界，你很难找到与美国关系不大的其他市场。说句实在话，全球证券市场正在以美国为中心，联系得越来越紧密。实际上，根据标准普尔 500 的统计数字，在 2000～2005 年，将其他各国市场看作一个整体，与标准普尔 500 公司的相关系数竟达 0.97。这真是对市场区域化的一个讽刺。

即使是发展中国家，其市场也会受到美国突发事件的影响。2006 年 3 月，美国利率大幅上升，吓跑了那些新兴市场的投资者。从巴西到俄罗斯，再到印尼，其股票指数都急速下跌。然而，在那些独立的国家中，确实存在与美国关系相对不大的市场，如世界第二大证券市场日本，按照总利润（即股票固有价格与所得利润的和）计算，日本与美国的相关系数只有 0.36，奥地利与美国为 0.40，冰岛与美国为 0.13。

小提示：大市场和小市场

美国与委内瑞拉中间隔着加勒比海，但两国证券交易市场之间的差距，似乎比加勒比海还要广阔。

美国证券市场代表着成熟发达的市场，它是世界上最大、最稳定、最井然有序的证券市场。2007 年，加拉加斯的 Bolsa de Valores 证券市场仅有 70 家公司的股票上市，它代表着发展中国家的市场，被华尔街称作新兴市场。而越南在 2007 年 7 月才将胡志明市的证券交易中心投放市场，它代表着欠发达市场。

这三种市场的划分与其字面意思相近，它们之间也有具体内容的差别。

发达市场：这些都是世界上最大的市场，如美国、英国、日本。按照标准普尔公司的定义，外来投资者在各国之间转移资金以及在某家公司的投资份额，发达市场通常都不会加以限制。不过，也有一些发达市场，如果外来投资者在某个具有战略意义的公司进行投资，它们就会限制其投资份额，如国防部门、通信部门和金融部门。

新兴市场：这些市场通常有很多条条框框，如限制外来投资者的股票份额，控制流出资金的数量或对上市公司进行政府干预。正如标准普尔公司所言，这种"对外来投资组合的种种限制正是这些市场还不完善的标志"。这样的市场有 30 多个，包括：中国、南非、俄罗斯、巴西、智利以及沙特阿拉伯等。

欠发达市场：这些市场的规模比新兴市场要小，但流动资金却比它多，企业信息与股票市场的信息也非常少。2006 年，有 20 多个市场符合这一特点，包括保加利亚、孟加拉国、肯尼亚以及厄瓜多尔等。

表 1-4　市场的类别

发达市场	新兴市场	欠发达市场
澳大利亚	阿根廷	保加利亚
中国香港	巴西	克罗地亚
日本	智利	爱沙尼亚
新西兰	哥伦比亚	拉脱维亚
新加坡	墨西哥	立陶宛
奥地利	秘鲁	罗马尼亚
比利时	委内瑞拉	斯洛文尼亚
丹麦	中国内地	斯洛伐克
芬兰	印度	乌克兰
法国	印度尼西亚	博茨瓦纳
德国	韩国	科特迪瓦
希腊	马来西亚	加纳

发达市场	新兴市场	欠发达市场
冰岛	巴基斯坦	肯尼亚
爱尔兰	菲律宾	黎巴嫩
意大利	斯里兰卡	突尼斯
卢森堡	中国台湾	毛里求斯
荷兰	泰国	纳米比亚
挪威	捷克	厄瓜多尔
葡萄牙	匈牙利	牙买加
西班牙	波兰	特立尼达和多巴哥
瑞典	俄罗斯	孟加拉国
瑞士	土耳其	越南
英国	巴林	
加拿大	埃及	
美国	以色列	
	约旦	
	摩洛哥	
	尼日利亚	
	阿曼	
	沙特阿拉伯	
	南非	
	津巴布韦	

这种将市场划分为发达市场、新兴市场以及欠发达市场的做法有一个不利的因素。根据波动性分析，与美国市场相比，英国、德国、法国、瑞士、中国香港、新加坡、日本、澳大利亚以及其他一些发达市场风险更小。根据 Ibbotson Associates 投资研究公司的调查结果，标准普尔 500 公司与摩根·斯坦利欧洲国际投资公司，澳大拉西亚与远东地区几乎具有相同的标准偏差，也就是说这些公司之间，由于不稳定因素造成的股票价格上升或下降的幅度几乎相同。

摩根·斯坦利欧洲、澳大拉西亚和远东指数（以下简称为 MSCI EAEF）在美国被称为"衡量国际股市表现的卓越的标准"，MSCI EAEF 用于在北美以外的地区跟踪发达市场的经济情况。表 1-5 是该指数在 2005 年年底的结果。

表 1-5　各个地区的市场在 MSCI EAEF 中的权重

各地市场	比重	各地市场	比重
日本	25.6%	芬兰	1.4%
英国	24.0%	比利时	1.1%
法国	9.8%	新加坡	0.8%
瑞士	6.9%	丹麦	0.8%
德国	6.8%	爱尔兰	0.8%
澳大利亚	5.2%	挪威	0.7%
意大利	3.8%	希腊	0.6%
西班牙	3.7%	奥地利	0.4%
荷兰	3.4%	葡萄牙	0.3%
瑞典	2.4%	新西兰	0.2%
香港	1.6%	合计	100%

表 1-6　在 MSCI EAFA 中，规模较大的前 50 家公司

公司名称	所属国家	公司名称	所属国家
英国石油公司（BP）	英国	德国意昂集团（EON）	德国
汇丰集团（HSBC Holdings）	英国	巴黎银行（BNP Paribas）	法国

公司名称	所属国家	公司名称	所属国家
丰田（Toyota）	日本	瑞信银行（Credit Suisse）	瑞士
史可必成公司（Glaxo SmithKline）	英国	毕尔巴鄂比斯开银行（BBVA）	西班牙
道达尔集团（Total）	法国	必和必拓集团（BHP Billiton）	澳大利亚
沃达丰公司（Vodafone）	英国	安联集团（Allianz）	德国
英荷壳牌集团（Royal Dutch Shell A）	英国	意大利联合信贷银行（Unicredito Italiano）	意大利
诺华公司（Novartis）	瑞士	爱立信公司（Ericsson）	瑞典
雀巢公司（Nestlé）	瑞士	三井住友金融集团（Sumitomo Mitsui Financial）	日本
罗氏公司（Roche Holdings）	瑞士	力拓集团（Rio Tinto）	英国
三菱日联金融集团（Mitsubishi UFJ Financial）	日本	英美资源集团（Anglo）	英国
瑞士银行集团（UBS）	瑞士	安盛集团（AXA）	法国

公司名称	所属国家	公司名称	所属国家
苏格兰皇家银行（Royal Bank of Scotland）	英国	武田药业（Takeda Pharmaceutical）	日本
赛诺菲－安万特集团（Sanofi-Aventis）	法国	德意志银行（Deutsche Bank）	德国
英荷壳牌集团（Royal Dutch Shell B）	英国	劳埃德 TSB 集团（Lloyds TSB）	英国
诺基亚公司（Nokia）	芬兰	ABN Amro	荷兰
西班牙国际银行（Banco Santander）	西班牙	戴姆勒－克莱斯勒集团（Dáimler Chrysler）	德国
阿斯利康公司（Astra Zeneca）	英国	德意志电信集团（Deutsche Telecom）	德国
瑞穗金融集团（Mizuho Financial）	日本	本田汽车公司（Honda Motor）	日本
埃尼集团（ENI）	意大利	乐购公司（Tesco）	英国
西门子公司（Siemens）	德国	佳能集团（Canon）	日本
巴克莱银行（Barclays）	英国	法国兴业银行（Société Generale）	法国

公司名称	所属国家	公司名称	所属国家
西班牙电话公司（Telefonica）	西班牙	帝亚吉欧公司（Diageo）	英国
哈里法克斯银行（HBOS Group）	英国	法国电信集团（France Telecom）	法国
荷兰国际集团（ING Group）	荷兰	巴斯夫集团（BASF）	德国

　　新兴市场与欠发达市场又是另外一番景象。同样是在那 13 年间，与标准普尔 500 公司相比，新兴市场的不稳定因素要高出 65%。依我个人观点来看，一些特殊市场很可能具有更多的不稳定因素，调查结果显示，中国股市的不稳定因素比标准普尔公司高 1.6 倍。

　　了解了上述这些情况，你就会认识到进行国际投资并不意味着你将面对更多的风险。如果你的投资仅仅局限于发达市场，那么，你的投资组合并不会因此而遭遇更多的风险，当然，这并不是在建议你这么做。

第六节　投资比例问题

　　从专业角度来谈，如果你想在一个完全陌生的国家进行投资，那么，其市场规模就决定着你的投资组合在美国和其他国家的分配数额，并且，这也意味着你必须将一半的资金投入国外市场。

　　2005 年底，美国股票累积价值刚好占标准普尔和花旗全球广泛市场复合指标的 50%。日本占 12% 多一点，英国占 10% 多一点。你投到其他各国的剩余资金也被分成很多份，只占很小的一部分，如斯洛文尼亚只占该指标的 0.01%。

虽然这种投资方式看起来很合理，但没有人会这样投资。事实上，很多指标都是以相似的方式来确定的。与指数挂钩的每家公司、每个产业要素或每个地区的市场，它们都会考虑到，但是，对于其他要素，它们都熟视无睹。

按照资产分配模型的说法，一旦全球某地的股市下跌5%~40%，这就是提醒你首先要关注你的资产分配问题。个体投资者通常不那么武断。事实上，关注资产分配问题并没有什么不妥之处。只要你对投资公司和市场比较满意，就可以调整你的投资组合，让其他公司和市场在其中占据很小的位置。毕竟，你不是向所有的公司进行投资，你只是想在一些市场做一笔买卖，赚取一部分利润而已。至于你将多少资金用于海外投资，其实只是你投资计划中的几个细节问题，并不是说你已经将 20% 的资金用于海外投资，偶然又发现葡萄牙的一家大公司很值得投资，但是，由于你已经将资金优化分配，就不能再买这家公司的股票了。好公司也是好的合作伙伴。如果换作我，无论如何我还是会买葡萄牙的这家公司的股票，而不会考虑这项投资是否会使我的海外投资超过投资组合的 20%。

美国和其他一些特殊国家的特殊股票、债券或共同基金都具有一定的潜在风险，你对这些风险的防御能力，将最终决定你将多少资金用于海外投资。只有你自己清楚这些投资是否合理。比方说，你将投资组合的 40% 投向亚洲市场，而一场经济危机严重打击了从东京到吉隆坡的所有市场。这时，如果你的第一反应就是为了保住本金而不惜一切代价逃离这些市场，那么，你的逃避就证明你在这个地区的大笔投资是错误的。或者，你根本不在意这场危机，而是只关注你所投资的公司，并坚信它们有良好的经营模式，它们的经济很快就会恢复正常。

通常，随着你对海外市场的不断了解及投资经验的日积月累，你的投资组合能力也会不断提高。刚开始，你可能十分谨慎，不知道将面临什么样的境况，如何应对那些不稳定因素，你一直睁大眼睛，注视着网上股市

下跌的状况，不停地懊恼、埋怨，直到附近的酒吧打烊。你相信自己有能力弥补这些损失，而别人则会认为你是在杞人忧天。

通常，影响投资组合的因素主要包括以下几个方面：

●**年龄**：你越年轻，承担风险的能力就越强，年龄越大，你就越害怕承担风险。原因是，年轻时，即使冒险没有成功，你仍然有足够的时间从失败中重整旗鼓；而随着年龄增长，你走出失败的时间就显著减少，弥补损失的能力也会降低。尽管如此，即使到了退休年龄，你还想进行部分海外投资。随着年龄增长，你的开销也会增多，为了使收入增加，你用养老金进行海外投资，就可以弥补增大的开支。也许，在早期你能够依赖这些养老金来维持生活，但随着时间的流逝，你的收入将不能贴补由于物价上涨引起的开支增大。到最后，你的账户资金也会流失殆尽，你不得不孤注一掷，改变以往的生活方式。而多样化的投资组合就能够为你支付那部分增加的开支。尤其是进行国际投资，它能为你提供上述各种投资机遇，这些机遇并不总是与美国市场有关。因此，当美国股票遭遇熊市时，你的资金损失就可以得到弥补。而且，那些海外公司的股息比你在国内要高很多，这样，你的养老金就在无形之中得到了升值。

●**风险承受能力**：这种能力与年龄有关，从某种程度上说，你的年龄越大，承担风险的能力就越小，弥补损失的可能性也就越小。不过，你也可以将这种能力的归结为情感因素。如果你将一大笔资金投入一个新兴市场，而那个国家又恰好发生了一场战争或因某种因素导致当地市场垮台，这样，你每晚都无法从这次挫败中解脱出来，它就会严重影响你的睡眠。你可以在 Google 上搜索到很多资产风险的评估测验，有的评估准确率确实很高，如新泽西州州立大学——罗格斯大学就有一个非常有用的网页：www. rce. rutgers. edu/Money/riskquiz/。

●**投资时间**：它不只影响海外投资，还是一个影响国内证券和共同基金的因素。如果你的投资观念中的"长期"指的是一年左右，那么，你就不用在美国投资，更不用进行国际投资了。（投资不同于当日交易，也不同于拉斯维加斯式的赌博，你也不可能在地球的另一边进行当日交易。）投资需要时间，你不一定总能了解到某家公司在哪些地方运营良好，不一定总能预测到某个国家的经济下一步将怎样发展，也不能确定一场政治事件或经济危机会将你所有的希望打破。因此，如果那些公司运行良好，你应该做 3~5 年甚至是更长时间的打算。截止到 2007 年 6 月，我在新西兰和澳大利亚的部分投资已经近 12 年，而在新加坡与中国香港特别行政区的投资也将近 6 年了。

不要将用来买房或用于孩子教育的钱进行海外投资，也不要将你确定能持续保值的资金用于海外投资。因为，所有的证券都存在风险，特别是一些海外证券更会由于其所处的国家、地区及行业的不同而拥有更多风险。

第七节　不要喝水

如果你曾到过东方国家旅游，那么，你一定听到过这句警告：不要喝水。[①] 在这些国家你得学会弯腰进入盥洗室，还得学会使用蹲便器，希望你还没有尝试过被咖喱肉烫伤舌头后猛灌白开水的滋味。

进行海外投资也会遇到上述类似的经历，作为一位全球投资者，你在进行任何一次投资前，都需要了解可能遇到的风险。有时，这些风险会使你的资金面临枯竭的境地。相反，当其他人望风而逃时，这些风险也有可能成为你进入某个国家或证券市场的良机。以下是四种主要的风险，其中三种是你根本无法控制的。

● **政治风险**：恐怖主义也许是政治风险的罪魁祸首。每当恐怖分子袭击建筑物、火车，或者在国际机场附近进行爆炸威胁时，投资者就会快速

---

① 在美国，自来水已经达到了直接饮用的卫生标准。——编者注

遣返资金，造成全世界证券市场的混乱。朝鲜半岛的紧张局势就是一个例子。自从非军事区将朝鲜半岛南北划分开来，双方就一直处于敌对状态。由于投资者害怕朝鲜半岛发生核战争，全球的股市也会出现跳水现象。再举一个石油的例子。如果由于战争、恐怖袭击或经济威胁迫使世界石油供应中断，那么，全球投资者由于担心通货膨胀导致石油价格疯长，就会将石油以外的其他股票抛售一空，最终，股票市场就会迅速下跌。问题是，作为普通的投资者，你根本没有办法降低这种风险。你唯一能做的就是分析当前情况，确定这种风险是否会危及你所投资的公司，也许它们只会受到轻微的影响。如果是这样，你最好坐等时局变好，甚至可以再买进一些股票。因为，只有那些有远见的投资者才能在这场恐慌中获取最大的利润。

- **国家风险**：2006 年，黎巴嫩与以色列之间的冲突就是这种风险的一个实例。在这种情况下，黎巴嫩的国土上到处都是迫击炮弹壳，但是，你可能已经在这里进行了投资。再来看一下印度，大约在 2006 年 5 月，为了满足中介公司征收保险金的要求，那里的小型投资者们将股票大量倾销，在短短的 8 天时间里，印度股市就下跌了 22%。在那之前，印度已经是世界上运行最好的市场。平均不到一个月的时间，某些国家就会经历一次这样的危机，投资者就会抛出当地所有的股票。这些国家不仅仅是指发展中国家，发达国家也一直存在这样的风险。唯一的区别就是，发达国家的风险不是那么显著，损失也不是那么惨重。因此，为了减少这种风险，你在进行投资之前，有必要考虑一下周围的政治经济状况。只是在很多情况下，如黎巴嫩等类似事件在爆发的时候，都毫无征兆。

- **货币风险**：世界各国的货币都是息息相关的。世界最大的投资市场就是货币市场，各国的货币每天都在此消彼长的相互作用中变化。不过，有时，政治形势的变化、区域经济的影响以及国家特殊事件的发生都会引起货币价值的突变。20 世纪 90 年代末，俄罗斯、巴西以及泰国等国家都存在货币价值摇摆不定的状况，它不仅影响了当地的股市，还引起了世界各地新兴市场的波动。为了减少由此带来的损失，你就必须了解当地政府采取的货币政策，关注他们对货币价值的呼吁以及这个国家偿还债务的能力，因为，这些情况随时都会发生。

● **公司风险**：2003年底，欧洲最大的奶制品公司——意大利Parmalat SpA公司发生了一起历史上最大的公司会计丑闻案。Parmalat金融账户上出现了大约140亿欧元的亏空，该公司很快破产，其股票也不名一文。（不过，一个新的健康向上的Parmalat公司已从过去那个倒闭的公司中成长起来，其股票也已经上市。）再来看一个发生在爱尔兰的例子。Elan生物制品有限公司生产的Tysabri本来是一种治疗多发性硬化症的药物。2005年3月，这种药物却造成了一些病人的死亡。在社会舆论压力下，该公司不得不停止销售、生产此药品。当天，Elan公司在爱尔兰证券市场的股票价格就由开盘时的20.40欧元降到了6.49欧元。这两个例子证明了公司风险的存在，即某个特殊事件对你的股票造成了影响，从而使你的投资受损。对于某些公司来说，你可能事先就了解这些风险，但也有一些公司的风险，就像Parmalat公司的投资者一样，直到某一天早上才能吃惊地发现。

● **政策风险**：在国家风险和货币风险存在的情况下，你还可能会面临第五种风险。但是，由于它是由两种风险叠加而成的，并且暂时找不到合适的短语来形容，我姑且把它称作政策风险。看一个相关的例子：2006年12月，泰国政府看到泰铢不断升值，决定对货币实行控制，并宣布自即日起，外来投资者必须将其资金的30%无息锁定至少一年。更糟糕的是，如果投资者想在一年之内遣返资金，就会被罚款。所有的投资者都认为泰国的这种做法很愚蠢，于是，他们拿起自己的钱，很快逃离。就在这项规定宣布的当天，泰国的证券交易就下降了15%，而政府垮台也不过使一天的交易损失10%而已。

看到股票市场的崩溃，泰国政府很快妥协了，急切地宣布："同胞们，也许这项措施确实不太好……"然而，即使是这样也于事无补，造成的损失已经无法挽回。令人高兴的是，一些拥有泰国账户的投资者还在继续购买当地股票，通过这个一次性、恶意、而又很快获得纠正的政策，人们认识到泰国政府出台了一个愚蠢的政策。但是，这项提议对泰国企业的健康发展和稳定并没有什么影响。相反，这些投资者将政府的过失看作进驻该国市场、进行讨价还价的好机会。泰国股市也迅速回升。

坦白地说，所有这些风险都与你的海外投资密切相关，事实上，即使是在国内投资，这些风险还是同样会存在。在华尔街，政治事件一直都在发生——回顾一下，恐怖袭击对美国证券市场的影响也很大。经济报告的悄然公布也蕴含着国家风险的来临。当美元相对贬值的时候，你的购买力也会下降。因为，很多商品都来自国外，这样，货币风险也会出现。无论你在世界的哪个地方投资，都避免不了公司风险。你只需看一下那些世界级的大骗子是怎样毁了安然能源公司、Adelphia 公司以及世界通讯公司就可想而知了。至于政策风险，我们经历的就更多了。回想一下 20 世纪 90年代初，比尔·克林顿入主白宫的初期，政府不顾市场压力，降低处方药的价格，投资者由于害怕政府的强制性措施而纷纷逃窜，导致制药行业的股票无人问津。这项措施最终没有实施，但却让那些机敏的投资者抓住了机遇，以最低价格买到了药业公司的股票。在其后的几年时间里，这些股票的价格上涨了 2~3 倍。

尽管所有这些风险都与国家、货币和股票直接相关，但是，在进行海外投资时，你还是会遇到其他类型的偶发事件，这就需要你学会在海外办理业务的更多技巧。比方说，新西兰的一家中介公司发生爆炸，管理员为了清理这种混乱的局面，就会将我在那家公司的股票和现金冻结。这个过程一般需要几周时间，我就不得不重新寻找一家中介公司。当然，对我来说，这很容易。不过，它也在提示我必须警惕新西兰与澳大利亚的各种证券保管公司，以保证我的股票进入新的账户，避免它们以我的名义持有各种形式的股票。另外，我还得开一个新的账户，这样一来，股息就可以直接流入这个账户。

在其他情况下，你还可能面临由交流不便引起的风险。通常，海外公司对某一共同决议的反应非常迅速，尽管他们会将所有的必要文书都派遣到股东手中，可是，这些文书到达你手中的时间却不确定，时早时晚，说

不定这些共同决议早已被通过。这就意味着你失去了对公司重要决议的表决权，已无权进行票据转让。在后一种情况下，并不是说你损失了部分资金，因为，公司会为你卖掉这些票据，并将钱输入你的账户。而在此之前，你可能原来打算继续低价购买该公司的股份，或者进行票据转让，而实际上，你却已经错失良机。

不管你的情况属于上述哪一种，也不管你在世界的哪个地方投资，在进行海外投资时，都会遇到这些障碍。你要勇敢地面对它，不要和它对着干，也不要为它而烦恼。因为，它只是全球投资者生涯的一部分。

不过，有一点你要清楚，即使你在千里之外，这些障碍也都很容易处理。那里蕴含的利润要远远超过这些潜在的风险。

第二章

家中的珍珠贝:
在美国进行多样化的投资

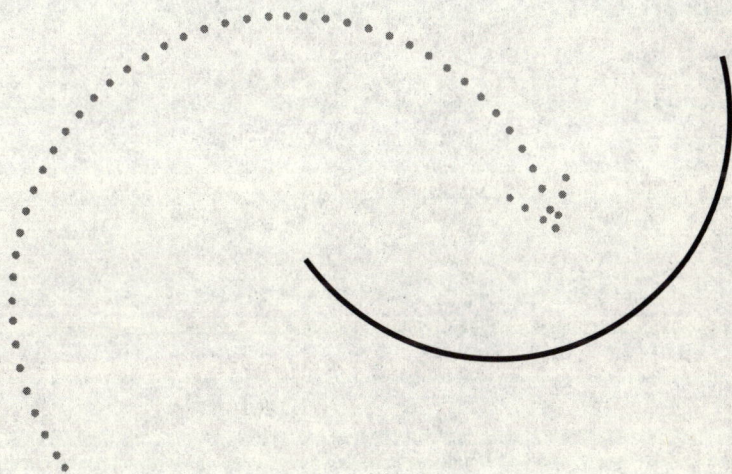

并不是每个人生来都喜欢冒险。

就拿我外公来说，二战期间，他是海军舰队的一名修理工，负责修理轰炸机和战斗机，工作的地方通常都是最危险的战场，如瓜达康纳尔岛。由于职业的需要，他们必须乘坐飞机，每一次都得克服自己的恐惧心理。在我小的时候，他经常告诉我，以后再也不坐飞机了，他一直坚守着这个诺言，直到生命接近尾声。当时，他说："我想最后再飞一次，再看一眼我的世界，然后，迎接天堂的到来。"

很多美国投资者的心情与我外公相似。他们之所以不想离开家乡去探险，有以下几个方面的原因：对未知世界的恐惧；对已知事物的忧虑；承担货币兑换的风险；对调查海外的公司感到困难；对那些影响投资的方针和政策感到陌生；对军事冲突感到担忧等等。

尽管存在这么多问题，但是，我们有相应的解决办法。与整个世界相比，美国的机会非常有限，况且，它也不是你进行海外投资的最好场所。如果你想从全球经济的发展中获取利润，而且不愿意到海外冒险，那么，你就没有必要将资金投向国外。如果你讨厌有关海外投资的各种规定，或者根本不想走出国界，但又很希望使你的美国投资多样化，那么，你就可以参考以下这些信息，它们会让你具备一定的国际性投资思想。

● 美国跨国公司，如麦当劳、辉瑞、英特尔、通用电气公司以及其他很多公司。它们的大部分产品都销往国外，多半收入也都来自海外业务。

● 美国上市的国外企业，如瑞典沃尔沃汽车公司、德国西门子公司、日本索尼公司、法国达能集团公司、墨西哥 Cemex 水泥公司以及其他几百家公司，它们通常都是跨国公司，在美国的知名度也很高。它们被人们称作美国受托公司，以 ADRs 的形式来发行股票。

● 还有几百个国际性共同基金组织，它们能为你提供世界各地的股票，这些股票属于世界某一特定组织或者某一特定区域，在某种情况下，可能只属于某一国家。

●开放式基金，也称 ETFs，它类似于共同基金，但其交易只限于股票。它们可以为你提供广阔的交易空间——某个国家或地区的某些市场。

●还有一种选择是国外普通股，它们一般通过场外交易市场（OTC）进行交易，由国外的公司直接出售给大众。当地居民在本国市场购买到这些股票，然后再进行转让。你要注意的是，与直接进行海外投资相比，在这里进行的交易具有更大的风险。

●你可以选择一些美国中介公司，从它们的国外交易中，购买部分国外股票。尽管这样会受到某些限制，但它仍不失为购买国外股票的一种选择。

如果你不想将资金直接交给海外中介公司，那么，以上这些都可以成为你的选择，并且，它们都很不错，很多投资者从中获取了丰厚的回报。其中有一些共同基金经营者，他们都是在海外市场身经百战的最有头脑的投资者。如果没有其他的顾虑，你就坐在家里进行海外投资吧。因为与在海外直接开户相比，这样投资要容易得多。以下几个原因就说明了这一点：

●在美国，以全球为中心的投资可以用美元进行交易，并且这种交易与美国市场开盘时间一致。因此，你无需考虑货币兑换问题，也不必将资金转账到海外，更不用在深夜订购印尼大农场的股份。因为时差问题，你起床时已经是印尼的次日下午了。

●按照美国会计标准，对于那些在美国证券市场和全国证券交易所上市的海外公司来说，他们需要用英语报告其年度总结。这样，你的调查研究过程就会变得简单，同时，也解决了你与日本人交流的困难。例如，你想了解日本电脑游戏制造商——任天堂有限公司去年的销售量，或者是该公司下一年的计划，那么，你就必须用日语进行咨询。当然，这些报告结果可能也会有出入。因为自 2007 年 6 月起，美国证券交易委员会允许海外企业参照国际金融报表标准，即 IFRS，来公布其报告结果。

● 美元支付股息的方式也克服了一些困难，这样的困难似乎无时不在，也就是你要将卖出印尼大农场股份得来的卢比，在印尼支行兑换成美元，这时候，你就会遇到类似的困难。

● 共同基金和开放式基金能为你提供一个广阔的投资空间，这样，你就不用亲自去挑选股票了。例如，你要将资金投到世界的哪个地方或者某个特定的证券市场，哪家公司的投资势头最好等等类似的问题，对你来说，这些都是麻烦。

● 在场外交易市场交易的国外普通股可以通过某些中介公司，为你提供某个特定市场的股票，帮你打开一个全新的世界。而且，对于那些不愿意在美国及全国证券交易所上市的中小型海外公司来说，它还能为你提供这些公司的股票。

由于以上这些因素，尤其是对于那些国内投资者来说，他们就可以方便地在国内进行交易。从 20 世纪 90 年代开始，美国投资者就是采用这种方式，坐在家里进行全球交易的。华尔街中介公司和共同基金公司认为，为了保持投资组合的相对平衡，进行部分海外投资是明智的，上一章我也曾提到投资多样化能够降低风险的几个原因，它与这里所讲的投资技巧是一致的。特别是那些聚焦海外共同基金的投资者，他们会从中获取很丰厚的利润。在 1995~2005 年的近 10 年间，美国经营海外证券的共同基金数目已达 1 100 个，是开始时的 4 倍。而投资者的投资金额也高达 5 150 亿美元，是开始时的 7 倍。按照国民经济的标准，到 2005 年，共同基金已成为世界第 17 位的经济实体，位居荷兰之后，比利时之前。当然，这些资金的增长，其中一部分来自于共同基金所拥有的股票利润。毕竟，在这 10 年当中，苏格兰的股票价格上升了 5 倍，西班牙上升了 3 倍多，南非与西班牙相近，加拿大和澳大利亚上升了 2 倍多，而巴西则上升了近 8 倍。

我们先不谈利润，在那 10 年的时间里，光是投在美国海外共同基金的钱就有几万吨。事实上，有一个专门统计共同基金的公司，即 AMG 数据服务公司，它提供的数据更为精确。据说，当时的资金重量有 2 65 351.35

吨，相当于 242.33 亿美元新币的重量。

尽管对于那些直接进行海外投资的人们来说，我们对他们仍然情有独钟。但是，以吨计算的现金、国际共同基金数目的上升以及 ADRs 市场的快速发展——这一切都表明，通过代理人，在国内我们照样可以方便地进行海外投资。因此，这样做也是正确的选择。

接着，我们来看一下，通过哪些方式可以增强国际投资者的自信心。也就是说，在相对安全的美国投资市场进行投资的同时，你如何将海外市场的投资组合多样化。

第一节　美国的跨国公司

对于每一个美国人来说，在生命的各个阶段，你一定玩过不同的玩具。因此，你一定对美国玩具制造商美泰集团耳熟能详。当你蹒跚学步时，你玩的可能是费雪牌，再大点，你可能又喜欢上了风火轮，随着年龄的增长，你又会迷上 Rock'em Sock'em 机器人或者芭比娃娃，直到长大成人，说不定你还在迷恋着解谜游戏，与家人或者朋友一起胡写乱画。所有这些玩具都印有美泰的红色商标。

当你陪孩子玩拼字游戏的时候，为了让他相信你已经拼出了那个毫无意义的单词"qwiznor"的时候，美泰公司已经研发了一种好玩而有趣的拼字游戏，它深受 150 多个国家的父母及孩子的喜欢。根据调查，在 2006 年美泰公司 5 650 亿美元的收入中，有一半来自于海外市场，在美国的玩具制造商中，美泰也位居世界前列。也就是说，如果你拥有美泰公司的股份，那么，你就拥有了一笔全球多样化投资的生意来源，并且，它对世界各地的大人和小孩都具有吸引力。

简而言之，你就拥有了一个美国跨国公司。

几十年前，跨国公司的出现还仅限于美国。随着时间的推移，其规模不断扩大，并且，它们还将业务延伸到海外市场，面向消费群体。也许，可口可乐公司就是一个最好的例子。它位于佐治亚州的亚特兰大市，起

初，它只是一个小小的药剂房，第一杯可乐只卖 1 分钱。而如今，它已经发展成为一家世界级大公司，全世界人都认识其美观的包装，品尝过它与众不同的味道。无论在世界的哪个地方，你都可以看到可口可乐的身影。它的产品种类繁多，包括软饮料、矿泉水、茶、咖啡、运动饮料和果汁，一共有 400 多种。其产品在 200 多个国家均有销售，从阿根廷到津巴布韦，从也门到吉尔吉斯斯坦，随处可见。一项调查结果显示，2006 年，美国的苏打制造业总收入为 2 410 亿美元，其中，可口可乐公司在海外的销售额就占到 71%。如果没有这些海外市场，可口可乐公司仅靠其国内的收入，它与普通的饮料公司就没有什么区别，也就没有什么值得向世人炫耀的了。

我们还可以举一个大一点的例子，即飞机制造商——波音公司。每天，平均 2 秒钟，就有一架波音飞机在世界的某个地方起飞，载着乘客到达另一个地方。其中的多半航线，美国人根本就没有听说过。例如，尼日利亚的贝尔韦尤航线（Bellview Airlines），波音 737 搭载旅客从本国的石油城市哈科特港（Port Harcourt）起飞，目的地是喀麦隆的工业城市杜阿拉（Douala）。在很大程度上，波音公司的成功在于其飞机能够销往全世界。因为国内乘客还在继续增加，所以，喷气式飞机在国内仍有销售空间。不过，美国市场已经走向成熟，很多固定航线深受乘客的欢迎，并且，还有一部分新航线正在创建之中。尽管如此，在这里乘坐飞机的消费者数量再也不会以指数形式增加了。

因此，波音公司的大部分商用飞机的市场仍在海外，尤其是那些发展中国家和地区，例如中国、东南亚、中东、拉丁美洲、非洲、印度以及中欧。在这些地方，波音公司将会找到一个完全不同的立足点。几百个消费者群体正在发展为中产阶级，因此，即使某些享受在过去被认为很奢侈，如今，他们也会愿意去消费，比如说，乘飞机度假，这种空中旅行在海外发展很迅速。为了满足消费者的需求，来自发展中国家的飞机订单会越来越多。这里有一个鲜明的例子，在 2005 年的法国巴黎航空展上，来自印度次大陆的航空母舰上载了 145 架喷气式飞机，它们都是从波音公司和法国

第一章　家中的珍珠贝：在美国进行多样化的投资

55

图卢兹空中客车公司订购的。随着印度周期性季风气候的来临，很多新的价格低廉的航空路线将投入使用。

全球航空运输的迅速发展为波音公司带来了好处，在 2000～2006 年期间，来自其他国家的航空母舰将该公司生产的近 2/3 的商用飞机运到了国外。

由于跨国公司的发展主要依赖于海外市场，一些美国投资者认为，投资这些公司是获取全球利润的最好方式，而且，不会像直接购买海外股票那样，遭遇来自政治、经济、货币等方面的危机。

当然，这些人的上述看法有一定的道理。如果一家公司的产品在海外销售，那么，它的发展就不仅仅只依赖于美国经济。市场的多样性可以使该公司的开支和收入保持平衡。如果由于某种因素，比如，可口可乐公司的产品在美国的销量下降，那么，它在巴西、埃及或其他任何地方的销量也可能会增加。这样就保持了该公司的收入稳定。除此之外，因为总销售额和收入通常是以其他国家的货币来计算的，这样，就避免了货币动荡对该公司财务底线所造成的影响。所有这些相互作用的最终结果就是，如果可口可乐公司的创收占世界饮料业的 71%，那么，该公司的股票价格就会上涨，它就会赢得巨大的利润。（记住：股票价格反映的就是人们对这家公司创利的期望值，随着海外销售额的增加，这些利润最终也会导致股票价格的上涨。）

表 2-1　30 家大公司的海外业务对其全球销售额的影响

公司	股票缩写（公司缩写）	海外收入百分比
英特尔公司（Intel）	INTC	85.4%
奥驰亚集团（Altria Group）	MO	79.7%
埃克森公司（Exxon Mobile）	XOM	75.7%

公司	股票缩写 （公司缩写）	海外收入 百分比
可口可乐公司（Coca-Cola）	KO	70.8%
麦当劳集团（McDonald's）	MCD	66.0%
惠普公司（Hewlett-Packard）	HPQ	64.8%
3M 公司（3M）	MMM	60.7%
杜邦公司（DuPont）	DD	56.4%
宝洁公司（Procter&Gamble）	PG	55.3%
IBM 公司（International Business Machines）	IBM	53.8%
卡特彼勒公司（Caterpillar）	CAT	52.6%
联合技术公司（United Technologies）	UTX	51.5%
辉瑞公司（Pfizer）	PFE	48.0%
美国国际集团（American International Group）	AIG	45.3%
通用电气公司（General Electric）	GE	44.9%
强生公司（Johnson&Johnson）	JNJ	43.8%
花旗集团（Citigroup）	C	43.0%
英国默克集团（Merck & Co.）	MRK	42.0%
英国铝业公司（Alcoa）	AA	40.7%
霍尼韦尔国际公司（Honeywell International）	HON	35.1%
通用汽车公司（General Motors）	GM	34.3%
美国运通公司（American Express）	AXP	32.4%
微软公司（Microsoft）	MSFT	32.3%

第一章　家中的珍珠贝：在美国进行多样化的投资

公司	股票缩写 （公司缩写）	海外收入 百分比
波音公司（Boeing）	BA	29.9%
迪士尼公司（Walt Disney）	DIS	22.4%
摩根大通公司（JPMorgan Chase&Co）	JPM	21.4%
沃尔玛公司（Wal-Mart Stores）	WMT	19.7%
家得宝公司（The Home Depot）	HD	6.5%
韦里孙通讯公司（Verizon Communications）	VZ	3.2%
美国电话电报公司（AT&T）	T	0.02%

在 2005 年，这 30 家公司在道琼斯指数报告的合并销售额大约为 2.3 万亿美元。而在此基础上，他们国外销售额的总合达到总数的 40%，约合 1 万亿美元。一些公司，例如计算机芯片生产商英特尔公司，他们销售额的 85% 来自于海外销售。其他的公司则缺乏全球性销售。以上是 30 家道琼斯指数公司，以及他们的海外业务对于销售的影响。

还有一些跨国公司的例子，更令人注目。如哈利 - 戴维森公司（Harley-Davidson）。哈利是美国理想的化身，他崇尚自由，胸襟开阔，具有叛逆精神。这些特点也可以用来形容精力充沛的哈利 - 戴维森公司。这些描述来自于 2006 年 7 月的一份新闻稿，它是用来形容密尔沃基市的摩托制造公司的。另外，它还报道了这家公司第二季度的销售额，即"美国零售额……增加了 8.1%，而海外销售额增加了 17.3%。"

从表面上看，这个结果似乎很好。海外销售量的增长速度是国内的两倍。如果认真调查一下，你就会发现为什么美国公司那么急切地要走向全球。虽然，当时在加拿大、欧洲等固定市场，哈利公司的销售量分别增加了 13.4% 和 15.6%。但是，在那些被列为"其他市场"的地方，如南非、

土耳其、埃及、沙特阿拉伯、委内瑞拉、乌拉圭、中国以及其他一些国家，它的销售量却增长了将近34%。如今，在这些被列为"其他市场"的国家中，自行车的销售量却很小。哈利公司生产的近19.7万辆自行车，在这些地方只卖出了7 406辆。不过，哈利公司的摩托车在海外市场将拥有广阔的发展空间，这样，哈利公司的财务底线就不再单单依靠国内市场，而且销售额还会大大提升。

各家公司都愿意将财务报告做得清晰明了，尤其是年度报告，如国内税收及其利润是多少，国外税收及其利润又是多少，这些数据都有公认的"上线"和"下线"。有的公司会在报告的首页，对主要内容进行概括；有的公司会在报告结尾，留出专门一节，详细介绍公司在各地的资料或者各阶段的分析。当你看到这些报告的时候，就会明白它们所指的内容。

如果你想将部分资金投入跨国公司，那么，请你参考以下几种方法：（以下都是正规公司，它们并不是特意为你推荐的，而是列举实例让你清楚，哪种类型的公司可以作为你的投资对象。）

跨国公司先驱：美国大型公司跨出国界也只是几十年前的事。如辛辛那提市的宝洁公司，第一次将其品牌打到国外市场是在1930年。该公司主要生产清洁剂、洗发水和一些非处方药，另外，还有一些其他日常用品。如今，它的这些产品已经遍布140多个国家。

一般情况下，这些美国的跨国公司先驱都拥有广阔的海外市场，海外收入在其总收入中占很大比例。有些公司主要提供消费者所需的日常服务和日常用品，如宝洁公司；有些是生产食品和饮料的公司，如麦当劳和可口可乐；有些是烟草制造商，如奥驰亚集团（Altria）；还有一些是提供卫生保健产品的公司，如美国的眼部护理公司Bausch & Lomb和国际巴克斯特制药公司（Baxter）；甚至还有一些化妆品公司，如雅芳化妆品公司。2006年，该公司的在海外的销售额占其总销售额的3/4。因为这些公司的产品都是消费者最常用的，所以，它们具有相对稳定的投资市场。因为我们的生活离不开洗发水、食物、清洁剂和药品等等，所以，无论处在什么时期，这些产品在世界各地的销售额都不会下降。

也有一些先驱公司的市场不太稳定，因为它们的产品和服务不是日常所需的。尽管它们在海外也创造了很大的利润，但是，它们很容易受到经济状况、消费趋向以及政府开销等因素的影响。一些科技公司和一些大型的能源公司就属于这种类型。例如，埃克森美孚公司的前身，进驻沙特阿拉伯市场的时间是1946年，如今，其海外销售额占总销售额的75%。同时，英特尔公司的计算机芯片，在海外的销售额已上升至总销售额的85%。

这些先驱公司面对的挑战主要来自经济的衰退和能源价格的下跌。当消费者不再购买电脑和电子产品时，英特尔公司就会举步维艰；当石油和化学制品的价格下跌时，埃克森公司就会陷入困境。另外，这些先驱公司效益的此起彼伏也会影响某些其他产业的收入。例如，金属采矿业、其他产品制造业以及为其他公司提供基础设施和农业用具的机器制造业，包括波音公司、通用电气公司、卡特彼勒公司（Caterpillar）和约翰迪尔公司（John Deere）等等。

你对这些跨国公司的先驱进行投资，意味着你获得了一个在全世界运营良好的可靠公司的股份。

现代开拓者： 现代开拓者对全球发展还比较陌生，不过现在，在海外市场，这些公司已经引起了人们的注意。他们通常都是些零售公司，还有一些是为消费者提供非日常用品的公司。现代开拓者类型的公司主要包括哈利-戴维森公司和一些零售公司，如美国Circuit City家电公司、佳购公司（Best Buy）、家庭百货公司、星巴克公司等等，甚至还包括道地零部件公司（Genuine Parts），它们为消费者提供一些汽车零部件。因为中国的汽车销售量正在增加，所以，中国是一个很有潜力的市场。另外，一些金融公司也属于这种类型。E-Trade是一家在线中介公司，它在欧洲和亚洲的某些国家都有业务，其海外收入占总收入的1/10。

当你对这些正在开拓跨国业务的公司投资时，就意味着你进入了该公

司在全球发展的早期阶段。星巴克咖啡屋在美国随处可见，1987年，在加拿大的范库弗峰，其第一家海外咖啡屋连锁店开业了。截止到2006年夏天，它已经在36个国家拥有了3 400家连锁店。听起来，这是个相当大的数字。但是，总部位于西雅图的java juggenaut公司，仅在国内就拥有8 400家连锁店。显而易见，这个世界还能为星巴克咖啡屋提供更大的开拓空间。事实上，这家公司曾公开声称，其长期计划是在全世界开3万家连锁店，其中一半位于海外，而且大部分面向中国。因此，星巴克公司正期待着从海外大赚一笔，所以，在这家公司投资，你就可以在全球发展中坐收其利。

尽管如此，在前进的道路上，这些开拓海外市场的公司也会经历挫折。1991年，沃尔玛公司在墨西哥开了第一家连锁店，如今，其连锁店已进驻海外10多个国家。然而，2006年，由于不能吸引顾客，这个世界上最大的零售公司不得不放弃了韩国市场，两个月后，又以同样的原因放弃了德国市场。

所有这些都说明，虽然，对跨国公司投资是最好的海外投资方式，但是，结果却不一定都像它们承诺的那样一帆风顺。

跨国公司能够在海外创造很高的销售额。它们的收入会因强烈的国际竞争而下降，当然，股东最终还是会从中获利。因为，公司的收入下降也可能会导致股票价格的上涨。以上这些奇怪的情况经常会出现……直到华尔街市场崩溃。

你要清楚一点，在美国，很多大型跨国公司都是道琼斯工业股票平均价格的组成部分，也就是说，"道琼斯"是美国资本主义的象征。从数学的角度看这一点，就会非常明显。如果华尔街或者说道琼斯指数中的股票下跌，那么，美国的大部分跨国公司的股票价格也都会下跌。之所以说"大部分"，是因为并非所有的股票价格都与道琼斯股票平均价格有关。即使大多数股票的下跌导致整个平均数下降，但还是有一些股票的价格会上升。我们可以回顾一下第一章提到的公司之间的相互关系，也就是资产价格是如何相互影响的，即相关系数。再回想一下上市的 30 种道琼斯股票。尽管通用电气公司的海外收入几乎占其总收入的一半，但是，截止到 2006 年 12 月的五年间，其股票价格的变化趋势与道琼斯高度相关。另外，联合技术公司、杜邦公司、铁轨公司和 IBM 公司也都符合这一规律。事实上，在 5 年、10 年、15 年，甚至是 20 年间，这 30 多种股票的价格与道琼斯股票平均价格的相关系数都会在 0.5 以上。

表 2-2　截止到 2006 年，某些公司股票价格与道琼斯工业指数的相关性

公司	5 年	10 年	15 年
通用电气公司（General Electric）	0.78	0.75	0.73
花旗集团（Citigroup）	0.78	0.73	0.67
美国运通公司（American Express）	0.77	0.72	0.66
摩根大通公司（JPMorgan Chase&Co）	0.75	0.69	0.64
联合技术公司（United Technologies）	0.74	0.65	0.62
杜邦公司（DuPont）	0.73	0.61	0.59
卡特彼勒公司（Caterpillar）	0.70	0.59	0.57
美国国际集团（American International Group）	0.70	0.54	0.54
IBM 公司（International Business Machines）	0.70	0.59	0.54
霍尼韦尔国际公司（Honeywell International）	0.69	0.61	0.59
3M 公司（3M）	0.69	0.60	0.58
微软公司（Microsoft）	0.68	0.56	0.56
美国铝业公司（Alcoa）	0.68	0.57	0.54
迪士尼公司（Walt Disney）	0.67	0.54	0.52
沃尔玛公司（Wal-Mart Stores）	0.65	0.59	0.59

公司	5 年	10 年	15 年
英特尔公司（Intel）	0.65	0.56	0.56
埃克森公司（Exxon Mobile）	0.63	0.50	0.48
波音公司（Boeing）	0.61	0.53	0.51
家得宝公司（The Home Depot）	0.61	0.60	0.60
惠普公司（Hewlett-Packard）	0.58	0.52	0.52
韦里孙通讯公司（Verizon Communications）	0.58	0.53	0.53
通用汽车公司（General Motors）	0.57	0.56	0.53
辉瑞公司（Pfizer）	0.57	0.45	0.45
美国电话电报公司（AT&T）	0.56	0.46	0.46
强生公司（Johnson&Johnson）	0.54	0.48	0.48
可口可乐公司（Coca-Cola）	0.53	0.46	0.46
宝洁公司（Procter&Gamble）	0.52	0.43	0.44
英国默克集团（Merck&Co）	0.46	0.46	0.44
麦当劳集团（McDonald's）	0.44	0.42	0.43
奥驰亚集团（Altria Group）	0.33	0.32	0.33
平均	0.63	0.55	0.54

事实上，当一家公司从海外销售中获利时，其股票价格却不一定上升，尤其是在美国市场普遍不景气的情况下，这样就会减弱你将资金进行多样化投资的积极性。不管怎么说，哈利－戴维森公司是美国企业，大部分投资者也都是美国人，当美国市场不景气时，他们就将自己的股份抽出来，丝毫不管哈利公司的利润来自何处。不管它是来自加州南部买肥猪的

魔鬼，还是为了面子花费几百万日元，给朋友买一辆美国自行车的日本商人，这些都与他们无关。但是，还有那些来自海外的销售额与收入，它们能帮助跨国公司抵抗市场波动带来的暴风雨。尽管如此，它还是会感觉到美国市场疲软给它带来的影响。实际上，几年来，一些理论研究论文中都提到一种"疲软现象"，也就是说，跨国公司的证券为那些基于美国的投资组合提供了多样化的服务。美国证券首先是属于美国的，它们应该跟随美国的市场导向。

近年来，从某种程度上说，这种"疲软现象"已不再像以前那么明显，这主要是由于证券市场与各国经济的联系越来越紧密，这导致国内外证券价格变动的相关性也越来越强。2001 年底，一场商业繁荣带来的经济高潮开始出现，世界上大多数国家的经济齐步发展。从某个角度来看，经济还将经历一次衰落，事实上，它正在衰落，当这种情况出现的时候，各个国家的证券市场的表现就不会再像 2005 年、2006 年那样一致了。这样，各种市场之间的相关系数也会恢复到一个更正常的范围，海外证券和美国证券，包括跨国公司在内的证券，都不再具有统一的标准。

除此之外，尽管跨国公司都面向海外市场，然而，与直接进行海外投资相比，它们没有与其完全相同的机遇。也就是说，对于当地那些与美国经济无关的中小公司来说，它们没有在那里投资的机会。例如，美国电子零售商佳购公司，它于 2006 年进驻中国，由于中国人口基数大，顾客对于电子小配件的需求量也就很大，这样，中国就成为电子零售商的最大市场。然而，对于佳购公司来说，中国只是它的一部分市场，而对于国美电器公司来说，它却是全部的市场。国美电器公司是中国最大的电子零售商，因为它是全球投资者期待的机遇所在，所以，当世界各地的投资者想在中国投资的时候，他们很自然地就会将目光锁定在当地的国美公司，而不是佳购公司。

总而言之，对跨国公司进行投资，只是将资金面向全球市场的一种方式。你要明白，它并不是一种完美的投资方式，除非你直接向海外公司进行投资，否则，你将投资组合全部用于跨国公司，并不会达到资金多样化的目的。除此之外，你还必须接受一点，那就是，通常跨国公司的效益不会随着所处国家的经济而波动，它是随着华尔街股市的变化而变化的。

第二节　存托凭证

当美国投资者准备购买海外股票时，首先，他们会求助于美国存托凭证。

通常，美国投资者将其简称为 ADRs，它是股票市场的双重体现。其中的股票只是海外股票的表现形式，而不具有实际价值。它只是为一些公司提供一个在纽约证券市场上市的平台以及获取美国资金的储备场所，并且，这些公司的声望都很高。

再拿英国航空公司来举个例子，该公司上方插有英国旗帜，大部分人都认识这个标志。它的股票在伦敦上市，但对于美国投资者来说，他们可以通过美国证券市场的 ADRs 买到英国航空公司的股票。反过来，投资者就像拥有伦敦真正的股票一样，ADRs 会为你提供英国航空公司的收入平台，支付每一份股息，并为你转达公司事务的决议。

其实，ADRs 并非英国航空公司真正的股票，它们更像一种临时的金融应急装置，像镜子一样反应伦敦股市。波音公司的股票是由某个金融机构托管的，如摩根公司或者纽约银行，它们都拥有重要的存托凭证。进行 ADRs 交易需要证明，这些证明又需要波音公司的股票有实质性的财力支持。

纽约证券交易所（NYSE）经营的业务包括 ADRs 以及与此类似的 ADSs 和 GDRs。事实上，这三种收据在形式上没有什么区别，但是，从专业角度来讲，它们之间又存在细微的差别。ADSs 是一种已经在美国注册的海外公司的真实股票；而 ADRs 是在某种保障条件下，预先包装好的成股股票；GDRs 则是某家公司在多个海外市场都有上市的 ADRs，例如，俄国航空公司的 GDRs，它既可以在俄国进行交易，也可以在美国进行交易。

为了便于理解，我们只谈一下大多数投资者都听说过的ADRs。

ADRs是以海外投资的形式出现的，它拥有很大的客户群，在美国也有悠久的历史。1927年，摩根公司首先引进了第一个ADRs。英国知名零售商Selfridges Retail允许美国人购买其小部分股票。截止到2005年底，在纽约，有两千多家海外企业以ADRs的形式进行交易。那一年，这类股票一共成交410亿股，相当于1万亿美元。

表2-3 2005年，持有范围最广的ADRs

公司	ADRs代号	国家
英国石油公司（BP plc①）	BP	英国
英荷壳牌集团（Royal Dutch Shell plc）	RDS	英国
巴西石油公司（Petroleo Brasiliero）（Petrobras）	PBR	巴西
美洲电信公司（America Movil）	AMX	墨西哥
巴西淡水河谷公司（Cia Vale Do Rio Doce）	RIO	巴西
梯瓦制药（Teva Pharamaceutical Industries）	TEVA	以色列
葛兰素史克公司（GlaxoSmithKline plc）	GSK	英国
诺基亚公司（Nokia OY）	NOK	芬兰
沃达丰公司（Vodafone plc）	VOD	英国
道达尔公司（Total SA）	TOT	法国

对于美国投资者来说，ADRs具有很多显著的优点：

- 相对来说，你拥有在更多国家投资的机会。
- 你所拥有的股份和股息都是以美元的形式来支付的。

---

① plc是public limited company（公共有限公司）的简称。——编者注

● 通常在纽约及全国证券市场上市的 ADRs，必须用英语公开股东在国内的财务报告，并且，还要根据一般会计核算原则，即众所周知的 GAAP①，来公布股东数量和美国公司所参照的会计标准。在这里，我需要提前声明，如果证券交易委员会（SEC）允许外国公司使用国际财务报告标准的话，在某些情况下，这些财务报告可能会发生变化。但不管怎么说，在美国，外国公司的 ADRs 必须根据西方金融市场广泛接受的会计标准，作出财务报告。

海外公司也能从 ADRs 中获利，它们希望自己的股票在美国顺利发行，这样，它们就可以从中得到好处。

获取资金： 纽约是世界最大的金融市场，它可以给海外企业带来积累资金的机遇，而在国内，这些机遇是不容易抓住的。

提高全球知名度： 对于很多公司来说，在美国以 ADRs 进行交易只是它们面向全球市场的开始，因此，在世界最大的证券市场上市，就可以提高它们在投资者心目中的地位。

超越消费局限： 我们仍然以英国航空公司为例，很多 ADRs 都代表该公司在美国拥有一个消费群体。对于那些信赖该公司产品和服务的消费者来说，其股票在纽约上市，就可以使他们更容易向这家公司投资。

小提示：发起的 ADRs 和未发起的 ADRs

这里所讲的，尽管有点像棒球运动，但你会明白它说的就是 ADRs。

---

① GAAP 是英语 "Generally Accepted Accounting Principles" 的缩写，一般翻译为公认的会计准则，指被普遍接受或承认的下列内容：哪些经济资源和义务应被记为资产和负债；哪些资产和负债的变动应予以记录；资产、负债及其变动应如何计量；什么样的信息应被披露，该怎样披露，财务报表如何出具等。——编者注

ADRs 有两种类型：发起的和未发起的。

发起的 ADRs 指的是，该公司的股票已经在美国上市，并且，它们可以为投资者提供初次上市的相同待遇。证券交易委员会要求这些 ADRs 像美国公司一样，必须遵守周期性报告的要求。也就是说，每个季度，这些附属公司都必须向证券交易委员会做财务报告。通常情况下，ADRs 必须争取在美国证券交易所和全国证券交易报价系统上市。

未发起的 ADRs 指的是，它在上市时没有附属公司，并且，这类 ADRs 不会为股东提供与当地投资者相同的待遇。它通常由代理公司银行发行，为满足某些特殊公司对美国市场的需求，证券交易委员会不要求其做周期性财务报告。

ADRs 其实并不是真正的海外股票，因此，经过打包，它就可以成为美国投资者欢迎的投资方式。例如，以价格上升 3 倍而闻名的瑞士股票，它反映了瑞士的投资文化。在这里的市场，占主导地位的不是普通的证券交易者，而是金融机构的投资者。由于他们拥有上百万瑞士法郎进行投资，所以，他们就不在意股票的票面价值，也就不会关注其他公司的股份。例如，德国默克集团是位于日内瓦的一家全球性生物技术公司，2007年曾在瑞士以每股 1 100 法郎，即 887 美元的价格进行交易。

然而，在美国，几乎没有投资者会将那么一笔资金用来购买单股股票。如果个体投资者在美国证券市场占有很重要的地位，那么，这一情况就会引起在纽约上市的海外公司的关注。海外公司必须确保它们在美国的股票价格能够吸引普通投资者，这些投资者通常被华尔街称作零售群体。通常情况下，这种股票价格都在 10 美元上下，高价股的价格是在 50～70 美元之间。因此，你就需要将这些股票分拆出售。

2000 年夏，默克集团进入美国市场，了解到这种高价单股股票会吓退美国投资者，就将瑞士上市的每一股股票分成一小部分，以 ADRs 的形式出售。因此，每份默克集团 ADRs，只相当于瑞士单股股票的 1/40。也就

是说，你在美国证券市场购买 40 份默克集团的 ADRs，才相当于单股瑞士股票。结果，2006 年，当默克集团的单股股票在瑞士证券市场卖到 887 美元时，纽约的单份默克集团 ADRs 只卖到 22.15 美元，相当于瑞士单股价格的 1/40。

对于 ADRs 来说，这种打包现象很普遍。在某些情况下，就像购买默克集团的 ADRs 那样，你购买的只是单股股票的一部分。在另外一些情况下，某些公司每一份 ADRs 也可能包含了 200 股股票。还有一些情况，是一对一的，即每份 ADRs 代表一股。这里有两个网站便于了解调查 ADRs：www.adr.com（摩根公司创办）和 www.bnyadr.com（由纽约银行创办）。这两个网站都提供了很多有关 ADR 的数据和相关股票，为你提供大量的信息，便于你寻找某个特定的公司，或者调查研究某个国家或地区的公司以及国内的某个特殊行业。

如果你想通过 ADR 实现全球投资的理想，那么，你采用在跨国公司的那些策略，同样会奏效。事实上，很多 ADRs，也都挂着跨国公司的头衔。

这些跨国先驱都有很长的经营历史，主要包括以下一些公司：

SABMiller plc 公司（南非、英国）：它已有 100 年的历史，是世界真正的跨国啤酒制造商。从美国（米勒）到津巴布韦（Rhino Lager）的 60 多个国家，它拥有 130 个品牌。

巴斯夫有限责任公司（德国）：它是一家生产化学制品的跨国公司，拥有 170 多个国家的客户，在五大洲均设有工业企业。

欧莱雅化妆品公司（法国）：它拥有 18 个品牌，是世界化妆品公司的领头羊，在 70 多个国家开展业务，每秒钟就可以售出 135 套产品。

Unilever 公司（荷兰、英国）：每天，有 150 多个国家的 15 亿人口选择 Unilever 品牌。其中的很多品牌你在国内也很常见，如 Bertoli 橄榄油、乡村坛子桌布、多芬香皂、Hellmann's 蛋黄酱、大骨色拉味调料、Slim-Fast

以及凡士林。

为了提高全球销售额，越来越多的年轻公司正在开拓跨国业务，这些公司拥有的机遇会越来越多。具有 ADRs 业务的公司如下：

沃达丰公司（英国）：1985 年 1 月 1 日，随着伦敦塔附近码头和纽伯里（Newbury）之间通话的开始，世界上第一次使用移动电话网络建立的联系开通了。沃达丰公司就坐落于纽伯里，如今，它的手机市场已经遍布 60 多个国家，包括美国在内。当时，它已经持有了美国弗莱森无线电公司（Verizon Wireless）的部分股份，其广告语是"你听出我的声音了吗"。

乐购公司（英国）：乐购公司是英国食品零售业的领头羊，它于 20 世纪 90 年代中期走出国界，并且在匈牙利、波兰、斯洛伐克都开了分店。如今，在泰国、日本和中国也已经有了上百家分店，2007 年走进美国，在加州和内华达州开了分店。

Lan Airlines S. A. 公司（智利）：它拥有世界最长的国家航线，长度达 2 700 英里，该公司正迅速成为南美的一个神话。它在秘鲁和阿根廷拥有独立的航空业务，其航线从德国的法兰克福一直延伸到澳大利亚的悉尼。在南美洲，该公司已经成为发展最快的一家航空公司，它已经超过 Best 航空公司，获得了巨大的利润。

埃迪博士的实验室（印度）：该公司创建于 1984 年，它是第一家在美国证券市场上市的非日本制药公司。如今，埃迪公司的药品在 100 多个国家均有销售。

对于这些跨国公司，ADRs 也可以为你提供操作指南。

很多 ADRs，尤其是在纽约证券交易所和全国证券交易所上市的 ADRs，它们都是跨国公司授权的。其中的一些跨国公司也是世界上最大的公司。还有很多公司与美国消费者和美国商业的联系很紧密。最典型的例子是索尼公司和丰田汽车公司。与其说这两家公司是日本的，倒不如说它们是美国的。实际上，丰田汽车公司在美国的销售量占其总出口汽车的

1/3，其收入比可口可乐公司还要高。这种与美国经济互利的关系并不是什么坏事。它可以为公司创造稳定发展的机会，从而使该公司的股票价格居高不下。毕竟，美国拥有世界上最富有的消费群体，也就是我们有一种不断消费的欲望。这样，美国就成了海外公司的猎物，并且也成功地克服了美国人自我膨胀的心理。

不过，如果你是为了远离美元或者美国经济才进行多样化投资，而你买进的又是那些本身就依赖于美国市场的股票，那么，你就达不到预期目的。

于是，这里为你提供了一些方法，避免你凭直觉做出决定：

你必须考虑到，作为一种海外股票，甚至包括 ADRs 在内，它的价格波动都取决于海外市场的变化情况。当地股市上涨，ADRs 也会上涨，当地股市下跌，ADRs 也会下跌。一般情况下，它们都符合这样的规律。但也有反常的时候。来自安大略湖附近的加拿大大学和美国俄亥俄州州立大学的两位学者——Stephen Foerster 和 G. Andrew Karolyi，他们通过 1999 年的调查研究，在金融计划杂志上发表论文。文中指出，一旦海外公司以ADRs 的形式，开始在美国进行交易，通常都会表现出一种现象：它与美国市场的指标（如标准普尔指数）之间的相关系数会适度增加，而它与本国市场指标的相关系数却会明显下降。正如 Karolyi 先生所说的，"它们面临的风险更像美国公司"。原因是，如果道琼斯工业股票的平均价格或者标准普尔 500 指数都在下跌，那么，投资者通常会不管手中的股票来自哪家公司，就会将其全部抛出。在某个时刻，当看到 CNBC① 持续显示的都是红色数字②时，你就会想到股票就是股票，而不会去在意它的来源。因

---

① CNBC 是美国最著名的全球财经电视频道，由美国媒体巨头国家广播公司创办，观众遍布全球 89 个国家，设有 129 个记者站，拥有 1 700 名新闻采编人员。CNBC 将全球各区域市场的消息和全球性的视野有机地结合起来，使观众在任何时间、任何地点都能实时获得全球性的财经新闻。其中，CNBC 的实时滚动信息是电视节目中用途最广的交易工具。它包括实时股价和全球所有重要的股指数据。——编者注

② 在美国，下跌的股票和指数使用红色，上涨的使用绿色。这与中国证券市场正好相反。——编者注

此，即使在东京的股市上，丰田公司和本田公司的股票都处于上涨的好时机，而此时如果投资者在美国市场大量抛出，同样会使该公司的 ADRs 渐渐下滑。

在这种情况下，你的海外投资会像美国公司一样，出乎意料地表现出危机。

因此，和美国跨国公司相似，ADRs 也不失为一种增加海外投资方式的选择。不过，要注意一点，你遇到的大部分 ADRs 都可能会受到美国经济的巨大影响，并且，其变化趋势与美国股市紧密相关，而这两种情况都会毁了你为国际投资所做的一切努力。

第三节　海外普通股

1985 年，我第一次购买了海外股票。那一年，我 19 岁。通过中介公司的一个账户，我订购了 Wellcome plc 公司的 100 股股票，当时还是通过按键的电话，而不是因特网。这家公司是英国的一家制药公司，正忙于生产一种名叫 AZT 的药物，它能抵抗艾滋病病毒，而那时候刚刚发现了艾滋病病毒，人们对这种新病毒十分恐慌。

如今，由于各大制药公司的不断合并，我曾经购买股票的 Wellcome plc 公司也归在英国葛兰素史克公司（GlaxoSmithKline plc）的名下。该公司是世界上最大的制药公司。葛兰素公司的股票每天以 ADRs 的形式，在纽约证券交易所成交几百股。而对于 Wellcome plc 公司，在我还不满 20 岁就抢购该公司的股票时，它在美国每天的交易额非常少，而且，也没有在任何一家美国证券交易所上市。中介公司只能通过场外证券交易市场，将股票卖给投资者。

正如人们所了解的，场外证券交易市场的股票包罗万象，就像不同市

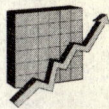

场的大杂烩，包括场外交易公告牌市场（OTC Bulletin Board）①、粉单市场（the Pink Sheets）② 和发行前交易市场（the gray market）③，在这里，人们可以买到形形色色的股票，而这些公司在美国各大证券交易所都没有上市。很多在美国上市的海外公司的股票都是在 OTC 市场进行交易的。这种股票普遍被称作"海外普通股"，也就是当地人在本地买到普通股后，再到世界其他地方转卖。

然而，在 OTC 市场交易的大多数公司都是美国公司，约 3 万多家海外公司也会在这种市场交易。某些公司名气很大，美国人一眼就能认出，而有些公司，你却连听都没听说过。有些公司特别希望其股票能在 OTC 市场出售，而另一些公司，甚至就不知道自己的股票能在美国买到。

大约有 200 多种海外股票，以 ADRs 的形式，在粉单市场进行交易。这种形式与纽约证券交易所和全国证券交易所非常类似。并且，这种在 OTC 市场交易的股票通常都是最常见、最透明的海外股票。这里所说的"最透明"，只是一个相对概念，因为一旦这些证券进入市场，每天的交易额就有几百股。

---

① 场外交易公告牌市场（Over The Counter Bulletin Board，OTCBB）是由全美证券商协会（NASD）监管的一个非交易所性质的交易市场，是一个联网的电子化报价和交易系统。目前，OTCBB 的交易功能已经相当完善，一般投资者已无法区分在 OTCBB 上的交易和在证券交易所里的交易在效率上有何区别。——编者注

② 粉单市场（Pink Sheets）由私人设立的美国全国行情局于 1911 年成立，为非上市公司的证券提供交易报价服务。从上市要求、规模、交易情况看，粉单市场与场外交易公告牌市场比较类似。该市场隶属于一家独立的私人机构 Pinksheets LLC，有自己独立的自动报价系统——OTCQX。粉单市场是一种集中报价服务系统，收集并公布做市商在柜台交易中的实际交易及价格信息。在粉单市场交易的公司不需要向 SEC 或任何其他管理机构提交公告。——编者注

③ 发行前交易市场是一个非正式市场，在这里，投资者买卖已正式宣布或获准发行，但尚未交割或结算的证券。发行前交易英文亦称 When Issued（W/I）。——编者注

与纽约证券交易所的 ADRs 不同，所有在各种 OTC 市场交易的海外股票都不受外界的管制。在这里，它们不受证券交易委员会的审查，因而公司的信息量通常很少，经纪人也不那么诚实。一些公司之所以喜欢在这里交易，就是为了逃避 SEC 所要求的责任，同时，也不想付出代价。它们不在美国证券交易所上市，也是为了逃避财务报告。还有一些公司是因为规模太小，以至于没有资格在主要的证券交易所上市，这样，OTC 市场就成了它们在美国进行交易的唯一选择。

在 OTC 市场的众多海外证券中，你还可以发现一些大牌公司的名字，如雀巢集团公司，它是世界最大的食品饮料承办商。尽管，它主要生产巧克力，但是，其产品还包括 San Pellegrion 纯净水、雀巢速溶咖啡以及宠物食品等。它是美国的知名企业，却坐落在瑞士的沃韦市（Vevey）。雀巢集团公司的股票在粉单市场上市的时间要远远早于纽约证券交易所。它的原则是："既然粉单市场能为我们吸引足够的投资者，我们为什么还要自找麻烦呢？"雀巢集团公司的一位发言人这样说，截止到 2007 年，雀巢的财务报告都是根据国际标准制定的，另外，还要参考证券交易委员会（SEC）强制要求的美国会计准则，如果只为拥有一项 ADRs 业务，就需要加上这么多规定，那么，对于这家公司来说，就不值得。

另一方面的例子，如 Astaldi S. P. A. 公司，它是意大利最大的建筑公司，主要在世界各地修建公路、地铁、飞机场以及桥梁。尽管它曾在美国修建过高速公路，但是，只有一小部分美国人记得这家公司，其他人对它就没什么印象了。不过，你能够在美国买到该公司的股票，它们通常出现在那些半合法市场，即灰市。这种市场通常被称作"其他类型的OTC"。

OTC 的运行模式不同于纽约证券交易所。通常在纽约交易所，买主和卖主走到一起，通过某位中间人进行实地交易。当没有合适的买主和卖主出现时，中间人就会将股票买下，等待合适的买主出现，这样，市场就会保持正常运转。而 OTC 市场的作用更像是一张电子公告牌，在这里，买主和卖主将他们交易的证券张贴出来，期待着对它感兴趣的对方的到来。这种情况在本质上，就像你在超市入口处看到的电子公告牌一样，在那里，

供应商和采购员各自通报其商品。对于在 OTC 市场交易的股票，经纪人和经销商并没有责任使买主与卖主的意愿相匹配，也没有义务为了保证市场平稳运转而帮助二者达成共识。

同时，由于在灰市交易的人很少，在那里，你甚至找不到股票的投标范围。（投资者应该很熟悉"投标范围"，它是交易双方对股票价格的报价标准。例如，苹果电脑的报价是 69.70~69.75 美元，意思就是，买家愿意出的最高投标价是 69.70 美元，而卖家的最低出售价是 69.75 美元）。没有投标范围，你就只能从最后一次交易中得到这种股票的价格。由于这个时间段可能有几天甚至几个月，那么，你所得的股票价格就会因为太陈旧而毫无用处。因此，它就不能如实地反映现在的股票价格。这时，你只能回过头来，看看这家公司在本国市场的行情。但是，当你准备购买或出售这些股票时，它们不会为了反映本国市场的股票价格而突然被重新标价。你只能在熟悉这些不知名的海外公司的小圈子里，在第一时间，以你可承受的任一价格，买进或卖出该公司的股票。

通过它们各自的股票代号，你就可以区分粉单市场 ADRs 和其他类型的海外普通股。

- ADRs：所有 ADRs 股票代号的最后一个字母都是"Y"，如中国香港东亚银行的 ADRs，其股票代号是"BKEAY"；英国零售商玛莎百货公司的 ADRs 代号则是"MAKSY"；而瑞士大型制药公司罗氏集团的股票代号是"RHHBY"。要记住这一点，一份 ADRs 可能代表某家海外公司的 1 股股票，如东亚银行；它也可能代表多股股票，如玛莎百货公司的 ADRs 相当于伦敦的 6 股股票；它还可能代表单股股票的一小部分，如 1 份罗氏集团 ADRs 相当于瑞士单股股票的 1/2。

- 普通股：它们的最后一个字母是"F"。澳大利亚的博彩机公司 Aristocrat Leisure 的股票代号是"ARLUF"；德国零售商 Metro AG 公司击退了沃尔玛公司对其市场的进攻，其交易代号是"MTAGF"。因为普通股就是在本国购买的实际股票，与本地股票的兑换比例总是 1:1。因此，你在美国市场买到的 1 股与在海外买到的 1 股是等价的。

有些在美国进行交易的股票拥有 ADRs 和海外普通股两种形式。如果你不加注意，你的投资就会发生混乱。雀巢集团公司就是一个很好的例子。该公司的 ADRs 是在粉单市场进行交易的，每一份 ADRs（代号 NSR-GY）代表瑞士股票的 1/4 股，而其普通股在场外交易市场（代号 NARGF）也有出售，这就是造成混乱的原因。这两种形式的股票价格是完全不同的。2007 年 2 月初，该公司 ADRs 的价格是 90 美元，而普通股的价格却是 380 美元，相当于 ADRs 的 4 倍多，这是因为每股普通股的价值是每份 ADRs 的 4 倍。假设你准备购买雀巢集团公司的 100 股 ADRs，期望花 1 万美元，如果你错选了其股票形式，那么，当中介公司告诉你，你的花费是 4 万美元时，你就会大吃一惊。

要想知道在哪些地方可以进行哪种形式的股票交易，你可以进入以下网站：www. pinksheets. com，然后，点击"代号查询"即可。只要某个公司的股票在美国出售，它就可以为你提供该公司的股票交易形式以及上市的市场，无论它是在纽约证券交易所、全国证券交易所、粉单市场还是在 OTC 市场以及其他类型的 OTC 市场上市。

对于美国投资者来说，与 ADRs 市场相比，在 OTC 市场购买海外股票的机遇要多得多。通常情况下，ADRs 代表一些大型公司在某个国家出售股票的形式。这些公司一般都是跨国公司，它们与包括美国在内的很多国家在经济方面都有密切关系。与此相反，海外普通股却是一些小型公司在其他国家出售股票的形式，这些公司与美国经济联系不紧密，可以为投资者提供在另一个国家的投资机遇。

但是，在你发现机遇的同时，也要为它们付出代价。在美国进行海外普通股交易，付出的代价会高于获得的利润。正如美国广播公司运动世界栏目的格言："横跨世界的 OTC 市场能给你带来成功的喜悦，……也能给你带来失败的忧伤"。尽管所有的股票都带有一定的风险，如公司产品销量不好或者当地经济状况不景气等等，但是，在美国购买海外普通股，还

会遇到以下一些特殊的风险：

● **定价风险：** 与在当地交易的普通股相比，在美国交易的海外普通股看起来没什么区别，因为它们属于同一种股票。然而，它们运转的方式却更像一对异卵双胞胎，尽管长相相同，其行为方式却不一定相同。例如，伊藤洋华堂公司，它是一家日本公司，被 7 – Eleven 连锁便利超市合并。之前，在 OTC 市场，你不难发现其未发起的 ADRs 在那里交易。这样，它就存在定价风险。那些伊藤洋华堂公司 ADRs 在这边每股报价 35.88 美元，而在当地的股票报价却只有 34.36 美元。因此，对于美国投资者来说，他就需要多付 4.4% 的资金去购买同一种股票。如果在你抛出股票时，这种情况仍然存在，那么，在你挣得第一笔资金之前，你就已经损失 9% 的利润了，这还不包括付给经纪人的酬劳。

● **流动性风险：** 在最糟糕的情况下，流动性风险意味着在你抛出股票的时候找不到一个合适的买主。没有买主并不会损失你的钱财，所以，这种情况还不算危险。然而，当你出售股票时，找不到买主就意味着你不得不继续持有这些股票，这样，你的价格风险就会提高，直到买主出现或者你自动降价出售……即使是在这种降价的情况下，如果投资者对你的股票不感兴趣，那么，你就不能保证脱手。关于股市流动不畅的情况，我们看一个例子：2006 年 11 月 1 日，新西兰日用品服饰零售商 The Warehouse Group 公司的股票以 4.35 美元的价格在奥克兰上市。而在美国，该公司的普通股报价却只有 2.50 美元。自那一年 5 月 9 日以来，这种股票在美国一直没有上市。这就说明，这样的报价在半年后已经过时，而且，即便你愿意交易，也没有投资者上门了。

● **信息风险：** 由于 OTC 市场的股票没有在证券交易委员会注册，因此，它就不需要在美国做财务报告。这也不要紧，因为你可以在网上找到这些资料，而且，它们通常都是英文版的。不过，这种信息的缺乏，会以其他方式给你带来困难。举个例子来说，假设你投资的一家公司宣布了一项计划，允许现有股东购买其分公司的股票，但这些股票不是分配给股东

第二章 家中的珍珠贝：在美国进行多样化的投资

77

的。为了抓住这次机遇，你就必须在某个特定的时间之前进行回复。这些公司规定的时间期限通常都很短，等你收到邮件再进行回复，已经来不及了，并且，通常这类邮件又不能及时地投进你的邮箱。或者在某些情况下，他们根本就不给你发邮件。那么，这种风险就出现了，作为一个股东，你就错过了做出委员会重要决议的机会。

在美国经营海外普通股的市场是很好的投资场所，尤其是你想购买最透明的跨国公司的股票，如雀巢集团公司的股票，那里就是你的最佳选择。不过，要记住一点，除非你直接进行海外投资，否则，在国内购买普通股也会让你面临一些风险。

第四节　共同基金、开放式基金和封闭式基金

如果说棒球是美国人最喜欢的运动项目，那么，共同基金则是美国人最喜欢的投资方式。美国人喜欢这种投资方式，平均每一个家庭都直接或间接地以这种方式进行投资，投资金额高达 48 000 美元。这其实很容易理解，因为这种投资很方便。与个体股票相比，挑选一种好的共同基金不必那么仔细，几乎没有人知道，截止到 2007 年年中，共同基金已累计高达 11 万亿美元。

与此同时，开放式基金（ETF）也逐渐发展壮大起来，这种基金有一个好处，就是它们的交易过程更加方便。1992 年，标准普尔 500 的股票指数中出现第一份开放式基金，自此以后，它逐渐成为华尔街及全世界的一种主要基金形式。例如，新加坡证券交易所就经营有几种开放式基金，其中，还有一种进入了印度市场。截止到 2007 年年中，国内开放式基金拥有的资产已经高达 5 000 亿美元，它们主要在美国交易所上市。与全国证券交易所和纽约证券交易所相比，该交易所缺乏生机。尽管如此，该市场却还是交易开放式基金的主要场所。在美国证券交易所交易的大部分开放式基金主要集中于国内股票，也可能来自于拥有欧洲最好的 50 种股票，还可

能来自其他一些特殊的市场，如比利时、马来西亚甚至欧洲货币联盟。

小提示：开放式基金的定义

开放式基金与指数化共同基金的建立方式相同，却和证券的交易模式一样。

开放式基金拥有一揽子股票，可以真实地反映美国或国际证券指数（如：标准普尔 500 指数；道琼斯工业股票平均价格；亚洲、大洋洲及欧洲的 EAFE 指数以及伦敦的 FTSE100）。在证券市场交易之后，共同基金只标价一次，而开放式基金和股票一样，是进行全天交易的。也就是说，随着投资者的买进与卖出，股票价格随时都可能发生变化。你也可以"卖空"一种开放式基金，换句话说，就是你将赌注压在指数下降而不是上升上，但是对待共同基金，你就不能这么做了。

拥有开放式基金的最大好处就是它比共同基金更划算。因为在通常情况下，进行这种投资的花费，即经营投资组合的成本，要比共同基金便宜得多。另外，开放式基金还能减少纳税金额，也就是说，每一年你的税务负担都会减轻。

封闭式基金是第三种基金形式，也是数额最小的一种基金。2007 年年中，其总资金只有 570 亿美元。除了名称与共同基金类似之外，在相互关系方面，它与开放式基金的关系要更紧密。封闭式基金就是将投资者的资金汇聚起来，购买一揽子股票，像交易大多数共同基金一样，再将这一揽子股票卖给一位投资组合管理者。但是，在交易所交易时，封闭式基金和开放式基金相同。实际上，封闭式基金的运营方式和公司中的股票一样。投资者会基于对包裹运输公司前景的判断，推动 FedEx 价格的上升或者下降，同样，他们也会基于对潜在的封闭式基金投资状况的估计，推动其价格的上升或者下降。这就不同于封闭式基金了，共同基金的股票价格只取

第一章　家中的珍珠贝：在美国进行多样化的投资

决于潜在资产的价值。就封闭式基金来说，股东根据对基金本身的判断及其投资方向，来决定其价格。这是封闭式基金的特性，可以为我们带来独特的投资机遇。

我们之所以钟情于共同基金与开放式基金这样的投资方式，是因为它们就像我们购买的食物一样。为了满足需要，我们可以将这些资金打包出售，而不必忙得不可开交。因为，只要你决定购买一揽子股票，就不用为了进行调查研究而顾不上家务，所以，它们是最简便、最快捷的投资方式。

尽管在美国基金的领域内，世界基金和开放式基金只是相对很小的一个部分，但是，它们已经吸收了很多资金。截止到2006年底，美国的共同基金已拥有超过1.6万亿美元的资产，是10年前的7倍。

开放式基金与共同基金最显著的区别就是：共同基金，尤其是封闭式基金，管理更主动。它们雇用一位投资组合管理员来管理这些资金，消除投资障碍，挑选合理的投资对象，而且这位管理员所选的都是最好的股票。而开放式基金，它的存在就是为了反映股票的某些指数。当然，每一种规则都有例外，很多共同基金也反映各种国际指数。但是，一种新型的开放式基金也开始在市场出现，它不再反映股票指数，而是力图从中获取更多的利润。不过，总体来看，这就是国际基金与开放式基金的分割点。

世界基金或全球基金：从字面意思来看，它就是购买全球股票，包括美国公司的部分股票。如果你已经拥有美国股票或者共同基金，并且，你还希望在美国进行更多投资，那么，这种基金就不适合你。

国际基金或海外基金：这种基金只持有国外本土公司的股票，通常在几个大陆的很多国家进行投资。一些基金主要集中于发达国家，另外一些却只集中于新兴市场，也有很多基金是一种联合体，拥有发达市场与新兴市场的一揽子股票。与世界基金相比，这些基金是最保守的国际基金，因为它们的多样化形式非常广泛，大部分退休计划都会提供国际基金或海外基金服务，这样，你就会将一定数目的资金投入有权参与的基金项目中，

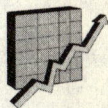

丰富你的投资组合，使你的退休金来源更加多样。

区域性基金：这种基金的投资对象是世界的一些特殊领域，如欧洲、拉丁美洲或亚洲。一些基金的区域划分更为具体，它们只集中于东欧或者除日本之外的亚洲。这种基金的风险要高于国际基金和世界基金，在投资组合中，它们只能起到辅助作用。由于某种原因，你才会特别看重这一区域的经济。

国家基金：这种基金只持有某个国家的股票，最有效的方式是拥有唯一市场的国家基金，如俄罗斯和日本。在国际共同基金中，这种基金的风险最大，因为它们的多样化形式只出现在国家内部，而国家数量却不具有多样性。比方说，你拥有一份俄罗斯基金，但由于某种原因，俄罗斯卢布可能变得不名一文。就像20世纪90年代末出现的情况一样，它极大地破坏了以俄罗斯为中心的共同基金，这样，就增加了你的投资组合的风险。不过，只要你了解这些风险，并且投资数目不是那么大，它还能提高你的投资回报。具体地说，美国共同基金的投资对象基本上都是国内企业，所以，它也属于国家基金。

指数基金：通常，随着某个特定海外指数的变化，这种基金也会发生相应的变化，最常见的一种指数是 EAFE，即欧洲、澳大利亚和远东指数，也有一些基金，它是随着金融时代证券交易全球资产净值指数的变化而发生变化。该指数来自48个国家的7 000种股票，还有很多指数来自其他各种地区。相对来说，海外指数基金都比较保守，它们不是最佳的全球投资方式，接下来我们就会介绍。

随着一些世界事件的发生，投资者对国际基金和开放式基金的兴趣会发生改变。通常，这些世界事件是指海外证券市场以及债券市场的运营情况，还包括美元相对于其他货币是升值还是贬值等情况。如果美国投资者听说海外证券市场有机会或者他们从经济新闻中了解到美元贬值，那么，他们就会将大笔资金投向国际基金，因为在这种情况下，进行海外投资是很划算的。当全球局势发生变化，或者某地发生货币危机，他们又会将资金遣返回国，投入那些被认为是世界最安全的市场，即美国。这种做法有一定的道理，如果某种货币发生危机，或者一个拉丁美洲国家拒绝偿还债务，或者是爆发了一场战争，那么，它的冲击波会以闪电式的速度影响全世界的金融市场。这样，那些闷闷不乐的投资者们就会逃离小的海外市场，而选择规模较大、较稳定的美国公司，或者直接购买美国中期国库券。他们这样做的理由是：与世界其他公司的股票相比，大型公司的股票更安全，而美国中期国库券是世界最安全的债券。

在其他情况下，投资者就没有这么理性了。学术研究一次次证明，共同基金的投资者都有从众心理，喜欢追随过去形势最好的基金，也就是说，一旦他们看到，在过去的一个季度或者一年之内，某种基金、工业部门、国家、地区或投资策略产生了很好的效益，他们就会迅速取出资金，而转向这些方向投资，希望获取更多的利润。但是，在你发现这些基金炙手可热，准备投资的时候，其实你已经错失良机。尽管，你仍然可能会获得一些好处，但是，最有可能的是：你不仅一无所得，而且还会损失一部分资金，因为这些基金下跌的速度和它们上涨的速度一样快。

这就是说，某些国际开放式基金确实非常优秀，但并不是说所有这些基金都这么优秀。

开放式基金和指数共同基金的成功，取决于总体海外市场或某些特定国家的发展状况，并且，这些基金能反映当地的一揽子股票。它们的价格取决于这一揽子股票的累积投资价值，并且，随着股票价格的升降，这一价格也会发生相同的变化。因此，当海外市场的股票价格上升时，开放式基金和指数基金的价格也会上升。开放式基金和国际指数基金的最大优点是代理费用低。如果你想拥有欧洲、澳大拉西亚和远东地区的摩根斯坦利国际资金组织的股票，那么，斯巴达国际保真指数基金（the Fidelity Spartan International Index fund）就是你最可靠的选择，它的代理费用相当低，只有10个基准点，即每年0.1%。也就是说，1 000美元的投资资金每年只收取1美元的代理费。这已经非常低了。从长远的眼光来看，与积极管理基金相比，指数基金更好的一部分原因就在于此。

指数基金的一个显著缺点是：没有行为规范。因为这种基金是为模拟某个特定指数而创建的，所以，它们运行起来就像机器人一样，不能摆脱其内在的束缚而随意行动。EAFE 就是一个典型的例子。日本股票占 EAFE 指数的 1/4，在 1989 ~ 1998 年的 10 年间，日本经济和证券市场就像放置了一天的寿司一样，毫无生气，以至于 EAFE 连续 6 次成为主要指数中最糟糕的一个，并且，连续 4 年位居倒数第一，第 7 次是倒数第二。如果在那个阶段，你拥有 EAFE 的指数基金，它又拥有日本股票，那么，你就等于是在世界最差的证券市场进行了投资。

那些在积极管理模式中运行的基金，它们的投资范围集中在那些前景较好、充满活力的国家，这样，就可以避免类似日本市场那样的影响，事实上，很多基金都做到了。到了 2006 年，日本逐渐摆脱了长期市场低迷的状态，积极管理基金也开始成为日本重要的证券形式，这就意味着管理者将这些基金更多地投向了这个国家，而不再生搬硬套 EAFE 的模式。

除此之外，拥有广泛的国际指数基金，就意味着你拥有了世界最大量的股票。这样，你也会失去一些向中小型企业投资的机会。或者说，虽然在最大的证券市场，你拥有了广阔的投资空间，但是，你却不能进入那些规模最小、发展最快的证券市场。

拥有积极管理基金，你也会面对这类基金的缺点。它最基本的一个缺点就是：代理费用高。国际共同基金是基金交易中最昂贵的一种，尤其是出现在新兴市场中的共同基金，年均代理费超过 2%，某些基金代理费甚至将近 3%。这种昂贵的费用抵消了你的很大一部分收入。它的另一个缺点就是不合理配股。如果为你掌管基金的管理员是一个配股问题的门外汉，那么，与普通的国际指数基金相比，你在这种基金上的投资回报可能就要低很多。并且，更糟糕的是，你每年还要付给那位平庸的管理员更多的代理费。

就这种基金的优点来说，那些最好的国际基金管理者对自身的业务非常精通，也就是他们能深入到当地市场中，在那些短期资本经营者竞争非常少的地方，发现一些不知名的股票。尤其是对那些小型企业来说，这种情况更加普遍。很多实验研究发现，与其他基金形式相比，小公司的国际基金更能突破其指数。如果分析家对小企业的研究越来越少，那么，这些小企业就会为投资管理者提供更多的机遇，因为他们就喜欢进入当地市场，在那些小企业进行投资。

小提示：基金能够对冲风险吗

这里有一条重要的提示：任何一位投资国际共同基金的投资者，必须关注该基金是否能够对冲（hedge）[①]货币风险。

那些能够对冲风险的基金可以保护基金不受货币波动的影响，当美元相对于那些基金标价货币升值或者贬值的时候，你就不必受这些因素的影响。

相反，那些没有对冲机制的基金，很容易受到货币波动的影响。我们将在随后的一章进行详细介绍。不过，当美元升值时，国际证券按美元计算，其价值就会下降。相反，当美元贬值时，其价值就会上升。

对于那些想降低货币风险，又想进行海外投资的投资者来说，设有对冲机制的共同基金是他们最好的选择，你不用担心美元会有什么变化。因为货币投资能带来额外的投资组合多样化回报，所以，对于那些进行货币投资的投资者来说，他们就必须确保基金没有建立对冲机制。

---

① 对冲一词，原意指在赌博中为防止损失而采用两方下注的投机方法。在金融市场中，对某个或某类证券产品既买又卖的投机基金称为对冲基金，又称套利基金或避险基金。通过金融期货和金融期权等金融衍生品，对冲基金在投资证券市场中能够减少风险。例如，基金管理者在购入一种股票后，同时购入这种股票的一定价位和时效的看跌期权。看跌期权的效用在于当股票价位跌破期权限定的价格时，卖方期权的持有者可将手中持有的股票以期权限定的价格卖出，从而使股票跌价的风险得到对冲。——编者注

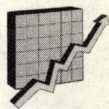

为了确定一种国际共同基金是否设有对冲机制，你就必须查看它的内容说明书。基金公司会定期明确它们的货币政策，目前，你能在基金母公司的网站上查到任何一种基金的内容说明书。

要寻找到一份好的基金需要技巧。如果你想投资一种指数基金，那么，你与投资管理者就没有任何关系，因为这种基金只是构成某种指数的股票混合体；如果你想投资一种积极管理基金，那么，你的成败就取决于投资组合管理者或者管理团队的能力。除了选择二者之一，我还加入了我们公司的401（k）计划①。在此之前，我还用妻子的养老金购买了一种国际共同基金。如今，她已经不能用这笔资金直接进行海外投资了。为了抓住这个最好的长期投资机遇，她就必须求助于一种共同基金，即马修斯亚洲增长及收入基金（the Matthews Asian Growth & Income fund），它是一种管理适当的基金，由亚洲自由兑换债券、优先股以及集团债券混合而成。大部分共同基金还没有涉及这个领域。在共同基金的管理者中，保罗·马修斯（Paul Matthews）是一位最优秀的管理者。当他进入亚洲时，其分析团队和投资管理者非常善于进行亚洲投资，并且，通过先进的信息处理，他们对其他绝大部分国际共同基金也都了如指掌。2007年夏，就在我开始撰写这本书的时候，尽管基于亚洲的其他马休斯基金仍在开放，但是，亚洲增长及收入基金已经不再接纳新的投资者了。

与经营股票一样，在挑选某种共同基金时，你仍然需要干点副业。如果所追求的只是广泛的投资范围以及与海外市场相符的利润回报，那么，你选择指数基金或者开放式基金就是正确的。随着海外市场或你感兴趣市场的变化，这两种基金也会发生变化。毫无疑问，当这种市场发展时，你的投资也会前进。指数基金都想从你所得的回报中榨取更多的利润，因

---

① 401（k）计划是一种退休养老金计划，由雇主支付费用。这个计划是按照美国国内相关法律的第401（k）条款强制规定的。——编者注

此，进行此类投资时，你一定要找到那些收费最低的基金公司。毕竟，如果这两种基金参照的是同一指数，那么，你的收入就只取决于它们的管理费。管理费越低，你的收入就会越高。

如果你比较喜欢积极管理基金，那么，你的选择就会复杂得多。你不仅需要考虑它的各种类型，还要了解每一种基金的运营方式。有些基金追求价值，有些寻求发展，有些渴望回报，而另一些则追求资产增值。有些经营大型公司的股票，而另一些则经营小型公司的股票。这样一来，就造成了前面提到的世界基金、国际基金、地区基金和国家基金之间的区别。如果你想调查共同基金的各种情况，可以在 Morningstar.com 网站进行搜索。这里可以为你免费提供一些最基本的信息，是关于共同基金的有益的调查结果，如果你想进行更细致详尽的分析和研究，你可以花钱订阅。要记住一点：20 世纪 90 年代，金融界开始实施一项新的规定，即投资者购买共同基金时，可以进行贷款。可是对投资者来说，这项规定很不公平。在很多情况下，这并没有错，你所支付的贷款在本质上就是基金的费用。但是，这样一来，它就吞噬了你的部分利润。不过，也有例外的情况。如果你发现一位投资组合管理者不断过账，并且，收入超过了证券指数投资基金的平均水平，那么，与资产净值出售的基金相比，这些收入会不会使你的利润比它高呢？总之，只要你拥有的基金效益好，那么，贷款支付也会给你带来一定的好处。

基金的好坏由什么决定呢？那就是在结账的时候，你是否获得了源源不断的利润。如果你想雇用一位基金管理者，让他帮你挑选股票，那么，你就会得到较高的利润回报。这种基金不一定每年都位居榜首，但你希望它一直排在同类基金的前三名。Julius Baer 国际资产净值基金（A 股）就是这类基金的一个典型例子。目前，它已经不再接纳新的投资者，因此，这里不是在为你推荐。截止到在 2007 年 7 月，在此前的 1 年、3 年、5 年和 10 年间，该基金的赢利排名始终位于所有海外大公司基金的前 5%。而在过去 10 年中的任何一年，该基金从未低于前三名。这就是你想找到的能带来持续利润的积极管理基金，在经营过程中，这种基金不断击败指数，

赢得了稳定的收入。这些基金的收入和排名可以在 Morningstar. com 网站免费查到。

Morningstar. com 网站也会为你提供一些关于开放式基金的调查结果，同时，ETFconnect. com 也免费为你提供关于开放式基金和封闭式基金的调查结果。美国证券交易所也会为你提供一些渠道，调查某些特殊类型的开放式基金，还有那些以折扣或保险金形式进行交易的优先股的情况。

小提示：MORNINGSTAR 的星形等级标志

依照经典的商业电视广告，当中介公司 "E. F. Hutton" 发表讲话时，人们都会认真聆听。如今，更受大众投资者欢迎的标语也许是："当晨星公司进行等级评价时，投资者就会蜂拥而至。"

晨星公司曾是芝加哥的一家不知名的投资调查公司，20 世纪90 年代，该公司开始提供一些基金的数据，是关于那些正在发展的、数量相对较少的共同基金的数据、调查结果以及相关证明，并且开始声名鹊起。正是这些星形等级标准的划分，使得晨星公司的名气大增。

为了向投资者提供一种清晰可见的等级标准体系，晨星公司用星形标志标注基金等级，五星级表示优秀，一星级表示不好。由于投资者面临很多基金形式，而且，市场上存在着上千种划分等级的形式，因此，他们就会选择一种简单的方式分析各种数据。通过星级等级划分，他们就可以像参考中介公司的"购买"、"出售"、"保存"等建议一样，选择合适的基金形式。他们发现，某种基金的星级越高，晨星公司就越喜欢调查这种基金。

然而，晨星公司的星级标志并不一定与实际情况相一致。它并不是建议你去购买或出售某种特殊的共同基金，相反，某种基金的评级只是其在过去某个阶段的反映。如小型增长股票基金和中期债券基金。从本质上来说，星形等级标志就像是基金表现的后视镜，它们并不能预测该基金的未来状况。当你考虑投资方案时，如果了解到一种特定的欧洲股票基金拥有更好的创收记录，那么，它就可以成为你投资时的重要参考。

在某种共同基金的类型中，位居前 10% 的基金能获得五星级，并且，通常这一成绩处于三个不同的时间段，3 年、5 年和 10 年。同样，根据同一客观标准，位于后 10% 的基金只能得到一星级的评价。对于那些至少 3 年没有出现过的基金类型，就没有资格参与等级评选。正如晨星公司在其网站表明的那样，这些星形等级标志"不能被当作是购买或者出售基金的信号"。

封闭式基金和开放式基金还有一种与众不同的投资因素，它们会定期以折扣或贴现的形式进行交易，这些折扣或贴现的价值与优先基金的投资价值相等。

要记住一点，共同基金每天只标价一次，并且，在市场收盘后，它们的价格被华尔街称之为财产净价值（NAV），反映了该基金所有股票的总价值，同时还包括一种共同基金所有的已发行份数。因此，如果一种基金的所有股票价值共计 1 000 万美元，并且，该基金由 100 万份组成，那么，每份基金的价值就是 10 美元。然而，由于开放式基金和封闭式基金进行的是全天交易，因此，随着投资者对不同基金的喜好变化，它们的价格也会不断发生变化。例如，2006 年 10 月 17 日，墨西哥封闭式基金的单价为 42 美元，但从那一天起，它以 MXF 的代号在纽约证券交易所上市的股票价格却在 36～36.49 美元之间波动。当天的最终价格为 36.45 美元，比财产净价值低了 13%，这就意味着你以折扣价购买了价值为 42 美元的股票。

泰国基金是一个相反的例子。同样是在 2006 年 10 月 17 日，投资者却是以高出基金价格 15% 的价格购买了泰国基金，这就是贴现形式的基金。

因为，对于封闭式基金来说，经常会出现交易价格与其本身固有价格不符的情况，而且，有些封闭式基金几乎不会出现打折情况，另一些则不会出现贴现的情况，所以，聪明的投资者非常关注这种打折基金和贴现基金。因此，如果你计划购买国际封闭式基金，那么，就在 etfconnect. com 网站做一些调查吧。该网站能为你提供一个图示，它表明的是资产净值与基金每日价格之间的关系。同时，在 www. cefa. com 网站，封闭式基金协会也会为你提供年度报告与各种封闭式基金网站的链接，这样，你就拥有了更多的有用信息。

第五节　美国中介账户

与其说中介账户是一种特殊类型的投资方式，不如说它是一条进行投资的林荫大道。

当我开始第一次海外投资时，对于个体投资者来说，中介公司先驱 Charle Schwab & Co. 几乎是国内有权进入海外市场的唯一一家公司。因为，一些主要的中介公司，如 Merrill Lynch 公司、Smith Barney 公司以及其他中介公司，虽然也能进入海外市场，但是，一般来说，它们只面向那些资产雄厚的客户。而 Schwab 公司在菲尼克斯市（Phoenix）设有一个全球投资营业点，能够满足某些投资者的需要，例如就像我这种想直接购买海外股票的投资者。在 20 世纪 90 年代中期，虽然我曾经到 Schwab 投资点咨询过几次，但是，最终也没有接受它的服务。这家投资点现在还在，它仍然能为大众投资者提供这种服务。即不用开通海外账户，就可以直接进行海外投资。

不过，如今的 Schwab 已经有了竞争对手。网络中介公司，如 E * trade、interactivebrokers. com 和 EverTrade Direct Brokerage，它们都能为你提供种类繁多的全球投资方式。2007 年，网上贸易还为美国投资者开通了一个网上平台，投资者可以在那里进行现场交易，交易市场包括加拿大、英国、法国、德国、中国香港以及日本。几年来，网上贸易还允许投资者在很多较小的市场进行交易，如泰国和南非，但它不是现场交易。除此之外，在美国市场开放期间，你还可以通过电话或者网络发出指令，网上交易就会在其他市场运行期间，为你办理业务。

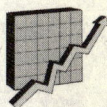

第一章　家中的珍珠贝：在美国进行多样化的投资

2006 年底，位于佛罗里达州杰克逊维尔（Jacksonville）的 EverTrade 公司开始为投资者提供部分海外交易市场，如芬兰和秘鲁。不过，这些交易只能通过电话进行，而不能在互联网上进行。相反，Interactive Brokers 的投资者就可以在网上直接进行交易，它能为投资者提供美国以外的 10 个国家的市场，并且，它们都是规模最大、最稳定的市场，如英国、日本和瑞士。在未来的时间里，这两家中介公司都可能为投资者提供更多进行现场交易的市场。

对于那些想进行海外投资，又不愿意走出美国的投资者来说，开通中介账户就是最好的选择。它能为你提供一个广阔的交易空间，其中包括大部分世界最透明的公司的股票。这样一来，对于那些没有在美国市场上市的股票，你就可以任意买进或者卖出。如果你愿意，你既可以在当地市场开放期间交易，也可以在美国市场开放期间发出指令，而就在你将要入眠时，这些指令就会被执行。在资金流入你的账户时，你也无需考虑货币兑换问题；在交易过程中，中介公司会通过同业拆借利率和制度定价，将基金、抚恤基金和其他专业基金等进行资金转换。如果你想以其他货币形式结算账户，如日元、英镑、欧元等，也是可以的。中介公司的收费，竞争也很大，例如，Interactive Brokers 公司，投资者要购买加拿大股票，每股仅需要 1 美分。而如果你想在英国进行 5 万英镑的交易，那么，该公司的收费会更低（例如，在 2007 年，该公司的收费只相当于 12 美元）。

虽然这些美国中介公司拥有很多优点，但它们也存在一些缺点。例如，它们增加了投资者的开支，并且投资市场的范围也比较局限。

如果你的对伦敦、东京、巴黎以及其他一些主要市场进行投资不感兴趣，那么，美国中介公司就无能为力了。在美国，没有一家中介公司是面向发展中国家的，即使它们拥有一些次级市场，你也不能直接在那里交易，你只有听天由命或者接受国内灰市出售的股票（记住：这是有风险的），或者乖乖地等到那些市场开放，再进行交易。

接下来，还有一个发行价格的问题。为了给当地经销商和管理者支付一定的费用，美国中介公司就会提高股票的价格，它们一般会通过加宽股

票价格幅度范围，来达到这个目的。这里的价格范围指的是股票出价与要价之间的范围。例如，Schwab 公司就会平均增加1%的股票报价范围，包括出价和要价，有时候这个数值会更高。再如韩国股票价格，其报价范围高达3%。结果就是，在你还没有获得利润前，你就必须跨越2%或6%的股票价格障碍。也许，这些数字看起来并不大，但是，你必须认识到，在一年的收入当中，6%~8%并不是一个小数目。在某些情况下，光是进行海外交易的费用就相当于你一年的收入，这样一计算，你的花费就高了。

你还必须注意交易最小量的问题。Schwab 公司要求每次至少交易5 000美元，而且，根据市场的不同，有时需要支付的金额会更多。一些国家和地区的股票，特别是新加坡和中国香港，通常以 board lots（证券交易的单位数量）进行交易。例如，如果你想购买新加坡最大银行 DBS 集团的股票，那么，在 2006 年底，你就必须通过 Schwab 公司，至少投资约12 000美元才能交易。当时，1 000 股银行业股票的价值大约为 19 200 新元。当然，对此，Schwab 和其他中介公司都无话可说。并且，无论你在哪里，如果是在新加坡或中国香港直接进行交易，那么，你都要面对这种最小交易额的问题。如果在美国中介公司进行交易，你就不需要了解这些知识，因为在美国进行直接交易，你是不会碰到这种问题的。

另一个潜在的问题是股票的流通性。硬币股票指的是那些面值在 5 美元以下，通常为 1 美元的股票，它在国内的声誉很不好。因为某种原因，它们却是那些投机者提高低廉股票价格的场所。但在很多海外市场，尤其是在亚洲、英国以及爱尔兰，股票面值通常只有几美元，或者不到 1 美元。这是一个标准，它们完全不是某些糟糕公司的股份。在很多情况下，它们是当地市场的蓝筹股。这些国家不像美国，只发行数百万或数亿股这种股票，而是发行几十亿股。这样，美国投资者就会觉得它们比美国的同类股票低得多。这就是问题所在，在美国进行这种低价股票交易时，你很难找到适当数量的这种股票。

来看一下泰国联合集团公司的一个例子，它是位于泰国的一家食品公司，拥有"海洋之鸡"品牌，是美国食品货架上金枪鱼的第一品牌。在我

第一章　家中的珍珠贝：在美国进行多样化的投资

写这本书时，该公司的股票价格为 23 泰铢，相当于 61 美分。如果你想通过一位泰国经销商，直接在泰国购买这种股票，那么，你很容易就能买到 1 万美元的股票。但是，如果你通过美国的场外交易市场来购买相同数目的股票，就会遇到很多实际的困难，因为这里需累积大约 16 400 股股票，才能满足你的需要。然而，在曼谷证券交易所，即泰国联合公司的本国市场，你就会很容易得到这样的股票。实际上，在 2006 年 9 月底，我开始写这本书时，pinksheets. com 报告说，美国场外交易所记录的泰国联合公司股票的最后一次交易是在 5 月 4 日，大约是在 5 个月前。交易数目远远没有达到 16 400 股。这就是股票市场流动不畅的一个典型例子，并且，如果你不是直接在某个国家进行海外交易，而是通过中间人在美国交易，那么，这种流动不畅的问题就会普遍存在。更糟糕的是，在美国市场进行海外交易，难进，更难出。因为在美国市场，普通投资者都不会购买泰国联合公司的股票，这样一来，你就没办法很快抛出手中的股票，只能长期持有它或者以买主提出的低价而脱手。

另外，你还可能会遇到一些附加费的问题。如 Interactive Brokers 公司收取的"每月最小活动经费"。该公司是针对积极的交易家创建的，因此，Interactive Broker 公司就要求投资者每月支付一定数目的代理费。该公司也欢迎长线持有股票的投资者，他们每月只需缴纳 10 美元，即一年需要花费 120 美元的费用，以保证账户顺利开通。

最后一个问题是，对你来说，即使投资调查信息很重要，美国中介公司也不会为你提供这些信息。这些公司不雇用研究分析专家，并且，也不会为你提供有关海外股票的投资建议。但是，他们可能会从各种新闻中得到一些信息，问题是对于这样的新闻，你自己也可以在网上找到。至于那些有关买卖，或者是保留哪些国家、哪种产业以及哪种股票等信息，它们是不会为你提供这样的建议的。

小提示：一类不存在货币风险的国际投资

也许在海外投资的过程中，除了公司的倒闭以外，你遇到的

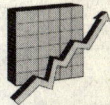

最大风险就是当地的货币价值与美元背道而驰。你可以在随后的章节里看到，即使你的股票价格上涨，这种风险也会吞噬你的利润；而当你的股票价格下跌时，它就会增大你的损失。如果你愿意做出选择，那么，这里有一种办法可以帮你降低这种风险。

进入 Interactive Brokers 公司的通用账户。

比方说，你在账户中存了1万美元，并且，你想购买BIC集团公司的股票。该公司是生产打火机、剃须刀和钢笔的世界级大公司，其产品在美国人的药箱、书包以及办公室抽屉中随处可见。仅仅因为它是一家法国公司，自从在巴黎上市以来，它就以欧元进行交易，但在美国却不是。为了便于计算，让我们假设美元与欧元等值，即1美元 = 1欧元。

你在通用账户中存了1万美元，来购买BIC公司的股票，随后 Interactive Brokers 借给你1万欧元完成交易，把你的美元当作间接的货币。

假设2006年秋，你刚好持有BIC公司的股票，此时，股票价格为50欧元。但是现在，相对欧元来说，美元的价格在飞涨，1美元能兑换2欧元，也就是说，美元的价值翻了1倍。那么，你在BIC公司拥有的1万欧元的股票，仍然值1万欧元。因为你的股票是由海外货币的价值来决定的，而相对于海外货币价值，美元上涨得太快了，所以，你最初的1万美元投资只值5 000美元。如果你在欧洲中介账户持有BIC公司的股票，并且，你是把美元兑换成了欧元才来购买这些股票的，而1万欧元只能买到以前一半数量的股票了，所以，现在你的损失就会变得很大。

但是，因为你是在通用账户购买的BIC股票，所以，你就没有任何损失。记住这一点：你是借欧元来购买BIC公司的股票的，并没有将美元兑换成欧元。这些股票仍然值1万欧元，当你将这些股票出售后，就可以用现金还债，而且，你仍然拥有自己的1万美元。对你来说，整个过程本质上只是一种零和游戏，尽管你需要支付一定的贷款利息，但是同时，你还可以从中获得存款利息。

当然，在华尔街做任何一件事都存在风险。如果 BIC 公司的股票无处不在，而且美元出现贬值，这样，1 万欧元就相当于 2 万美元，那么，就像在美元升值时，你不会损失一样，在美元贬值时，你也不会获利。在这种情况下，进行海外投资就会使你的资金翻倍，并且，在你的美国账户里，还有你的 1 万美元。

Interactive Brokers 公司的通用账户并不意味着你完全不受货币价值波动的影响。随着海外股票价格的涨落以及货币价值的上下波动，你拥有的海外股票，其价值也会摇摆不定，但是，你的美元账户却能保持稳定。我们再举个例子，假设 BIC 股票获利 25%，即股价变为 62.50 美元，而美元相当于欧元下跌了 10%：

起始价值	最终价值
200 股 × €50 = €10 000	200 股 × €62.50 = €12 500
$1 = €1（$10 000 = €10 000）	$1 = €0.90（$10 000 = €9 000）
总投资 = $10 000	总遣返资金 = $13 889

你将这些股票卖了 12 500 欧元，但是，因为美元现在贬值了，所以，你的遣返资金不是 12 500 美元，而是 13 889 美元，你的账户收入不是 25%，而是将近 39%，这样的结果都是由于美元贬值造成的。

在随后的章节中，我们还会详细介绍货币变化对投资者带来的影响，也就是教你怎样充分利用 Interactive Brokers 公司的通用账户，来降低你在海外市场面对的货币风险，或者教你如何来承担这些风险，其实不管是哪一种，它们都会丰富你的投资策略。

第三章

海外的珍珠贝：
如何在世界各地开户入股

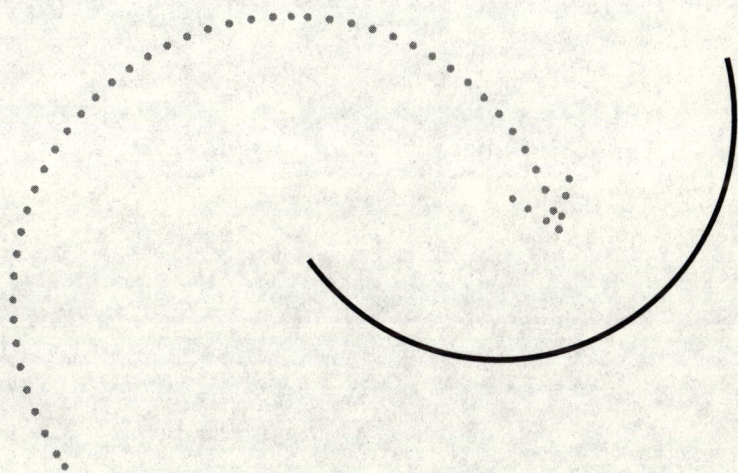

以下是一份简短的电子邮件：

您好，我是一位美国投资者，想开通一个中介账户，在新西兰和澳大利亚证券交易所进行投资。我想了解一下美国投资者能否在 Ord Minnett 开户，如果可以，请告诉我，您需要什么文件以及开户需要的最少资金数目。

这是 1995 年秋，我发给 Ord Minnett 证券公司的一封电子邮件。它曾是新西兰的一家中介公司，如今已不存在。那时，我在网上搜索南太平洋地区的中介公司，偶然发现了这家公司。Ord Minnett 公司曾在网上做广告，并向投资者告知其业务范围，但是，它不提供网上交易。那时，对于美国投资者来说，网上交易还是一件非常新奇的事情。Ord Minnett 是我在澳大利亚和新西兰联系过的第六或第七家公司，其他公司都委婉地拒绝了我的请求，其中有几家公司错误地告诉我：美国证券交易委员会不允许它们接受美国投资者。但是，在我问及原因时，他们没有一个人能给出合理的解释。

在我发出邮件后的几天，Ord Minnett 给了我回复，时间是某一天的凌晨。代理人特德（Ted）给我发了一封内容详尽、言辞诚恳的信，并告诉我，他很乐意帮我在那里开户，他还写到，我只需要将护照传真到新西兰，以便他们公司确认我的身份。除此之外，他会帮我完成其他内容的填写，这就免去很多繁琐的文书工作。现在，这种做法听起来似乎很危险，因为，如今在网上有各种类型的盗窃犯。不过，那时身份盗窃犯还不像现在这么猖獗。另外，现在的中介公司也不再通过电子邮件索要投资者的个人资料，它们会在网上提供申请表，你可以打印后邮寄过去，或者你也可以通过某些安全网站，在网上直接填写申请，这样，你的个人信息就不会成为那些身份盗窃者的猎物了。

等到所有的文件都签名并传真过去后，特德告诉我："账户开通后，我会通知你，并告诉你如何按说明填写资金项目。"

那一年圣诞节来临之前，在那个我至今也没到过的国家，通过我不确定其是否存在的一家中介公司和一位不曾谋面的人，我拥有了刚听说过的那家公司的股票。

虽然，在我回顾这一切时，省略了一些重要的细节，但是，这里我只想强调最主要的一点，那就是，购买海外股票，就是这么简单。先找到一家中介公司并与其建立联系，然后开通一个账户，最后输入资金。这样，你就是做得最好的。

记住：当时是1995年。如今，进行全球投资已经变得更加容易。这一切都源于高效率的因特网。通过网络，你能很容易地找到海外中介公司，并在网上填写申请，进行调查研究，下载公司报告及主管人员的讲话。而且，你也不需要将指令传真或邮寄给中介人，以便让他执行你的指令，以前那种繁琐的程序早就过时了。

这一章，就是向你介绍如何找到某家中介公司，如何开通中介账户并进行海外投资，如何在银行存款并建立必要的联系，以及调查公司资料的各种技巧。另外，我们还会提到一些你必须谨记在心的因素，如海外金融规范与本国的差别以及国内外税收的差别。

现在，我们就迈出最重要的一步：找到一位中介人……

第一节　你想到哪里去投资

亚洲。

当我第一次决定进行海外投资时，我的选择就是亚洲。

我想在太平洋沿岸的亚洲公司投资，因为它将从不断增长的消费者群体中获取长远利润，这些消费者群体遍布印度、中国以及整个东南亚。不过，在美国证券市场很难看到它们的身影。于是，澳大利亚、新西兰、新加坡以及中国香港等地的证券交易所因为用英语进行交易，其便利性就凸显出来。用自己的母语，和一家中介公司进行交流，就会使程序简单化。

如果我的第一次海外投资就只面向这些以英语为主的公司，那么，我的投资过程就不会那么复杂了。

最终，我选择了新西兰。因为在新加坡和澳大利亚，没有一家中介公司愿意与我合作。Ord Minnett 公司是唯一一家接受我的公司。在那种情况下，新西兰就成了我第一次海外投资的最佳选择。

不过，选择它也有其他方面的原因。在寻找中介公司的困难出现之前，我已经通过调查发现，那里有几家以消费者为导向的公司在亚洲也有业务，并且我也想购买它们的股票。我还从 Ord Minnett 公司的业务清单上发现，新西兰账户也能为投资者提供在澳大利亚证券交易所交易的途径，这真是一举两得。

因此，对我来说，选择新西兰是明智之举。

作为一名全球投资者，你应该问自己的第一个问题就是："我想在哪里进行投资？"

从你得出答案的那一刻起，你就得按部就班地将资金投入海外。我先不告诉你具体的步骤，而是给你举一个实例，这样，你就可以看到整个过程的步骤，并且把它运用到你的实践中。我以越南为例。

越南是一个社会主义国家，这毫无疑问；尽管那场战争已经结束了几十年，它还是勾起了美国人很多辛酸的回忆，同样这也是事实。因此，向这个国家进行投资，确实需要克服一些困难。尽管如此，越南的经济正在觉醒，并且它与亚洲大陆及世界各国之间的经济联系也在不断深入。虽然，这个国家仍然很穷，但在亚洲，它的经济发展速度在某些方面却是最快的。2006 年，国民立法大会将两位商业改革家，分别任命为主席和总理，其中一位是反腐斗士，另一位则在任职期间，大力鼓励经济发展并取得了很好的成绩。在此期间，迪士尼公司将越南作为它进军新兴市场计划中的一个目标。2006 年，生产电脑芯片的巨头英特尔公司，也宣布它将在胡志明市投资 3 亿美元，创建一个电脑装配公司。顺便说一下，我所了解的这一切都来自网络，这些信息都是某些专家对该国基本状况所做出的评价。这些观点最终都会被证实（它是否正确，并不需要你具备经济学或相

第二章　海外的珍珠贝：如何在世界各地开户入股

关的专业知识来进行预测），越南正积极推进本国经济的发展，努力走向国际舞台，并改善本国人民的生活状况。对于那些业务不断发展、用户持续增加的公司来说，越南的进步最终会给它们带来很大的利润。而这些都来自最基本的调查和分析。

正如一只刚出生的亚洲虎一样，谁也不知道越南会在什么时候发出怒吼，再说，预言家们已经抛弃那些经济预言，究竟谁对谁错呢？这些预言的出现，并不意味着一名成功的投资者应该在这时对某个国家或某家公司突然进行投资。没有人总是那么幸运，成功需要足够的信心，这就好比你在参加聚会时，总是提前到达聚会地点，那时，主人还在装扮聚会场所，你却坐在那里无所事事。在越南投资也是如此。如今，越南政府正在努力调和资本主义和社会主义之间的矛盾，整治腐败，当地居民的生活方式和思维方式也在不断更新。在前进的道路上，这些因素一定会影响经济的发展，扰乱证券市场，吓跑投资者。并且，越南毕竟不是中国，越南大约有8 400万人口，是中国人口的1/15，并且，它的国土面积也很小。投资者一想到中国有13亿潜在的消费者，就会欣喜若狂，越南不会让投资者产生这样的心理。

毫无疑问，越南不会像中国那样成为最大的投资对象。越南正从一个动荡不安的国家走向成熟，它能为投资者带来很多机遇。例如，银行业，正像在新兴市场一样，这个行业肯定能从越南的发展中获利。那些典型的基础设施建造业，如重型工程、电信业、公共事业等，也会从越南的经济发展中获利。

但是，你能否在越南进行投资呢？

接下来，让我们找出这个问题的答案。

将"越南中介公司"输入Google，屏幕上就会出现第一个链接，即Chinese-school. netfirms. com，然后打开"越南中介公司一览表"，浏览该表格，第一家提供公司网站的是西贡有价证券公司，真的这么简单吗？在一个经济最不发达的亚洲国家，你只需在Google上搜索，就可以找到一家中介公司吗？

当然，事实并非如此。

不过，找到中介公司也没有你想得那么艰难。

因为一览表的网页是打不开的。当第一次尝试失败时，谁会轻易放弃呢？将"西贡有价证券公司"输入 Google 进行搜索，那么，你就能打开该公司真正的主页，这就像在玩捉迷藏游戏。西贡有价证券公司的主页用的是越南语，如果你不懂这种语言，那么，对你来说，打开主页并没有多大用处。世界上仅有少数国家使用英语，对美国投资者来说，幸运的是大部分国家在金融领域用的都是英语。通常，海外很多上市公司和中介公司也没有英文网站，西贡有价证券公司就是其中的一个。不过，通常情况下，你也会在主页的某个地方，发现一个很小的英国国旗标志或"ENG"的标志，这就是进入英文网页的提示。在西贡有价证券公司的主页上，只有两个英文单词，即"语言选择"，这样，你就可以选择适当的语言。

进入英文网站后，在主页的最底部，有一个最重要的链接："联系我们"。如果你为了了解某家公司的所有业务，而在一家中介公司的网站花费了很长时间，那么，或许你会链接到任何国家的任何公司的网站，但是，"联系我们"这个链接才是你最终的目的。这是决定你是否受欢迎的通信线路。西贡有价证券公司分公司能提供电子通信线路，其中一个在胡志明市，另一个在河内。我选择了后者，因为我听说，河内是越南北部的一个景色秀美而安静的城市，某一天我可能会到那里旅游。如果我真的去了，还可以逗留几日，查看一下我的账户。因此，我决定在那里开户。

以下是我发给西贡有价证券公司的电子邮件，与 11 年前发到新西兰 Ord Minnett 公司的内容相似：

您好，我是一位美国投资者，想在越南进行投资，我想知道贵公司是否会接受我。另外，我对网上交易很感兴趣，如果贵公司可以提供这种业务，请您告诉我。向您致意。

几天后，我收到了回复：

亲爱的奥普代克先生，我们刚刚开通了网上交易业务，欢迎您在西贡有价证券公司（SSI）开户。目前，我们公司在越南已经拥有60%的海外投资者。如果您想进一步了解我们公司，请与我联系。

就是这样。在任何地方，美国投资者都可以在越南开户，并直接进行网上交易。2007年，我这样做了。在我开始写这本书时，依我的标准来看，越南市场的消费水平很高，并且，我正在期待网上交易的运行情况。如果这种网上交易提供英文选项，那么，我就会在某一天开通一个网上账户。在这样一个电子时代，你就可以随时查看现金余额、持股份额以及交易情况。但是，如果网上交易只能在越南进行，那么，我就只建立一个账户，然后通过电子邮件，将指令发给一位代理人，这样，我就可以像越南人一样，以很低的价格购买任一股票。

实际上，对于海外投资者来说，找到一家乐意帮忙办事的当地代理公司，并不是容易的事。因此，你的第一次尝试可能就会失败。尽管，如今有很多中介人都非常乐意与美国投资者共事，但是，还有一部分人不那么情愿。2006年初，一家伦敦中介公司给我发来一封邮件，说它不会以私人股票经纪人的形式，为外国人办事，因此，它不能满足我的要求。另一家公司强调说，当地政府机关不允许它们为美国公民解决账户问题，据说这是证券交易委员会的规定，其实，这些规定根本就不存在。

不用担心，只要你给那些中介公司发邮件就可以。毕竟，每个国家并不是只有一家中介公司。事实上，就在伦敦中介公司给我发信后的一周，一家位于苏格兰爱丁堡的名叫Stocktrade的网上中介公司就给我发了邮件，告诉我，他们很乐意与美国人合作，并且信中还附有该公司的代理时间表和一份唾手可得的申请程序表。

在许多市场能够游刃有余的捷径是：搜索当地证券交易所。

将"布达佩斯证券交易所"或"伦敦证券交易所"输入任一个搜索引擎，你就会很容易进入交易所的网站。如果你不知道该交易所位于哪个城

市，那么，你可以输入其所属国家的名字，因为一些国家的交易所很多，如中国，就包括深圳市场和上海市场。而另一些国家，如哥伦比亚，它的证券交易所就不是以其首都城市来命名的。大部分证券交易所的网站，都能链接到其他交易所和管理交易的金融公司，要么是"交易所成员"，要么是"中介公司"，有时还包括银行甚至保险公司。另外，你还能发现中介公司的名称及网址。这并不是说，你可以通过这种方式找到所有的中介公司，尤其是一些在线公司，因为交易所成员通常是一些大型、稳定的实体公司，你在网上不一定能找到它们。但是，如果在某个国家，你确实很难直接找到中介公司，那么，利用证券交易所来寻找中介公司就是有效的候补手段。

如果在某一特定市场，你始终找不到一家愿意合作的中介公司，那么，就要考虑这是否是地域因素的影响。

在某些情况下，你会发现中介公司就像俄罗斯的套娃一样，其中还隐藏着很多公司。例如，中国香港宝盛证券有限公司，其网站是 Boom. com，该网站能提供当地市场的网上交易和一些其他业务。除了香港以外，该公司还用英文提供亚洲其他 11 个交易所的交易，从日本海沿岸到塔奇曼海，再南下到澳大利亚、中国（包括深圳和上海）、印尼、日本、马来西亚、新加坡、韩国、菲律宾共和国、中国台湾以及泰国。当你在两个地区之间交易时，你无需兑换货币。如果你的账户可以以美元命名，也可以以港币、新元、澳元或日元命名，那么，你就会拥有很多的便利。只要通过一个账户，你就可以在亚洲的任何一个发达市场进行交易，也可以在除越南和印度之外的任何一个发展中国家交易。

一旦发现了这种中介公司，就像你从旧牛仔裤中意外地发现 100 美元一样，你根本就不知道它的存在，你也不是有意在寻找它，但是，你知道：迟早有一天，它会派上用场。

在世界各地，你都能突然发现这样的中介公司，通过新加坡的 KimEng 有价证券公司，你可以在当地市场投资，也可以在香港和马来西亚市场投资。DirectBroking.com 网站提供新西兰和澳大利亚市场的交易。位于布达

第⚫章　海外的珍珠贝：如何在世界各地开户入股

103

佩斯的 Concorde 有价证券公司能为你提供中欧很大范围的交易市场，如匈牙利、波兰、捷克、斯洛伐克、罗马尼亚、克罗地亚和爱沙尼亚等等。2007 年，Concorde 公司的网上账户只对匈牙利人开放，但是，该公司代理人的英文很好，你可以给他们打电话、发传真或电子邮件，他们就会按你的指令在任一市场为你交易。位于西班牙南部的直布罗陀，它是英国的一个半岛殖民地，[①] 那里有一个网站 inverstorseurope.com，它可以为你提供大半个世界的交易市场。通过这个网站，你可以在西欧或北欧的任一市场进行投资，也可以在中欧和东欧的某些市场投资——如俄罗斯和拉脱维亚，还可以在亚洲一些较大的交易所投资，如澳大利亚和中国香港。

表 3-1　美国人可以进行股票投资的地区

北美洲
美国
加拿大
墨西哥

亚洲、大洋洲地区
中国香港
新加坡
日本
泰国
印度尼西亚

---

① 目前，直布罗陀地区处于自治状态。对于直布罗陀地区的归属问题，英国政府和西班牙政府之间尚有争议。——编者注

中国台湾
韩国
马来西亚
中国内地
菲律宾
澳大利亚
新西兰
越南

欧洲
英国
法国
德国
奥地利
意大利
西班牙
荷兰
卢森堡
瑞士
比利时
爱尔兰
瑞典

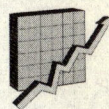

第二章　海外的珍珠贝：如何在世界各地开户入股

芬兰
挪威
丹麦
葡萄牙
希腊
俄罗斯
乌克兰
哈萨克斯坦
吉尔吉斯斯坦
塔吉克斯坦
爱沙尼亚
拉脱维亚
立陶宛
波兰
土耳其
匈牙利
罗马尼亚
克罗地亚
捷克
斯洛伐克

非洲和中东地区
埃及

摩洛哥
突尼斯
苏丹
南非
纳米比亚
博茨瓦纳
黎巴嫩
阿曼
约旦
科威特
卡塔尔
巴林
阿联酋

南美和拉丁美洲
巴西
秘鲁

　　美国的投资人可以在上述地区进行股票交易。交易可直接通过当地的经纪公司或者通过提供多地区业务的区域中介公司进行。

　　中介公司除了能明显地减少你的开户次数以外，它的快速便捷还体现在以下方面。例如，你现在开通了宝盛证券有限公司的一个账户，你唯一感兴趣的亚洲市场是中国香港，但是，随后你通过调查发现了新的信息，

你感兴趣的市场变成了韩国和马来西亚，那么，你不用再找另外一家中介公司开户，通过原来的那个账户，你就可以买到韩国或马来西亚的股票。总之，通过这样的公司，你就可以随心所欲地在你喜欢的任何市场投资。

因为如今的很多账户，以前对美国人均不开放。所以，这么多年以来，我不断在新的国家开户。尽管在某些国家，我没有开通账户，但是，我也经常和那里的中介公司保持联系，已备将来之用。如果我准备在一个特定的国家进行投资，而目前我所拥有的账户都不可用时，我就会特意寻找这个国家的中介公司的分支业务，以便将来在多种市场投资。

由于幕后政府体制和办公程序的因素，即使是现在，也不是所有的中介公司都愿意与海外投资者合作。其他一些公司理论上也不排斥美国人，但是，它们不愿意处理那些金额相对较小的账户。因此，它们就索取大量收支差额，有时竟达10万美元。对于那些提供网上交易的中介公司，其网站通常没有英文版，如果你是当地人，这不是什么问题，但是，如果你是位不懂当地语言的美国人，这就成了一个很大的障碍。下面是一些愿意与美国人合作的中介公司的部分清单，随着中介公司的关闭或开放以及新公司的创建，这份清单会发生变化。不过，这份清单也可以满足你对某些特殊市场的兴趣，为你提供一些有意向的公司信息。

表3-2　在其他国家或地区进行投资的证券公司

公司名称（网站）	所在市场	可以交易的市场
Boom Securities （www. boom. com）	中国香港	中国内地、中国香港、中国台湾、日本、澳大利亚、泰国、韩国、新加坡、菲律宾、马来西亚、印度尼西亚
Kim Eng Securities （www. ketrade. com. sg）	新加坡	新加坡、马来西亚、中国香港
Direct Broking （www. directbroking. com. nz）	新西兰	新西兰、澳大利亚

公司名称（网站）	所在市场	可以交易的市场
Investors Europe （www. investorseurope. com）	直布罗陀	覆盖整个西欧、斯堪的纳维亚半岛和波罗地海三国，还有俄罗斯、希腊和波兰，贯穿澳大利亚到中国香港等大部分地区
Concorde Securities （www. concordesecurities. hu）	匈牙利	匈牙利、波兰、罗马尼亚、克罗地亚、捷克、斯洛伐克、爱沙尼亚
Saigon Securities Inc （ssi. com. vn）	越南	越南
Stock Trade，stocktrade. co. uk）	英国	英国
ArabFinance. com （www. arabfinance. com）	埃及	埃及，其他中东国家也将加入进来
BoE Securities（www. boe. co. za）	南非	南非、纳米比亚
Stockbrokers Botswana （www. stochbrikersbotswana. com）	博茨瓦纳	博茨瓦纳
Interactive Brokers （www. interactivebrokers. com）	美国	有十几个市场，它是在西欧和亚洲最大的公司
Schahin Securities （www. schahinsecurities. com. br）	巴西	巴西
Essham Securities （www. esshamsecurities. com）	阿联酋	迪拜、阿布扎比
Actinver （www. bursamex. com. mx）	墨西哥	墨西哥

第一章　海外的珍珠贝：如何在世界各地开户入股

109

公司名称（网站）	所在市场	可以交易的市场
EFG-Hermes （www. hermesonlin. com）	埃及	在线：埃及和阿联酋；离线：摩洛哥、突尼斯、苏丹、约旦、黎巴嫩、科威特、卡塔尔、巴林、阿曼
Ever Trade Direct Brokerage （www. everbank. com）	美国	超过 20 个市场，覆盖了从加拿大到芬兰，从卢森堡到墨西哥，从秘鲁到菲律宾等地
E * Trade（www. etrade. com）	美国	加拿大、法国、德国、中国香港、日本、英国
Ktrade（www. ktrade. ro）	罗马尼亚	罗马尼亚
Vanguard（www. vanguard. ro）	罗马尼亚	罗马尼亚、保加利亚、奥地利；克罗地亚和乌克兰正要加入
Visor Capital （www. visorcapital. com）	哈萨克斯坦	哈萨克斯坦、吉尔吉斯斯坦、塔吉克斯坦

通过向美国投资人提供顾问服务的投资公司进行抽样调查，我们知道，你可以通过网上交易或者电话、电子邮件等途径在上述证券市场进行交易。

从这份清单中，你会发现一些公司的业务范围有重叠现象，你也许就会问：既然一个账户就能面向多个市场，为什么还要开通那么多账户呢？原因是这样可以少花钱。

对于那些其他市场的投资者，这类中介公司有时会收取额外费用。例

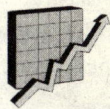

如，新加坡的一家中介公司 KimEng，每季度都要向投资者收取来自香港市场的有价证券保管费。但是，如果你拥有香港宝盛证券有限公司的账户，拥有相同的香港证券，你就不用缴纳这些费用了。因此，开通这种类型的账户，在财政方面，确实具有一定的意义。

不管怎么说，这类中介公司是在全球市场进行投资的最有效途径，尤其是它能够提供英文版的市场交易，这在其他中介公司是不可能的。你不要再对宝盛证券有限公司挑三拣四了，因为在其他很多地方，你都不会找到这样的机遇，与亚洲其他中介公司相比，它能让你直接在深圳和上海交易所交易，这已经很不错了。如果你是一位中国迷，想在美国对中国进行广泛的投资，而又不愿意通过 ADRs 的形式，或者购买中国基金的形式来进行投资，那么，香港宝盛证券有限公司就是你的最佳选择。

第二节　你的投资对象只是另一个代码

在美国，拥有一个中介账户，你只需要开通它即可，而在海外，却不是如此简单。

当你通过一家中介公司购买股票时，假如你没有要求那些股票安置在你的名下并交付给你，那么，这些股票就会以"行号代码"来保存。也就是说，该公司将其客户的所有股票聚集起来，并且以中介公司的名义加以保存，这就是行号代码。

在国内，某家公司的电子档案会详细记录客户拥有的股票数目。

与此相反，很多国家要求你将股票寄存在某些中心场所，它通常是一个中心存放处。例如，在克罗地亚，你的中介账户必须依赖中心存放代理处，其所有的有价证券信息都要在那里进行电子备案。新加坡的账户也与该国的中心存放处紧密相连，那里的中介公司通常为海外投资者提供一项"命名服务"，这项服务与美国的行号代码类似，唯一的区别就是，你必须申请一个存放代理的次级账户，以保证你的股票在海外得到安全保护。在新西兰进行交易，你需要两个号码，一个是普通股东号码（CSN），另一个是快捷识别号码（FIN）。你在新西兰购买的股票，会以你的名义在注册处保存。它们不同于中介公司，它们会直接与你联系，告诉你信息公告、金融成果以及各种股东决议。你需要普通股东号码，以便登记处明白你的身份，而在某些情况下，快速识别号码就像是自动取款机的身份证号码，当你出售股票时，就会用到它。

得到这些额外的号码并予以登记，并不是那么麻烦，你甚至不用去了解是否需要这样做。开户时，中介公司通常会告诉你这些要求，并且在很多情况下，它们还会帮你完成这些工作。如果你想保证账户顺利开通，可以询问一下是否需要注册这些号码。

第三节　自己动手还是别人帮忙

你想要上面哪种类型的账户？

正如我前面曾说过的，因为1995年不存在在线交易，所以，我在新西兰开通第一个海外账户的时候，只有一种选择，即代理人管理。这种方式带来的问题就是，当我想购买的股票不在他的公司清单中时，这位代理人还再问我要选择哪种股票，我就会委婉地拒绝他，继续我的计划。

如今，在线交易迅速增多。我所有的账户都是在网上运行的，甚至包括新西兰账户。不过，并不是所有的海外公司都提供在线交易，至少不是所有的公司都用英语交易，也不是所有的投资者都需要在线交易。因此，你就得决定你所需的账户类型，并对可利用的账户权衡利弊。

对于那些愿意自己买卖股票的投资者来说，你可以在网站上寻找交易链接。然而，即使是在这种情况下，如果在线交易的语言仍然不是英语，那么，你还得求助于代理人管理的账户。如果你只是向代理人传达指令，而不需要他的建议，也不需要他付出其他劳动，那么，你就要向他咨询代理费的问题，因为在这种情况下，很多中介公司都会打折收费。

对于那些需要帮助的海外投资者来说，几乎每家中介公司都会为你推荐一位代理人，他能给你提供一些建议以及相关资料。不过，这样一来，你就需要支付更多的代理费。代理费的多少取决于中介公司、账户或者交易额以及你购买股票的地点。如果中介公司的网站没有列出代理费的分类，你就需要进行详细的咨询。

第四节　汇款

当你将资金汇往世界各地时，你并不会感到完事大吉。不管我曾经汇过多少次，我总是会担心，本当地的银行会不会将我的资金顺利汇到目的地，银行的储蓄员会不会误写账户或邮政编码而将我的资金汇到别处，如果真是这样，我就再也不能将资金遣返。当然，在现实生活中，这只是一个戏剧化的情节，因为电汇的速度很快，而且也容易调整，不过有时候，你还是免不了这种担心。

到目前为止，我的资金还没有出现过这样的差错。

除非你计划到你开户的每个国家旅行，并且准备随身携带大笔资金，否则，将资金从美国银行账户，转到海外中介公司的账户，电汇是最安全、最有效、也最方便的方法。海外账户一旦开通，你就可以像中介公司索取资金电汇说明书，而有些公司在欢迎你成为其客户的信函中，就会附带有这些信息。你需要向当地银行告知你的汇款金额，这个过程和接收汇款一样困难。另外，你很可能还要支付一部分汇费，通常不超过 25 美元，这取决于你的账户类型以及你与这家银行管理人之间的关系，如果你们的关系很好，你就不需要花费一分钱。

需要你认真做决定的是，你海外中介账户的货币种类。通常，很多公司会让你从当地货币中进行选择，其中有一些是世界上最主要的货币类型。如果你不想以当地货币进行命名，那么，你的选择范围取决于你的投资所在地。例如，在亚洲，你的选择可能是日元、美元、港币、新元以及澳元；而在欧洲，你的选择会是英镑、美元、欧元，有时也包括瑞士法郎。

第五节　银行资金

1996 年夏，我收到了面值 90 美元的第一张海外股息支票，它是由新西兰的 Fisher & Paykey 公司发过来的。这里的关键词是"新西兰"。按理说，这张支票以新西兰元支付并没有错，但是，对于得克萨斯州达拉斯国家银行的职员来说，它就像公元前 6 世纪的古波斯货币达利克（darics）一样，他拒绝接收。我提醒他说，几个月前，我就是在这家银行将我的资金电汇到新西兰的，所以，该公司显然应该知道如何解决，但他却丝毫不为所动。他严肃地说："那是不可能的事。"他补充道："我们银行没有为账户提供货币兑换的制度。"

我通过邮件，告诉代理人这种进退两难的境地，一天以后，他回复说，因为他们的文件注明"禁止跨界办理"，所以，Ord Minnett 公司也不能接收这样的支票，也就是说，我不能在签字后将支票交给中介公司。最后，我只能将它存入一个以我的名字命名的新西兰账户。

而在当时，我并没有新西兰账户。

当我开通 Ord Minnett 公司的账户时，感觉很奇怪。特德曾告诉我说："其实并没有多少美国人愿意在我们这里投资。""你的同胞甚至不知道新西兰是什么样子，更别说它在哪里了。"这些话与其说是在提醒我，不如说是在告诉我应该建立一个银行账户。但是，他又说，有一个新西兰账户就能解决这个问题。接下来的几天，他帮我在那家银行建立了一个"命令账户"，并与我在中介公司的账户保持联系。有了这个账户，我的第一张支票才有了安身之处，这样，对于我投资的公司来说，以后他们就可以将股息直接汇入这个账户了。

有时候，你需要将中介账户与中心存放处或注册处联系起来，同样，在金融领域中，你也需要将当地银行账户与本地公司账户联系起来。否则，股息支票就会直接寄往你的美国邮箱，而当你将它存入银行时，很可能会遭到储蓄员的嘲笑。除此之外，如果你没有一个银行账户，那么，你

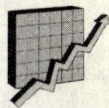

的股息就会保留在中介公司的账户上，不能用于投资，你也就一无所得。

然而，有时候，开通一个当地账户也不是那么必要。你可以通过多家中介公司，将股息存入你的账户，赚取当地利率，这一点和国内很类似。你一定要记得询问海外公司处理股息的方法，它们是直接寄往美国，还是汇入你的中介账户？如果两者都不是，那么，你就要看他们能否开通一个命令账户或者是其他类型的银行账户。

在某些情况下，如果你通过 A 国的一家中介公司，购买了 B 国的股票，因为你投资的公司在 B 国，那么，你就需要建立一个与 B 国的股东相联系的账户。例如，多年来，我一直持有休闲贵族有限公司的股份，这家公司主要承办楼盘的建设，包括从拉斯维加斯到中国澳门的娱乐场所以及广受日本人欢迎的弹球游戏厅。当时，我购买了这家公司的股票，它不是直接支付股息。几年后，这种状况发生了变化，有一天，我在邮箱里发现了一张来自澳大利亚的股息支票，然后，我将它拿到了纽约银行，该银行再一次拒绝接收这样的支票，尽管我恳求了很久，他们还是不予办理。

究竟是因为纽约银行不愿接收以澳元结算支票，还是因为那句"禁止跨界办理"的警告，我都无从得知。如今，我已经更换了新西兰中介公司以及所投资的公司。最终，我将支票寄回澳大利亚股票注册处，告知我的困难，请求他们将钱直接汇入我的新西兰中介公司账户。

然而，有人曾这样跟我说，那是不可能的事，注册处也不能跨越国界直接汇款。经过一连串的电子信函交流，股票注册处告诉我唯一的办法就是，让我在澳大利亚开一个账户，这样，注册处就可以将所有的股息直接汇入那个账户。于是，我就拥有了一个位于悉尼乔治大街的澳洲 ANZ 银行的账户，而我一直都没有去过那个地方。

如果我想看一眼那里的资金，那么，就必须改变目前的这种状况。

虽然，在千里之外的澳洲 ANZ 银行开户，给我提供了很大的方便，但是，要想从中收回那些资金却非常困难。因为，你必须亲自到澳大利亚的银行证明你的存在。我并不是为路费感到悲伤，多年以来，我一直都想到这个国家旅游。但是，作为一位对国际投资充满热情的投资者来说，你必须清楚，在某些地方的投资过程比你想象的要困难得多。

第六节　关于股息

在某些情况下，你也许不想接收现金形式的股息，而是想把这笔资金重新投资到原来的这家公司。当然，尽管它不是普遍存在的想法，但这也很可能发生。只要你与中介公司或股票注册公司联系，它们就可以帮你做出合理的安排。例如，我是东亚银行（BEA）的一名长期客户，东亚银行有限公司除了是中国香港最大的独立银行外，它正在开拓中国内地小额银行的网上业务，并且其支行已经开始管理中国内地公民的很多资金。2006年，中国政府开始制定一项规划，允许中国内地公民将其部分储蓄存入精选的海外银行，进行海外投资。对中国来说，与传统的将资金留在国内作为不动产的做法相比，这是一个很大的改革。东亚银行有限公司是一家得到许可的银行，并且，随着当地居民不断将资金多样化为港币、美元和欧元进行投资，它也会从中获取很大利润。

我并不是将东亚银行有限公司给我的股息立即消费，而是将它投入我很有信心的一家公司。我给中介公司咨询台发了一个简短的邮件，问他们我能否将东亚银行有限公司支付给我的股息用来重新购买其股票，它们一点也不觉得奇怪，并且很快就为我做了安排。

在某些情况下，你将股息直接汇入账户或者重新在一家公司投资并不能顺利地完成。我曾经收到来自莱昂内森公司的一笔额外红利，该公司是澳大利亚的一家啤酒制造公司。在我购买其股票时，它还是在新西兰，多年来，这家公司付给我的股息都是定期汇入我的账户的，但是，不知道什么原因，股份注册公司却将这张红利支票寄到了美国，而我是花了一个多月的时间，才将其存入新西兰账户的。

最后，我将那张支票退回了股份注册公司，并附信说明他们的失误，要求将其汇入我的命令账户。另外，我还发了一封电子信函告诉他们支票已经寄回，还解释了原因。（当你邮寄支票或者电汇资金时，一定不要忘

记给对方发电子信函，因为，你必须提醒它，你的资金已在邮寄途中，以便公司留意现金是否到达，到达后及时处理。）

我知道，一定是什么地方出了差错，因为寄出支票后的三周，我在网上的浏览器中，偶然发现那笔额外红利还没有汇入我的账户，而我原以为它早已入账了。从时间上来说，两周的时间足以让任何一张支票或信件到达世界最南边的中介公司了。但是，那段时间我刚好在亚洲出差，我计算了一下，那张支票应该办好了。所以，在从日本到中国的旅行过程中，我每隔几天就上网查看账户，而那些现金一直未出现。最后，我给注册公司和中介公司各发了一封邮件，提醒他们问题的严重性。收到邮件后，这两家公司立即展开了调查，一天以后，注册公司就通知我，那笔资金确实汇到了中介公司，接着，中介公司也告诉我，他们发现了一笔未办理的汇款，而且资金数目与我丢失的那笔资金刚好吻合。该公司立即就将它汇入我的账户，并且按其到达的那天计算利息。这件事的问题是，当我将这笔额外红利汇入我的账户时，在转户的时候，注册公司却没有我的账号。

例如，在管理海外股息支票的时候，突然需要开一个澳大利亚的账户，这样，你就不得不飞到那里去遣返资金，必须注册你的股票并放入中心存放处等等，不要把这些问题都看得很恐怖，其实，它们并没有看起来的那么复杂。如果你真的有勇气成为一位国际投资者，那么，你就会遇到这些问题。这里，我会进行逐个分析，并提供有价值的建议。尽管每一个问题的解决都会费点周折，但是，凭这十几年的投资经验，我敢打赌：一周之内，我就会帮你解决所有的问题。而这些年的回报足以证明我的努力没有白费。

第七节　当地市场

虽然，这本书主要是在讲股票，但是，它却不是你开通海外账户的唯一机遇。政府和集团的债券、共同基金、存款单、地方股票期权，甚至是当地的首次公开募股（IPO），它们通常都可以成为你的投资对象。如果，你想在这些方面投资，甚至是卖空当地股票，也就是在股票的下跌的时候，赌上一把，将股票卖给那些你未投资的公司，随后，再以低价买进，股票价格的差额便是你的利润。本质上，它是一种低价买高价卖的策略。

这么多的投资类型具有很多优点。刚刚进入21世纪，美国利率降到历史最低，银行储蓄存款、短期活期存款以及货币市场基金的收益也不到1%，这时，你就可以将资金存放在其他国家，获取更多的利润。那个时期，新西兰的储蓄利率普遍都在5%~6%，新西兰人的集体债券利率也接近8%，而在国内，类似的债券利率却不到4%。这些现金和债券是拥有当地货币的一个最佳方法，而且，它也不用承担购买股票面临的潜在风险以及货币交易过程中的不稳定因素。当然，你还得承担货币风险。你之所以进行海外投资，只是想通过它来弥补美元贬值带来的损失。

在美国，虽然你也能将资金投向那些非常好的海外共同基金，但是，你却不能像当地人那样，投资本地的共同基金，深入当地市场，了解市场行情，发现更大的选择范围，如货币基金——这种基金在美国是不常见的。

作为一位美国投资者，你在显示屏上，看到的唯一的海外首次公开募股都是一些大公司的ADRs清单，它们在纽约证券交易所的上市会掀起轩然大波。不过，作为一位普通的投资者，你通常是很难进入这个市场的。由于这些股票与承诺支付这些股票的投资银行联系紧密，因此，所有的抚恤基金、共同基金和防御基金都想在第一时间拥有这些股份。但是，在海外，你通常可以买到很多首次公开募股。因为，较大的公司对当地共同基金和防御基金的首次公开募股需求量很大，因此，个体投资者就很难买到这些股票。尽管如此，如果你钟情首次公开募股市场，那么，海外中介公司就能帮你买到这样的股票，它们是一些中小型公司的首次公开募股，一般不会在国内上市。

然而，你也会遇到这样的一些市场，由于各种原因，它们禁止外来投资者进行某类型的投资。例如，中国香港就不允许美国公民购买当地的首次公开募股，还有一些中介公司不提供共同基金市场的投资。而如果这些投资方式正是你想要的，那么，你就只能自认倒霉。

一旦你发现某家中介公司愿意与你合作，就要向其索取股票清单，或者浏览该公司的网站，它们会定期更新公司的服务以及股票类型。

第八节　报税

关于你如何利用自己的资金，美国国税局和证券交易委员会都不会进行干涉，这是真的，他们根本不关心这些，而且这都是有案可查的。

只要你按时缴税并按要求填写某些文书，美国政府是不会管你将资金投向了巴西还是博茨瓦纳。

不过有时，这与你从海外中介公司得到的消息是矛盾的。

有些公司坚持说，它们不能与美国人做生意，因为这是证券交易委员会和美国国税局的规定。其实，你不要相信它们的话，它们都在撒谎。

对于那些不拍广告，也不拉拢美国投资者的海外中介公司，美国国税局是没有任何规定的。相反，对于那些自己寻找中介公司和银行的美国投资者，它们却是有规定的。在每一个税收季节，你必须向国税局上报所有海外利润、利息和股息的税费，并且还要填写一份简单的文件寄给财政局，文件格式为 TD90－22，其中要写明你的账户以及超过 1 万美元的账户地点。

换句话说，如果你是自己找的海外银行和中介公司，并且每年你都向财政局汇报账户情况、股息及资本收益，并缴够适当的税费，那么，关于你向哪里投资，证券交易委员会和美国国税局就不会进行过问。

当然，这并不意味着你就可以让中介公司承认自己是错的，而对你的投资敞开大门。对我来说，这种方法还未奏效。我通常得到的是各种各样的简短回答："不走运的美国佬"，尤其是来自西欧国家的中介公司，它们的回答"祝您好运"是那么令人难受。但是，当听到那些道听途说的时候，至少你已经明白了其中的真相。

对大多数投资者来说，你遇到的大部分官方文件都集中于税金。无论

是在国内还是国外，正如我曾提到的，每一年你都要向财政局上缴股息税、利息税以及资本收益税。如果你有资本损失，就可以在美国国税局允许的年限内减免一部分税金，然后，在未来的税收年度中转结剩余的资本损失，这与你在美国证券市场上处理个人税务的情况是一样的。

对外来投资者来说，有些国家是免收税费的，因为它们希望通过这种方式，激励外来投资者直接投资。而另一些国家，通过添加额外红利，企业税收占据了国家税收的几乎所有部分（参看下文的"附加股息"部分）。不过，在很多国家，你也要缴税，但你不需要填写税收单，通常情况下，这些国家收的是个人所得税，因此，如果你在某个国家的投资中获得了100美元股息，该国对股息的税收是20％，那么，汇入你账户的股息就只有80美元了。你所缴纳的20美元税费需要填写在纳税申报单中，并向美国汇报。

你一定要注意，美国和其他国家都签有一项条约，条约规定该国对外来投资者的税收要做适当程度的降低。例如，瑞士向外来投资者收的股息税是35％，在这个条约的约束下，它会缩减到15％。这种税费的缩减并不会自动完成，你必须填写必要的申报单，并向该国提交相关的文件，证明你是一位拥有当地股份的美国投资者。做完这些，你就不用再提醒中介公司，它们会在你的账户申请中，加上这些必要的文件。

真正的困难在于：获取一年的资本收益、股息和利息等所有的信息，并将它们填写在纳税申报单上，向美国汇报。很多国家的税收时间表与美国不一致，这就意味着，它们没有义务在4月15日之前向你提供税款数据。不过，这也不是什么大问题。在这一年当中，当你购买或出售股票时，你会周期性地收到一份交易结算收据以及需要支付的股息报告。另外，每月或每个季度，银行和中介公司也会发给你一份账户总结、股息收入以及利息报告，这样，你就只需要将它们集中在一个文件夹中，等到了纳税的时间，再把它们抽出来。

在1月或者2月底，你应该联系中介公司，请求它们将上一年12月的情况发给你，以保证你拥有全年的数据。因为，通常情况下，一年最后一

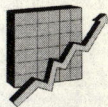

个月的信息都不会那么及时到达你的手中，而索取这些信息也不麻烦。有一年，因为搬家，我丢失了某个海外账户几个月的银行账目以及股息总结，然后，我就给那家银行和中介公司发了电子信函，索取这些信息，最后，它们给我寄了一份全年的信息，还附有一封友好的信件，说很高兴拥有我这样的客户。

第九节　海外投资的特殊性

当你到海外旅行时，如果你懂得一些当地的语言，就会对你很有帮助。即使是一些很简单的语言，例如你知道"hola"在西班牙语中是"你好"的意思，或者在英国的宾馆中，"the lift"指的是旅馆的电梯，也会对你有所帮助。

投资也是如此。任何市场或地区的语言和运作方式都会有自己独特的地方。一旦你在某个特定的证券市场交易，一段时间后，你就会发现这些独特之处。不过，如果你现在对它们有所了解，那么，你在投资道路上就会少走些弯路。

股东报告：拥有海外股票与美国股票的一个最大的区别是，前者的财务报告不是像美国一样按季度分发。一般情况下，其他国家不会将财务周期集中在这么短的时间内。很多海外公司每半年才公布其财务数据，这样一来，你就只能收到半年报告和年度报告。并且，这些报告也不向美国公司分发的季度报告和年度报告，半年报告通常都是一本小册子，年度报告则是一本较厚的往年的总结。不过，这些不一定会寄给你。我已经收到了来自亚洲持股公司的年度报告和半年报告（事实上，我已经从该公司网站上下载到了这些资料）。有时，你需要通知这家公司或其股东注册处，也可以通知中介公司，让他们给你邮寄这些报告。

证券交易的单位数量：在美国，你随时都可以给中介公司打电话，让它帮你买一股微软公司的股票。而在某些国家却不能这样，例如新加坡、马来西亚、中国香港或者其他地区的市场，你必须以一定数目的股票进行交易，这个数目通常被称作"交易单位"。例如在中国香港上市的中国石油公司的股票，其最小交易单位是 200 股，也就是你购买该股票的数量必须是 200 的整数倍。有些股票的交易单位是 50 股，有些是 3 000 股，还有一些是 1 股。

当你向某个公司发出订购股票的指令时，你就会遇到这种情况，中介公司或在线公司会给你一个简短的答复，有时候，电脑会自动弹出一个对话框，告诉你指令不能自动完成。出现这种情况的原因是你不了解该公司的交易单位要求。通常情况下，你可以在交易所的网站找到有关公司交易单位的详细说明。

资金调配：对于长期债务在公司资产负债表上占据的份额，该公司都会提供相应的分析，并计算长期债务占股东资产净值的百分比。美国投资者称其为"债务－资产净值比"。然而，在亚洲和南太平洋的很多国家"资产调配"通常出现在研究资金运行的管理分析中，而不是出现在该公司的报告中。计算方法是长期债务除以股东资产净值，这两个数值都出现在资产负债表上。

股息：从语言学上来讲，股息这个词不会引起人们的误解。本世纪的前几年，随着各种公司收入丑闻案的不断曝光，越来越多的美国公司也开始向股民支付股息。在一些海外市场可能原本就给你支付股息，而且比美国市场的要高，一般为 7% 或更高。对于以收入为导向的投资者们来说，因为在海外你能够找到比美国股息高出很多的公司，所以，寻找海外市场就可以成为其增加金流转的办法。当然，这时候你就必须考虑币值波动的影响。

对于股息支付问题金融界存在两种不同的观点。一方认为，公司最好不要支付股息，而将这笔资金重新投入市场以扩大生意范围；另一方则认为投资者应得到高点的股息，以分享该公司的年度总收入。这两种观点都各有利弊。就我个人来讲，我希望得到股息。在这个会计准则并不能反映财务实情的世界里，公司为反映收支所做的报告千奇百怪，而股息是唯一

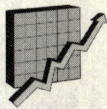

不能被左右的财务条款。发到你邮箱的支票或直接存入你账户的股息都是现金，它们都能证明你获得了一定的收入。

股利票：在美国人们把股利票称作一项"股息再投资规划"。在这项规划中，你将全部或部分股息，以购买该公司额外股票的形式，进行再投资。在全球同样可以选择这种再投资方式，它通常被称作"股利票"。并不是所有的公司都能提供这种方式，在某些情况下，有些公司提供的额外股票价格会便宜5%甚至10%。也有一些公司，尽管提供股利票业务，但对外来投资者却不提供。因此，如果你被某些公司回绝，你也不必感到吃惊。

附加股息：大部分美国投资者还不太熟悉附加股息。它是伴随正常股息而支付的额外股息，用来弥补税金。通常它只付给非长期股东，即外来投资者。例如，新西兰的 Mackuarie Goodman 这个公司，是一家发展良好、管理科学的公司，2006年9月，它的股息是每股2.1美分。新西兰的税务局想从中获利，便向非长期股东收取了15%的股息税。为了弥补外来投资者向新西兰缴纳的税金损失，Mackuarie Goodman 又给他们增加了0.161 2美分的附加股息，这样就抵消了一部分税收。

具体的运作过程如下：假如你拥有 Mackuarie Goodman 公司的5 000股股票，该公司的股息是每股2.1美分，共计105美元，随后股息又增加了0.161 2美分，共计8.06美元。那么合起来就是113.06美元。而当时的税收是15%，即16.96美元，这样你的净收入就是96.10美元。如果没有附加股息，你的净收入就只有89.35美元。

课税信誉：在澳大利亚和新西兰，你会发现很多课税信誉卡，这是一项避免双重征税的机制。在美国，国税局不但对一家公司的利润进行征税，而且当这些利润以股息的形式分配到股东手中时，他们还要向股东征收股息税。这样，同一笔资金就被征了两次税。为了避免这种情况，澳大利亚实行课税信誉制度。例如，当一家公司向股东支付股息的时候，股东也同样会得到一张课税信誉卡，资金数目刚好等于该公司上缴的股息的税金。这样，每笔股息都附有一张课税信誉卡，公司利润也就不会被征收两次税。（也许美国立法者应该向澳大利亚学习）信誉卡可以是全免课税，也可以是部分免除课税或者不免除课税。全免课税指的是股息都附有一张信誉卡；部分免除课税就是部分股息附有信誉卡；不免除课税即所有的股息都没有信誉卡。

在美国，不管你的股息来自哪个国家，国税局都要征收股息税，所以，这些信誉卡就起不到如何作用。但是不管怎么说，你都要对这一条款有所了解，不要等到在你看到股息总结时，却对它一无所知。

股票行市：前面我曾提到过这一点，在这里我重述一下。什么样的股市才是正规的呢？这个问题的答案因国而异。例如，在新西兰，你会发现很多股票的标价都是每股几新元。很多东南亚国家以及美国和澳大利亚的股市也是如此。这就是这些市场的投资文化标准。因此，你不要把这些公司和美国的低价股票公司相提并论，它们不是在投机倒把。

相反，在另一些国家，以当地货币标准来看，股票价格又高得出奇。例如，2006年秋，韩国的Daegu银行的股票标价为15 000韩元，而在奥地利、德国和瑞士，股票的标价高达上百欧元或者上百法郎。在保加利亚，股票标价通常高达几千甚至上万列弗（保加利亚的货币单位）。

在其他情况下，无论股票是高标价还是低标价，其价值尺度都是一样的。例如，价格收入比、价格出售比、价格资金流转比以及价格订购比，它们的价值尺度都是一致的。对投资者来说，两种价格收入比都是12的股票，其效果是一样的，而不用管它们原来的虚价是2澳元还是20 000日元。

股票标志符：作为一名投资者，你一定知道微软公司在纽约证券交易所的标志符是"MSFT"。你也可能知道百威啤酒制造商安海斯－布希的标志符是"BUD"。但是在海外这些标志符就没那么容易记忆了。其主要原因是某些证券交易市场使用的不是标志符，而是数字代码。例如，全球贸易和零售巨头香港利丰集团公司，在香港证券交易所的数字代码是"0494"。在东京，作为丰田公司代码的"7203"却不那么突出。而作为该公司在纽约的标志符"TM"却是相对显著的。

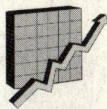

大部分市场使用的是字母，而不是代码，事实上有些市场，如新加坡是二者皆有的。作为亚洲最大的银行之一，DBS 集团公司在新加坡交易所的代号是"D05"。Jardine Cycle & Carriage 公司是一家汽车推销公司，其交易符却是令人费解的"C07"。

会计准则： 世界各国的公司向投资者公布其财务收入时，基本上都是参考两种主要的会计标准。一些公司，包括美国的大部分公司和一些海外公司，它们参照的标准是一般公认会计原则，即 GAAP。其他国家，尤其是欧盟、日本和越来越多的南美洲国家的公司，参照的标准是国际财务审计报告准则，即 IFRS。

这两种准则存在很多差异。除非你是一位会计师，否则这些差异对你来说就很不可思议。作为一位个体投资者，你只需要了解：IFRS 和 GAAP，就可信度来说，它们基本上是可以互换的。欧洲国会命令在欧洲上市的公司必须使用 IFRS。所以，会计事务所都会成立专门研究 IFRS 的会计师小组，并且，美国证券交易委员会也开始接收以 IFRS 为准的财政报告，而不是要求海外公司将其账户加以修改，以满足 GAAP 的标准。

总而言之，如果你调查的公司是以 IFRS 标准公布其财务结果的，那么，你也不用担心这些账目在某些方面比美国标准逊色，或者认为这些数目太粗略。世界上的一些大型公司都是以 IFRS 作为会计标准的。此外，如果你向世界各地的会计师或投资组合管理员进行咨询，他们就会告诉你这两种会计准则都各有利弊，使用两种准则的公司数量也不相上下。只要与这家公司合作的是一家著名的会计公司，无论其标准是 GAAP 还是 IF-RS，你都可以对这些账目充满信心。因为一家公司的年度报告总会附有审计员的一封信，从中你就可以知道是哪一家会计公司负责该公司的审核工作。大型的全球会计公司主要包括普华永道、德勤、均富、毕马威、安永和德豪，还有很多其他的公司，只要在网上做一些调查，你就能确定负责该公司审计工作的会计公司是否著名。

不要误解这些话的意思，上面所说的一切并不意味着海外账目丝毫不用你担心。即使是在发达国家，投资者也都见过美国的安然公司、意大利的 Parmalat 公司以及荷兰的 Royal Ahaold 公司的总裁们，善于利用造假账来提高公司的吸引力。更糟糕的是，他们有时还窃取股东的资金。尤其是在边境市场，你一定要对账目充满警惕。一些新型公司通常都是在政府规划的保护下运作的，它们没有标准，管理机构松松垮垮，主要由当地会计公司负责审查，它们不会像国际知名的会计公司那样严密。在另一些情况下，海外公司只是在名义上上市，尽管它们出现在证券交易所，它们却是家族企业，这些家族将公司看做是它们的私人金融封地，在整个运作过程中，它们认为自己可以任意践踏股东的权利。而在另一些国家，你也能看到从前的州立企业在证券交易所上市，但是，其管理者还是以前的官僚主义者，它们对账目的造假从来没有良心的谴责，只是希望能保住自己的职位。

因此，在你所投资的海外公司中，很可能也有某些公司在做假账，等到这些假账公布于众时，投资者就会对该公司的股票大失所望。事实上，你在美国证券市场同样会遇到这种风险。

如果有人花费一大笔资金，用于调查某公司的财务，尽管最终没能发现腐败的管理队伍的违法交易，那么，普通投资者也不会向这家公司投资。先不管你投资的是新兴市场还是发达市场，在某些情况下，你最好的选择是相信审计员以及大部分的执行者都是诚实可信的。为了使它们的公司发展壮大，它们愿意花费时间进行审计。否则，你就没有如何理由做任何投资，甚至包括在美国的投资。

小提示：注意海外财务报告的货币形式

一定要注意公司在财务报告中使用的货币形式，尤其是在发展中国家的市场，你会发现公司的财务报告中使用的不是当地货币。在一些以英语为主的报告中，有些公司以美元作为基本货币。在新加坡和中国香港，你也会碰到一些公司的报告使用的货币是中国的人民币。

　　问题就在于股票都是以当地货币进行标价的。当财务报告和股票标价的货币不统一时，你的调查研究就无法进行，尤其是当你计算诸如价格收入比时，就更加困难。

　　例如，你在新加坡，遇到了一家中意的公司，并且发现该公司的股票标价是每股 3 新元。当你读完该公司的年度财务报告后，你发现去年每股赚了 30 分。基于此，该公司股票的市盈率看起来就比较低，仅为 10 倍。但是，如果那 30 分指的是人民币，那么，你的计算就大错特错了，因为，在 2006 年底，30 分人民币只相当于 6 分新币。这样，该公司股票的市盈率就从 10 倍一下子跃到 50 倍。因此，你一定要注意公司财务报告中使用的货币形式。

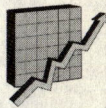

第四章

游刃有余：
全球投资的技巧

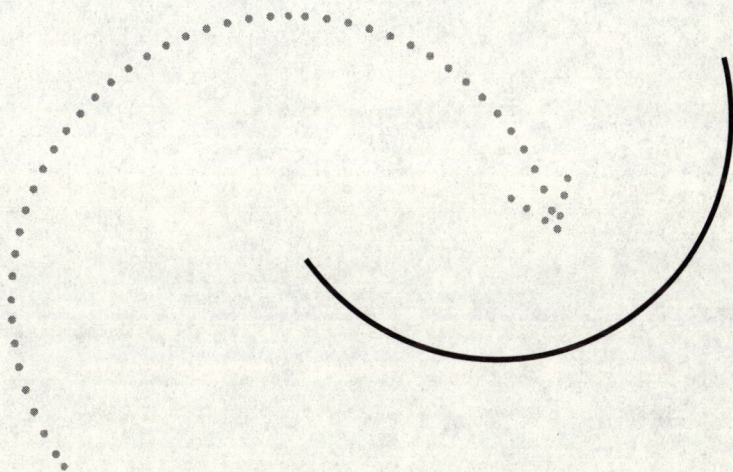

第一节　寻找投资对象

进行海外投资，最根本的就是要开通必要的账户。其技巧在于挑选你想投资的公司。

以下是一些公司的名字：通用电气公司、百事可乐、麦当劳、IBM、辉瑞制药有限公司、欧洲航空公司，我敢打赌，每一位美国人都对它们有所了解，并且对其从事的业务也比较熟悉。在成长的过程中，你经常会听到它们的名字，在商店购买它们的商品，在饭店品尝它们的食物，使用它们的产品，并且享受美国代理公司提供的服务。因此，当你成为一名投资者时，你会本能地对其业务进行比较深入的了解。当你在国内寻找投资机遇时，熟悉这些公司会给你带来方便，并且能够给你提供一些相关的历史背景。为了维持生命，保持健康和活力，所有的灰婴综合征患者（graying baby boomer）都要持续不断地服用药物，当你知道这些信息的时候，你是不是就想购买这些公司的股票呢？然后，你会立即想到一些制药公司，例如辉瑞制药有限公司、默克集团有限公司、必治妥公司以及美国强生有限公司等等。

但是，如果我提到英国博姿制药及化妆品公司（Alliance Boots plc）、Türk Hava Yollari 公司或者 MTN 电信公司，你可能还不知道博姿公司是英国最主要的药房连锁店；讲英语的国家都知道，Türk Hava Yollari 公司是土耳其的航空公司，它在欧洲发展最快，为世界很多国家的乘客提供服务；而 MTN 电信公司是南非最主要的手机制造公司，并且，其产品在世界发展最快的市场——非洲和中东，都有销售。

美国投资者之所以不知道大部分海外公司及其主要业务，主要原因是我们对海外公司缺乏最基本的了解，并且，我们也很少观看遍布约翰内斯堡和开普敦的 MTN 电信公司的广告。对于这些看起来具有异国风格的陌生公司，我们会产生恐惧。当然，这是可以理解的。然而，这却限制了你的利润来源。除此之外，投资者还应该思考的问题是，为什么某家海外公司

在其国内市场具有很大的发展前景，但在美国，同样的产业却逐渐被瓦解而消失呢？

听说过泉州天宇化纤织造实业有限公司吗？对于那些不了解尼龙纤维市场的人们来说，没听说过这个公司一点也不奇怪。该公司位于中国沿海的福建省泉州市，其股票在新加坡证券交易所上市，并且，在中国内地的尼龙纺织市场也位居前列。在美国，纺织品公司早已举步维艰，几十年来，大西洋沿岸的产业也在衰退。而亚洲却与此相反，它制造着世界上大部分的衣物，世界的需求更加快了中国纺织业的发展。截止到2006年，中国已拥有100多家生产尼龙化纤的公司，其中，泉州天宇化纤织造实业有限公司是最大的一家，其产品占据整个市场的6%。

泉州天宇化纤织造实业有限公司既要满足世界需求，又要满足国内的需求，对于很多人来说，这些信息都是微不足道的。但是，对于那些看到其市场前景的人们来说，这就是潜在的机遇。就像对待啤酒一样，随着人们生活水平的提高，人们对人造纤维的消费也会越来越高。

对于每一位投资者来说，无论是投资泉州天宇化纤织造实业有限公司的股票，还是MTN电信公司的股票，学会选择都是一个最重要的技巧。对于那些不太熟悉当地公司的全球投资者来说，更是如此。因为他们必须在进行调查之后，才能做出投资决定。有人可能听到过这样的话，挑选股票需要沃顿学院的工商管理硕士学位或者是自修沃伦·巴菲特（Warren Buffet）的一些课程，请不要相信这些谣言。事实上，尽管这个过程需要一定的时间和开阔的思维，但是，找到一家好公司进行投资，并不像量子力学那么难。只要你张开双臂迎接灵感，它们随时随地都会出现。从现在开始，你只需要学会怎样研究一家公司，包括它们的业务、它所归属的产业以及它的交易历史。从这些研究中，你会对其当前的运作情况、未来的前景以及目前的股价是否值得你去投资等问题，做出合理的判断。事实上，这个过程并没有你想象的那么艰难，即使是在世界的另一边，股票交易也是如此。

针对如何评价股票这个问题，很多书籍都作过阐述。因此，我在这里就不再重复。为了便于分析，找到你所需要的数据和信息，现在我们来探讨这个过程的第一步，也就是如何进行研究，目的是对某家公司有一个全面的了解。

小提示：投资你所了解的股票

一个简单而明智的原则是：不要认为，你准备在另一个国家进行投资，就意味着你必须带着资金到那个国家去。你一定要对有所了解的公司进行投资。

除了清算账目以及使用的货币不同，全世界的交易都是一样的。公司向消费者提供商品和服务的唯一目的就是获取利润。但是，并不是所有产业的公司都符合投资者的心意。如果你在一家公司的网站上，看到它的财务报告和"关于我们"的链接，但是你却不了解其商业模式，那么，不管它的股票或者这个产业有多么炙手可热，你都不要在这家公司投资。这并不是在暗示该公司有多么阴暗，而是想告诉你，如果你不明白投资者一拥而进的原因，那么，你也就不会明白他们一拥而出的原因。

不了解一家公司的运行情况，其实也没有什么过错。我至今还不了解一些边缘技术产业的运行情况，例如，那些生产纳米产品的公司。因此，我就躲着它们，尽管，它意味着我抛弃了某些潜在的巨大回报，但是，我同样也避免了某些潜在的巨大损失。

我了解啤酒制造业、洗衣机公司、医疗器械公司、旅馆、银行、制水公司、自动售货机制造公司、餐馆、手机制造公司等等，这些生意都是不言自明的。你能明白这些需求存在于何处，你也清楚这些公司都拥有市场。并且，在网上，你可以得到很多公司的数据和调查结果。它们能帮你了解这些公司在不同市场的变化情况。

因此，简单地说，你要明白自己的局限性。只买你了解的股票，而不要在一个炙手可热的国家购买某种炙手可热的股票。

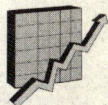

你所有的研究都基于公司本身。目前，几乎每家上市公司都有自己的网站，它们都包含当前和过去的财务数据。偶尔你也会发现没有网站的公司，尤其是在中欧和东欧的一些新兴国家，这种情况更加普遍。

克罗地亚是一个位于亚得里亚海沿岸的国家，它刚刚经过一次激烈的内战，从前南斯拉夫独立出来，现在正积极加入欧盟。克罗地亚虽然是一个新兴国家，但它有稳定发展的经济和丰富的旅游资源。对于那些想拥有其旅游业股票的投资者来说，它实在是一个完美的投资地点。然而，当你将"克罗地亚旅游公司"输入 Google 搜索引擎，你就会很容易地发现其主要的旅游公司——Hoteli Groatia d. d. 公司或者阿特拉斯旅行社（Atlas）。但是，截止到 2007 年，这些网站还不能为投资者提供任何的财务信息，对此，你也毫无办法。

你唯一的选择就是，通过网站"联系我们"的链接，向该公司发送电子邮件，询问该公司是否提供英文版的财务报告，如果可以，请求它们复制一份最近 5 年的财务报告发送给你。到目前为止，我还没有遇到一家公司拒绝这样的请求，但是，我想某一天，某家公司或许就会拒绝我的这种请求。当然，比起立即获得电子版的财务报告，这确实要花费一些时间。但是在某种情况下，这却是你唯一的办法，千万不要被一些小小的障碍阻止你发财。

第二节　浏览报刊财经信息

幸运的是，一般情况下，你遇到的公司都能在网上为你提供大量的财务信息和有关运作情况的资料。面对全世界 5 万家公司，而你又没有任何线索了解某个特定市场是否存在某家公司，那么，你如何缩小范围，找到你开始投资的公司呢？

答案是进行浏览，浏览吸引你注意力的所有信息。

所有地方都存在三种有用的资源。它们有利于你在海外市场发现上市公司，或者有助于你形成某种投资理念，并在其引导下让你在某个地区的某个产业进行投资。这三种资源分别是：

《经济学家》（The Economist，周刊）

《财经时报》（Financial Times，日报）

《华尔街日报》（The Wall Street Journal，日报）

前两种报刊是英国的出版物。你可以在报摊买到《经济学家》，当然，你也可以通过订购进行阅读。它是世界上销量最大的新闻报刊，其内容涵盖政治、文化、社会和商业等方面。在较大的地铁商店，你就能够买到《财经时报》，同样，你也可以订阅。《华尔街日报》也随处可见，后两种报纸擅长财政报道，并且，其中有很大一部分篇幅都是关于海外商业新闻的。在不到一周的时间里，我就能将这些报刊的每一个重要内容剪切下来，并且逐个进行深入的研究，有时甚至包括那些最短的广告词。

这些剪报并不总是关于某家特殊公司的新闻。有时，它是关于某种产业的发展趋势或者某个国家发生的一些事情。这些内容没有特定的顺序，它们只是从我的文件夹中，随意抽取的一些大标题：

•《银行交易为欧洲指明了方向》——《财经时报》

银行有两个特点：（1）它们是反映经济状况改善的第一产业，所以，它们在经济发展方面起到很大的作用；（2）如果你能以很低的价格买到银行的股票，那么，你就能得到超过当地水平很多的股息收入。也就是说，只要你持有银行股票，并且等待经济回暖，你就能得到很高的收入。该文以一家欧洲银行为例，论述了业绩突出的银行也能成为其他金融巨头吞并的目标。这正是我准备深入调查的一系列投资对象，不是因为它们是接管对象，而是因为它们是一些运作良好的银行，而且它们还处于不断发展的市场当中，稍大的银行也想在这些市场中找到立足之地。那么，为什么其他的银行还想要吞并它们呢？那时，我对土耳其的银行特别感兴趣，这个例子中提到了两家土耳其银行分别是阿克银行（Akbank）和艾史银行（Işbank），它们也在我的调查范围内。这张剪报让我了解了欧洲的银行间

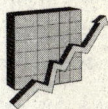

题，并且还为我提供了很多我不熟悉的银行理念来源。

●《新兴跨国公司》——《商业周报》

这则报道的对象是跨国公司。这里分别列出了来自中国、巴西、俄罗斯、印度、埃及等25家跨国公司。除了提到的这些公司，还有一个信息值得重视："截止到2010年，全世界将增加12亿手机用户……其中86%的用户来自发展中国家。"这些数据值得重点标出，我把它圈住并做上星形标志。了解到这些信息，我就到网上去搜索非洲、中东、亚洲以及拉丁美洲部分地区的手机公司。

●《走出非洲》——《经济学家》

这则报道是关于约翰内斯堡证券交易所的，它正逐渐成为自己的一家上市公司，并且，它正在努力使自己达到该地区其他交易所的上市要求。截止到2006年底，该交易所的努力还未见成效。报道还提出，当时，那些国家对整个欧洲交易的前景都非常感兴趣。也就是说，在一些情况下，南非的中介公司能为投资者提供进入非洲市场的途径，很多国家可以跨过南非市场，拥有上市公司的股票，Matroyshka doll 公司就是其中的一个。如果你对稳定发展的南非经济感兴趣的话，那么，这些报道就非常有用。

●《对韩国来说，'新兴'标志是一种负担》——《华尔街日报》

自相矛盾的韩国：这个亚洲国家是世界上为数不多的经济大国之一，并且，它拥有世界最大的证券交易市场。但是，韩国依然被列为新兴国家。投资者不能确定朝鲜半岛的南北双方是否会发生军事冲突，这无形中就给投资者带来了不可预测的风险。因为韩国属于新兴市场的一部分，因此，指数制定者在确定新兴市场的指标时，就把韩国包括在内。这就意味着在它们的新兴市场基金中，包含有韩国共同基金。很显然，韩国属于发达市场的一部分，但它的指数基金却没有出现在发达市场。这样，它就会引发一场抢购股票的热潮。发达市场指数基金的管理者会迅速将上万亿的

资金转入韩国证券。你要明白，在证券市场，谁先到达，谁获得的利润就最多。这类信息可以提示你关注韩国，知道哪一家中介公司能帮你进入首尔交易所，并且告诉你哪个公司在该市场运行良好。（这个事例还说明，如果韩国真的被列为发达市场，那么，整个韩国证券市场的股价都有可能得到提高。所以，如果你在美国通过 ETF 方式拥有韩国股票，那么，你就很可能会从中获利。）

●《我们正在改变天空》——《经济学家》

这不是一篇报道，而是一则土耳其航空公司的广告。世界航空公司的竞争非常激烈，为了吸引乘客，他们随意降低票价。结果，消费者期待有一天，他们只要以汽车的票价，就能享受到飞机中优雅的服务。而光是飞机的造价就高达 2 亿美元以上。尽管如此，当人类还不能随心所欲地从某地到达另一地时，这个产业就不会占有多大优势。事实上，它也在不断发展壮大，尤其是在美国以外的其他国家，随着人们收入的不断增加，飞机乘客也在不断增多。这则特别的广告告诉我们，土耳其航空公司是"欧洲发展最迅速的航空公司"。尽管这还不足以让你做出立即投资的决定，但是，它至少可以激发你去调查，判断这里是否存在投资机遇。

我并不是在遇到的每一个领域都进行投资。当然，也没有投资者会这么做。不过，把你感兴趣的内容剪贴下来，花一部分时间对他们做一些初步调查，建立一个科学的投资知识体系，这样，它就可以为你今后的投资提供很大的帮助。

第三节　网络搜索

有时，我剪下的一些内容，确实驱使我付出了行动。例如，那则土耳其航空公司的广告，最终驱使我去调查飞行于世界各地的航班，尤其是中东和东南亚的航班，它们通常采用的都是西南航空公司的模式。这就是我拥有亚洲航空公司部分股份的原因。该公司位于马来西亚的吉隆坡，它是一家发展迅速的航空公司，票价很低，负责将乘客运往亚洲各地。有一次，我在网上调查中国人的旅游习惯。在一个亚洲新闻网站，我看到一篇报道，该报道说，拥有护照的中国公民数量正在急剧增加，除了日本，中国已成为亚洲出国人数最多的国家……现在你就得考虑一下了，如果在拥有 13 亿人口的中国，大量的人们外出旅游，那么，旅行社就一定会感觉到很大的压力。中国人和美国人一样，他们第一次出国旅游，都喜欢选择距离祖国较近的地方，中国的邻国当然就是其他的亚洲国家，所以，到亚洲以外的地方旅游，旅行社的压力会更大。

对于那些环游世界的人们，他们最需要的服务是什么呢？因为，不管你是去哪个地方旅游，或者怎样到达那里，你都需要找一个地方休息。所以，你最需要了解的是餐馆、租车处、娱乐场、游乐园、飞机场、购物商场，当然还有旅馆。基于这个简单的推理，我开始通过网上的各种搜索引擎，调查亚洲的旅馆连锁店。

对于香格里拉，除了在詹姆斯·希尔顿的《失乐园》中，把它作为一个俗世的乌托邦的代名词外，在其他地方，我还闻所未闻。然而，在那时，我对香格里拉亚洲股份有限公司却有了大概的了解。我将"亚洲最高级旅馆连锁店"输入 Google 进行搜索，发现它是由一位中国香港人经营的。（我敢确定，如果我搜索的是一家亚洲旅馆公司，它也是其中最好的一家。）而且，它是链接中出现的第一家公司，该公司在当地的信誉非常高。香格里拉饭店的连锁店遍布中国内地、远东、印度以及中东地区，而且，它现在正向北美洲和欧洲进军。度假和出差的中国旅游者们对这些名字都非常熟悉，他们喜欢在值得信赖的旅馆休息。此外，为了迎合越来越多的投资者在中国的投资需求，香格里拉公司计划在中国各地增开 20 多家分店，主要集中在次级市场和三级市场。

这家公司的财务看起来很稳定，根据中国香港证券交易所网站提供的股价表，当时的香格里拉股票价格正处于低谷。

这项调查促使我潦草地写下下面这张便条，并且是在香格里拉的一份年度报告上写的，上面还印有供投资者联系的网站：

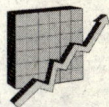

亚洲旅游市场日益繁荣。中国具有很大的旅游群体，随着中国商业从局域到区域的不断扩大，商业旅游也会越来越多。这种趋势将长期存在。最大的风险是：类似禽流感之类的传染病让中国人产生对旅游的恐惧，不过，这种状况只是暂时的。更多的香格里拉旅馆的出现会加强中国旅游者对该公司的认可，良好的财务状况，股票价格低廉，相当高的股息回报——2%。

对华尔街的专业分析家来说，这样的调查太简单化了。他们会将一家旅馆公司的财务分开，进而确定每一个可用空间的收入。专业分析团体称其为收入的平均修正峰值，它是其他条款中的一条。对于每一家旅馆连锁店，他们想了解其每日可用空间所创造的收入平均值。这种计算方法很好，分析家的工作是收费的，为了向客户提供收入预测模型，他们必须从分析中得出旅馆公司的价格趋势。但是，对你来说，你无需计算收入的平均修正峰值，就能知道亚洲是走向繁荣的地区，并且，越来越多的度假旅游者和商业旅行者都会给旅馆公司带来很大的利润，这不是收入平均修正峰值，而是常识。我期待香格里拉公司像其他所有的公司那样，在摸索中不断进步，除非管理阶层毁了这家公司（正如没人会料到安然能源公司会突然倒闭一样）。我相信随着亚洲和中国消费者的不断增多，这家中国香港的旅游公司一定会大赚一笔。

这样，我就通过以前的一家新加坡中介公司账户，进入中国香港的部分市场，最终买到了香格里拉亚洲股份有限公司的股票。

如今，这些股票的价格已增加至原来的 3 倍，而我仍然持有它们。

你也许会问：为什么有人会想到去网上寻找中国人的旅游习惯呢？因为，在过去的几年时间里，美国新闻不断提到中国发展极好的事例，并且，对中国正迅速走向世界级经济大国做出评论。对于一位有全球倾向的投资者来说，这种持续的声音一定会促使你考虑从中获利的方法。这种想法并不是一蹴而就的，不是简单地将发展的经济和不断增加的个人收入与那些对娱乐的需求结合起来。而是从一个事实出发，进而去思考：这个事实的结果是什么？下一步又会怎样？合乎逻辑的步骤又是什么？

找到所有与香格里拉有关的信息，然后形成你对这家公司的了解，这个并不难。同样，这些也不要求你与公司内部或旅馆业内部有什么联系。在网上，你可以搜索到你想要的所有信息。接下来，我会告诉你在哪里能寻找到这类资料，帮助你了解某家公司、某个产业或某个国家。我已经提到过《经济学家》、《财经时报》和《华尔街日报》，除此以外，还有其他的一些渠道，它们包括：

公司网站：

前面我曾提到艾史银行，这家土耳其银行是一个典型的例子。你能在网上找到该公司准确的财务数据，在其英文网站上，它公布有最近几年的年度和季度财务报告，并且，还有一份该公司经理向全体投资者所作的介绍档案。

在你做调查工作时，公司网站应该是你第一个访问的地方。这些网站能为你提供各种各样的信息，这样，你就可以对该公司的业务有一个广泛而基本的了解。公司基本上都会将其最近的新闻放在主页上，并且，有"联系我们"的链接。你可以通过这个链接，向他们索取网上没有的信息，如几年前的财务报告。

除了金融信息以外，公司网站还有很多内容是介绍其产品、服务以及所在市场的。通常情况下，你能找到与股票相关的信息，如上市代号、股票上市的交易所以及分析家或公司所作的调查研究。它们迟早都会派上用场，如果将该公司、分析家或者中介公司的名字输入搜素引擎，你就可以找到发布在其他网站的最新的研究报告，而你却往往无法打开页面。

很多公司让你注册，然后获得关于其新产品、最近的财务报告和其他信息的电子信函。随着对某种股票或产业的调查，你会对某些公司产生兴趣，而这是你了解公司内部情况的最好方法。

证券交易所：

即使你感兴趣的证券交易所都有自己的网站，但这并不意味着你总能找到所需要的信息。对于证券交易所公布的资料，无论在数量还是质量上，它们都有可能出错。也有很多网站，包含公司的隐藏信息或某个特殊股票的信息。例如，中国香港证券交易所，每天都会在网上更新上市公司。通过一个搜索键，你就可以链接到某家公司过去一年的所有新闻稿。

在伦敦证券交易所，你花10英镑就可以买到一家公司的基本资料。这些资料是专为那些认真的国际投资者提供的，像瑞典自助餐一样供你选择：5年来的基本数据，每天都会更新；5年来的资产负债表和收入总结表（这些你都可以在公司网站上免费获得）；内部交易；历史价位表（再说一遍，这些你也可以从网站免费获得）；代理人的调查、建议和获利方案。伦敦证券交易所有一项服务是免费的，并且，在一项提供年度报告的服务中，它会给你发一份有关上市公司的年度报告，包括来自西班牙、南非、瑞典及瑞士等国家的公司，这些公司的股票在伦敦也能上市。

有时，在网上搜索海外公司是一种挑战，尤其是对于那些文字、符号和代码不是英语字母的市场，你在其中很难找到链接该公司的网站。因此，如果你访问证券交易所的网站，你就能找到另一个国家的中介公司一览表。此外，在那些股票交易以一定单位进行的市场中，很多交易所网站列出的公司概况中，通常都会详细地告诉你该公司股票的最小交易份额。

在另一些交易所的网站中，你还会得到与当地投资者相同的研究报告。例如，在新加坡证券交易所，你可以免费注册，看到很多享有盛誉的公司，如 UOB Kay Hian 公司、DBS Vickers 公司和 OCBC 投资调查公司提供的上千份研究报告。在发表当天，这些报告也同样会出现在新加坡证券交易所的网站。

中介公司：

一旦你与某家公司签约，你就可以得到由该公司的分析家提供的研究报告。如果这家公司只是一个网上中介公司，它会给你提供第三方的研究报告。根据这些报告，你就可以推测分析家给出的结论。但是，你也不要只根据分析家的观点做出决定。很多情况下，他们具有自己的议程，而不像你想象的那样不受约束。这些报告能提醒你进行仔细检查，尤其是在某个产业或某家公司的内部容易出现差错的地方，而这些地方你自己也可能会忽略。通常，这些报告不是英文版的，但是，你不要立即否定它们的价值。网上有免费的翻译服务，它可以帮助你将那些单词、段落甚至整个网页都翻译成英文。唯一的缺点是，这些译文几乎都是直译，你必须反复阅读每一句话，才能理解它们的真正含义。不过，这对于了解公司的总体情况来说，只是一个很小的困难。

中介公司还有一个优点，那就是它能为你提供"跟踪手册"或者"监视表"，通过它，你就可以随时了解你所关注的股市行情。跟踪手册非常普遍，很多公司都拥有一种装置，即当你拥有的股票突然达到某个价位目标时，这个装置就会提醒你。

除此之外，你还可以找到一些"推荐网站"，很多公司都会提供这样的网站。而且，这些链接都与当地市场有密切的联系，例如，当地报社、股票注册处以及图表服务处等。通过一家新西兰中介公司的网站，我看到了澳大利亚、新西兰以及亚洲大部分地区的商业新闻。该公司每天都在网上发布有关利息的历史新闻，并且，每周还发布一次附带图片的商业杂志。最好的一点是，它们都是免费的。

共同基金：

我拥有的共同基金不多，我妻子的个人退休账户中有马修斯亚洲发展及收入基金。在我的401（k）计划中，拥有保值多样化国际基金，还有我儿子的大学储蓄账户中是日本基金。但我一直访问网上的共同基金网站，并不只是美国的。共同基金不只是你投资想法的一个重要来源，偶尔，你也可以对它做一些有趣的分析。

美国共同基金组织必须依法向投资者作季度报告。在这些报告中，它们会向你敞开胸怀，展示属于它们的股票，还会列出持有量最高的10种股票。

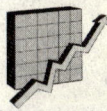

当你浏览这些股票时，它们可能已不再准确，但这也不要紧。一种共同基金是否拥有某种股票，其实并没有什么关系。这些列表只是你调查研究的一个起始点，它要么与你感兴趣的某家公司有关，要么与你想要购买的某家公司的股票有关。例如，你也许对亚洲银行的股票感兴趣，随着这个地区的经济发展，这些银行会长期获利。读一遍 Dodge & Cox 国际基金 2006 年第三季度的报告，你就会找到韩国国民银行、新加坡星展银行和泰国第三大银行 Kasikorn bank PCL。你可能并不急于拥有其中一家公司的股票，但是，至少你有三家银行的股票值得你去探究。毫无疑问，通过你的调查研究，你又会发现其他的竞争对手。这样，你就可以参考更多的投资理念。

请不要将目光只局限在美国的共同基金上。在欧洲、亚洲和澳洲等世界各地交易的共同基金非常多，并且，在吸收当地或海外的股票方面，这些基金组织及其管理者都很独特，他们能提出一个新颖的、非美国的投资观点。这些基金中有很多股票，是你在美国基金中很少甚至是从未见过的。你只需在网上搜索"共同基金"，并且选定某个国家，你就会很容易找到这些海外的共同基金。你要是不知道美国存在哪些国际基金，就访问 Morningstar.com 网站。该公司是很受美国共同基金欢迎的承办商，通过资料屏幕，你就可以看到该公司的共同基金清单。而且这种服务是免费的。晨星公司在澳大利亚也设有一个网站，你可以在那里找到当地基金公司的清单。你只需要回过头，搜索这些基金公司的网站，就可以立即找到它们经营的基金和拥有的股票清单。

除了这些持股清单以外，这些基金公司还会专门给股东写一个便条，说明过去一个季度或一年来某个投资组合内部的一些情况，通常还包括基金管理者目前投资观点的形成过程。有些基金公司的便条每月更新一次，有些是每周一次。不管时间间隔是多久，都说明这张便条值得我们重视。例如，下面这几句话，它是来自 Julius Baer 国际资产净值基金 Ⅱ 在 2006 年 11 月份的一份报告：

从地理角度来看，新兴市场是利润的主要来源。波兰是这一地区表现最突出的国家。我们可以把它归功于其牢固的经济基础和稳定的发展速度。我们在这个国家的股票主要集中于金融业和以消费者为导向的部门。

对于那些对欧洲新兴市场感兴趣的投资者来说，这些观点可作为研究波兰投资机遇的最好建议，并且，它们还给出你一个出发点，即金融业和以消费者为导向的产业股票。

某些共同基金公司甚至会将更新资料发给你，这样，你就可以毫不费力地得到它们。例如，马修斯基金公司会将每周、每月和每季度的更新资料以及对亚洲市场的洞察观点一并发给你。这些资料都是投资组合的管理者写的，它们对你会非常有用。2006 年 12 月，马修斯共同基金公司给投资者发了一张"来自日本的明信片"，其中记录着"亚洲每周的更新资料"。几年来，美国媒体对日本经济的贫血状况做了大量报道，几乎每一个美国投资者对日本过去的经济都有了解。如今，日本已经从持续多年的财政衰退中挣脱出来，而且，它已成为一个迷人的投资传奇。

这张明信片说明日本已经完全从经济萎缩中走出，同样，美国投资者也会从新闻报道中了解到一些边缘知识。

这封马修斯公司的信件是由该公司的一位投资组合管理者写的，共有453 个字，在这些简短的文字中，他还提出了一个有趣的问题：如果日本的经济又开始好转，那么，日本人为什么不把自己的钱花在那些零售部门呢？毕竟，当一个国家的经济不断发展时，人们的消费也会增加。

从它与一些日本普通公民的对话中，马修斯公司得到了答案，即日本人随意挥霍的观念已经改变。马修斯问："这些资金去了哪里呢？"他们说："其中有一部分变成了共同基金（即投资信托公司）和固定资产。随着经济的发展，奖金也在增加，零售业却衰退下来，并且越来越糟糕……如今，用于零售业的资金正流入国内资产净值。日本普通公民也变得越来越老练，并且，他们也开始担心养老金和退休金。关于投资的书籍也遍布各种书店……资产市场也走进了每个人的生活……"

上述的分析为你进入日本资产管理公司指明了方向，随着越来越多的

日本公民坚持将现金用于投资或者作为固定资产，而不是购买 Coach 背包和 Gucci 鞋，这些公司一定会从中获取很大的利润。并且，就像教你成为一名全球投资者一样，在日本找到一家资产管理公司同样轻而易举。

步骤 1：在网上搜索"日本资产管理公司"，你就会进入日本财经服务社的链接，还有日本 121 家同类公司的一览表。

步骤 2：在另一个独立的网页，输入东京证券交易所的网站（www. tse. or. jp），点击"上市公司"，再点击"公司搜索"。

步骤 3：在这两个网站进行搜索，将每一家资产管理公司的名称输入证券交易所的网站，确定输入的是一种上市股票的名称。我找到的第一家公司是日本爱华资产管理有限公司（Daiwa Asset Management Co. Ltd. ）。我只是将"爱华"（Daiwa）输入东京证券交易所网站，很快就出现了日本爱华有价证券集团公司。

步骤 4：进入日本爱华公司的网站。东京证券交易所也有该公司的链接，不过，在其他情况下，你还得打开另一个浏览器搜索该公司的主页。但是，打开的主页都是日文版的，其中只有一个蓝色的链接键，点击它，你就可以进入一个主页，其右上角有一个英文的链接键。在"关于爱华有价证券集团公司"中，它将显示该公司包含两家公司，即爱华资产管理公司和爱华 DB 投资公司，在前面提到的 121 家资产管理公司中，这两家公司的排名非常接近。

因此，在不到 7 分钟的时间里，你读一遍共同基金的资料，理解其中蕴含的投资理念，再经过上面的那四个步骤，你就可以利用几分钟前刚刚获得的线索，深入调查一家日本资产管理公司。我并不是说日本爱华公司的股票就是你想在日本进行的投资，而只是想告诉你，在你对某个国家或某种产业一无所知的情况下，开始你的研究工作并不是那么困难。

Google：

我说过很多次，我是偶然在网上碰到 Google 网站，才去搜索那些信息的。对于一位全球投资者来说，最重要的一种技术就是学会如何高效利用网上的搜索引擎。当然，你不用只依赖于 Google，你可以使用对你来说最为方便的任何一种引擎。重点在于正是网络才使得普通投资者进行国际投资变得如此容易。这些搜索引擎对你的调查研究有一定的指导作用。因为，引擎搜索出的内容有很大一部分都不是你感兴趣的，所以，要查找到某些公司就存在一定的技巧。

窍门在于学会如何搜索以及搜索什么。例如，你不能只输入"亚洲旅馆"，就想着很快会出现一批旅游公司——比如你想投资的香格里拉亚洲公司或者是对亚洲旅馆产业的分析。事实上，你的搜索引擎会默认为你是想在出差或度假期间，在吉隆坡或曼谷找到一个休息的地方，于是，它就搜索出很多的旅行网站以及便宜的旅馆网站。输入"亚洲旅馆投资"的效果也不一定好，它会找出很多针对旅馆所有者、房地产经销商以及官方旅游业的网站。

换一种做法，如果将你想投资的公司的关键词输进去，比如"亚洲旅馆 中国经济扩张 收入增加"，那么，它就可以给我们指明正确的方向，并且还有一个网站的链接，它详细描述了中国香港和中国内地之间"经济相近的合伙企业的排列顺序"，其中还指出了越来越多的中国公民正在旅行，"这一切使得旅馆、饭店和零售业从中获利"。于是，我们就了解到中国人的旅行会越来越多（正如我在前面讲到香格里拉亚洲公司时所提到的内容一样）。2006 年 11 月，如果将"游览"输入搜索引擎，你得到的就是一个链接，即 ChinaHospitalityNews. com。里面介绍了印尼正在努力吸引成百上千的中国人到那里去旅行，它为中国公民的签证提供了很多的方便，并且还不断增加飞往中国各大城市的航班。

现在，我找到了一些线索进行下一步的信息搜集。印尼是否会提供一些投资者感兴趣的旅馆公司呢？我也没有任何把握。我将"印尼证券市场"输入 Google，找到了雅加达证券交易所的网站。在这里，一个简单的"旅馆"搜索，竟引出了与旅馆产业相关的 11 家公司。然而，我并不知道哪家公司值得投资。其实，这种训练只是要让你明白，为了开始你的调查，用某个精确的搜索引擎查找国际公司是多么容易。

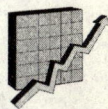

小提示：微软的又一个小花招

在所有的浏览器中，某些中介公司、集团公司和证券交易所的网站并不是都能顺利地运行。例如，雅加达证券交易所的网站，如果你选用的是 Mozilla 的 Firefox 浏览器，它就无法打开，相反，如果你使用微软的 IE 浏览器，它的运行就很好。我说这些就是为了告诉你，如果某个网站一直打不开，你也不要轻易放弃，你可以临时调换浏览器，或许它就会打开。

海外报纸：

每个国家都有报纸，网上的报纸也有上千种，而且，其中很多都是英文版。多数报纸上都有商业专栏，或者至少有一部分商业新闻。它们都是信息的主要来源，其独立性和客观性由其所在的国家决定。

尽管如此，报纸仍然具有搜集资料的价值，并且它可以帮你了解某个地区、某家公司或某种产业过去的情况，只是有时候，你需要进行免费或者付费注册，才能看到这些报道。如果你不想订阅这些报纸，只要从报道的大纲中抽取几个关键词或标题，输入 Google 进行搜索就可以了。通常，你可以在一个博客或一份工业出版物中，发现这些报道的部分或全部内容，或者，它会以另一种方式出现在你可以免费进入的网站中。

全世界各大城市的报纸都会关注当地证券交易市场。因此，它们会报道当地公开上市的公司，为你进行一些分析或者针对你不熟悉的问题，提出一些观点，并且，它们还会为你提供中介公司的名称。也许某一天，在你还没有找到中介公司的情况下，你会和它们联系，确定它们是否接纳美国投资者。

在 www. worldnetdaily. com 网站，你能找到很多的英文报纸，还能链接到海外报纸的网站。Onlinenewspapers.com 上列着来自世界各地的报纸，它还会注明哪些是英文版的。如果上面没有你要找的报纸，你就到 Google 上进行搜索。

美国国务院（www. state. gov）：

美国国务院每年都会对很多国家的政治、经济和投资环境进行大量的研究。你只要将某个国家的名字输入其网站进行搜索，就可以详细了解该国的情况。如果你要找的关键文件是投资环境概述，你可以点击主页上的"旅行与商业"，再进入"国际商业"，然后进行查询。

这些资料很好地、客观地评价了一个国家的整体经济状况。举个例子来说，2006年初，国务院在对克罗地亚的报告中指出："克罗地亚已经成为吸引投资的一块圣地，……自2000年以来，连续的两届政府都致力于改革官僚政治体制、官样文章和不完善的法律体制，因为这些因素都阻止了外来投资和经济发展。而且，这些改革已经初见成效。"

对于西欧和亚洲的部分发达市场，你无需对这样的分析而担忧。但是，当你研究那些小型的、不发达的市场，如克罗地亚或其他国家的市场时，国务院的这些调查就显得非常有用。

产业协会：

无论你想在哪一种产业投资，在世界某个地方都会有一个为其代言的产业协会。你对新西兰的木材股票感兴趣吗？新西兰森林业主协会就是一个数据库，包含对该产业所有问题的分析。你想购买马来西亚棕榈油种植园的股票吗？因为马来西亚是这一领域的中心，所以，其棕榈油理事会对这一产业的了解比你想象的要多得多。正如啤酒和尼龙那样，人们对食用油的消费也会随着收入的增加而增加。

这些协会、理事会和会议部门都是主要工业趋势和数据的很好来源。在这里，你能找到必要的数字来调查某个特殊产业的发展，并且理解这种发展产生的动力。有些协会还会列出其成员，或者跟踪上市公司的股票业绩。如果你在某一行业中看到某家公司的承诺，却苦于找不到其出处，那么，这些资料就会给你很大的帮助。

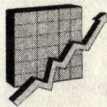

像寻找其他网站一样，你也可以在网上找到这些产业协会的网站。你只要将诸如"韩国银行家协会"的名称输入 Google，第一个链接就是韩国银行联盟。

海外金融网站：

在全世界你都可以找到投资者欢迎的网站，其中包括某个国家市场的数据、股市图和其他金融报道。问题是没有一个办法可以保证任何时候都能进入该网站。当你浏览某个新闻网站时，就有可能会遇到这样的网站，或者在某些中介公司的网站上，会列出几个你认为有用的链接。无论你是在哪里发现这样的网站，你都应该收藏这些网站的网址。无论你的记忆力有多强，当你浏览了一堆网站，并且进行了无数次的搜索后，你都会忘记发现这个网站的地点。

以下几个网站就是需要你进行收藏的：

Yahoo！财政：

美国 Yahoo！公司在全球经营有好几家网站，在这些网站，你可以找到所有的信息，从当地作家写的关于当地证券市场的报道，到股市价格图表，再到当地新闻，应有尽有。例如，"财政新闻"就出现在 Yahoo！的澳大利亚网站的链接中，在那里你可以找到某个特定产业的公司要闻。例如，媒体、医药品、财务或其他行业。Yahoo！网站包括以下英文网站：

澳大利亚、新西兰：au. finance, yahoo. com
加拿大：finance. yahoo. ca（法裔加拿大人版本：cf. finance. yahoo. com）
印度：in. finance. yahoo. com
新加坡：sg. finance. yahoo. com（对大部分亚洲人都有用）
英国、爱尔兰：uk. finance. yahoo. com

以下是其他各种外文网站：

阿根廷：ar. finance. yahoo. com （西班牙语）

巴西：br. finance. yahoo. com （葡萄牙语）

中国：cn. finance. yahoo. com （汉语）

法国：fr. finance. yahoo. com （法语）

德国：de. finance. yahoo. com （德语）

中国香港：hk. finance. yahoo. com （汉语）

意大利：it. finance. yahoo. com （意大利语）

日本：jp. finance. yahoo. com （日语）

韩国：kr. finance. yahoo. com （韩语）

墨西哥：mx. finance. yahoo. com （西班牙语）

西班牙：es. finance. yahoo. com （西班牙语）

中国台湾：tw. finance. yahoo. com （汉语）

IRAisa. com：

对亚洲来说，这可能是最好的一家网站了。其中包含有种类繁多的年度报告、临时报告、新闻公司介绍以及其他很多信息，甚至还有该地区证券中介公司一览表。该网站还免费为你提供警报服务，当公司在网上发布新闻、年度报告、临时财务报告或公司简介时，该网站就会将这些信息发到你的电子信箱。每天你都会收到几封电子警报邮件，从这些信息中，你就可以对亚洲的公司及其业务有一个基本的了解。

FDIMagazine. com：

该网站由时事财政报社创建。FDI 是外国直接投资的英文缩写。尽管该网站的内容针对海外企业，但是，其中的大量信息对个体投资者也非常有用，而且，对于某些国家、地区和各种产业部门的最新变化，它也有比较深刻的见解。

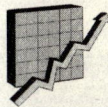

MBendi. com：

"为非洲提供信息"是该网站对自己的描述。在其主页上，你只要点击"交易所"和"上市公司"，就可以找到非洲地区的各种证券交易所及其上市公司。

ArabFinance. com：

该网站致力于在线交易和财经新闻，它开始是面对埃及客户。随着时间的流逝，如今已经进入阿拉伯世界。

亚洲时事在线：

它是一家新闻网站，主要涉及各地区和全球的商业、政治和经济问题。尽管该网站是英文版的，但其内容却不是针对西方人，而是针对中国投资者的。也就是说，这些新闻来自亚洲人的视角。

英国广播公司（news. bbc. co. uk）：

它的通讯记者几乎遍布世界任何一个偏远的角落。这里的信息来源和发展趋势都出乎美国投资者的意料。该网站的搜索价值是无法估量的，在这里你能挖掘到关于各种话题的报道。

Google 金融网（finance. google. com）：

你在该网站输入某家公司的名字，就会出现来自世界各地有关公司的新闻。例如，你只是搜索有关约翰斯顿新闻报社的信息，但结果是，你还会看到来自爱尔兰时事报社、《财富》杂志和英国路透社等报社的新闻。通常，Google 金融网还会提供公司网站的链接。如果没有 Google 金融网，你要找到一家海外公司的网站将会困难重重。Google 金融网真是太方便了。

MSCI Barra（mscibarra. com）:

这家网站由编制大部分 MSCI 指标的人们创建,这些指标是世界各地的防御基金、基础基金、养老金和共同基金运行的基准。这家网站的最大优点是,你能在这里找到组成某些特定指标的公司。当你努力寻找某个公司的所在地时,它就能帮助你。进入该网站需要注册,但注册是免费的。

GeoInvestor. com:

这家网站由一位国际通讯记者创办,他曾经是《华尔街日报》的编辑部成员。该网站能为你提供来自 45 个国家的市场、财政和经济新闻的链接。

中央情报局世界记事本（cia. gov）:

该网站由美国中央情报局创办,它并不是针对恐怖主义的。在这里,你能找到有关某个国家经济的最基本、最实用的信息。它能帮助你了解各国的最大产业。另外,你还能搜索到一些相关的产业协会以及组成这一产业的当地公司。

欧洲无线免费网（rferl. org）:

该网站涉及的问题很广泛,覆盖中欧、东欧、高加索山脉一带的国家,包括巴尔干半岛国家以及西南亚国家等。它由美国国会创办,因此,这里的信息都来自西方民主主义的视角。

Latibex. com:

"使用欧元在拉丁美洲进行交易"是来自西班牙的 Latibex 网站对自己的描述。它是一个只进行拉丁美洲(从墨西哥到智利)有价证券交易的国际市场。然而,并不是每个拉丁美洲市场都会出现在 Latibex 网站,也并不是每种有价证券都能在这个市场找到。该市场位于西班牙,尽管这些股票都是以其原来的货币（即海外普通股在其本国交易的货币形式）进行标价的，但是，在实际交易中，它们用的却是欧元。Latibex网站列有其中介公司的名单，还提供有关公司的调查。

欧洲商业新闻网（businessneweurope. eu）：

该网站主要发布来自欧洲中部、东部和东南部的商业、经济和政治信息。它还涉及从俄罗斯到土耳其的所有市场以及像哈萨克斯坦这样的外围市场的一些重要问题。该网站在这方面做得很好，这些问题与投资者也都有关，另外，它还向投资者发布来自个别国家的特殊报道。

牛津商业集团网（oxfordbusinessgroup. com）：

其内容覆盖24个新兴市场，还包括从阿尔及利亚到乌克兰等国的经济简报。如果你想得到详尽的资料，就必须支付一定的费用。不过，有一些免费的大纲也很有条理，它们本身就有很大的实用价值。

ETFConnect. com：

这是一家美国网站，主要介绍开放式基金和封闭式基金。它是以全球为中心的开放式基金和其他基金的最好的信息来源。

国际经济学院网（iie. com）：

它曾被称作彼得·G·彼得斯国际经济学院网。该网站主要发布有关世界各地经济问题的研究和综述性论文。这里出现的所有信息并非都是有用的，但你能从中找到针对各国的经济分析。这样，你就可以初步了解某个国家的投资概况。

中东北非金融网（menafn. com）：

这是一家关注阿拉伯地区金融信息的网站，主要发布来自阿拉伯世界交易所的新闻。在这里，你能发现在阿拉伯世界上市的首次公开募股

（IPO）。点击"区域研究"，你就会看到从埃及到阿曼，再到黎巴嫩等13个国家的资料和分析。

ADR. com 和 BNYADR. com：

这是调查美国受托公司股票的两个主要的网站。它们分别由 JPMorgan 公司和纽约银行创办，而且，它们都是 ADRs 市场的主要参与者。

WorldPress. org：

简单地说，该网站提供世界各地的消息，它们都是从各大网站精选出来的。其中，商业和经济新闻只占该网站内容的一部分，这些内容你不可全信。不过，你还是可以从中获得一些有用的观点和潜在的投资理念。

澳大利亚投资评论网（aireview. com）：

到目前为止，要想了解澳大利亚、新西兰和亚洲的经济信息、证券市场信息，该网站是最好的。在该网站注册，你就能每天收到一份有关该地区交易所的新闻简介，每周看到一份非常好的网上杂志。这些杂志包罗万象：从澳大利亚经济的黑暗面到全球采矿行业的全面分析，还有对该地区市场的深刻理解。除此之外，你还可以看到该网站过去的一些报道。最好的一点是，该网站主要靠广告收入来支撑，因此，你可以免费订阅。

Economist. com：

该网站由《经济学家》杂志社创办，它是覆盖全球的一家网站。其中，有一个非常实用的链接叫"国家简介"（www. ecnomist. com/countries），里面包含某个国家的各种数据，例如，对某个国家政治和经济的预测，并且，你还可以链接到该国家的最新经济类文章。此外，该网站还提供其他一些非经济类的链接，它也很有用。例如，在中国简介中，你就可以链接到新华通讯社、英文版的中国日报社以及由美国智囊团 BrooKings 协会写的有关中国的文章。

还有很多与此类似的链接，上面列出的网站只是其中的一部分。它们的重点是，帮助全球投资者发现潜在的投资机遇，教你如何从网上挑选出有用的信息和观点。当你准备进行世界投资时，你只需要花费很短的时间，就能找到一大堆网络资源。

小提示：这些观点到底是从哪里来的呢

当我在网上寻找克罗地亚的投资机遇时，突然，在屏幕上出现了一个题目：《斯洛文尼亚和克罗地亚的国外投资正走上稳步发展的道路》。奇怪的是，这个链接是某个学院做的一篇有关战争与和平的报告，它并不是你特意要寻找的那类网站。

正如我在前面所提到的，只要你张开双臂迎接它们，投资观点随时随地都可能出现。这个事例就是最好的证明。

这篇报告提到，斯洛文尼亚和克罗地亚都是南斯拉夫共和国解体时的成员，现在它们互为邻国，并且，在邻近的塞尔维亚共和国的经济中，它们都占有重要的地位。塞尔维亚原来也是南斯拉夫的成员，并且，是那场激烈内战的爆发地。该报告还特别提到，有两家公司在塞尔维亚的投资相当大。我还了解到，克罗地亚的公司是一家私人企业；而斯洛文尼亚的墨卡托公司却不是私人企业。根据这篇报告，墨卡托公司属于零售业，更为重要的是，随着这些国家的不断发展，这一产业会有利可图。所以，我立即对这两家公司产生了兴趣。

发展中国家存在一个普遍的真理，那就是，它们会拥有一个消费越来越高的有钱阶层。当然，"有钱人"只是一个相对概念。无论他是中国成都的一位车间工人，还是塞尔维亚贝尔格莱德的一位计程车司机，他们都会将越来越多的收入以同样的方式消费。为了生活得更加方便，他们会买洗衣机或者汽车；他们也会买啤酒、高质量的食品和衣服；为了使生活变得更加丰富多彩，

他们还会出去度假和娱乐；另外，为了向同事炫耀，他们还会买一些名牌商品。美国人早已涉足了奢侈品消费市场，并且，在这方面的负债也越来越高。因为，我们在这一方面领先了一步。

这篇报告促使我打开墨卡托公司的网站（www. mercator. si）和卢布尔雅那证券交易所的网站（www. ljse. si），后者发布了很多关于上市公司的有用的资料，而且，都是英文版的。

随着斯洛文尼亚、克罗地亚、塞尔维亚、黑山、马其顿和波黑的迅速发展，墨卡托公司已经逐渐成为欧洲东南部最大的食品及日用品零售商。这家公司经营的商店种类繁多，包括食品杂货店、高级百货商店、百货公司、高质高价的自助食品商店、廉价商店、体育用品商店以及五金店。墨卡托公司的财务状况非常好，并且，它还准备将其利润投入新的商店。

在卢布尔雅那证券交易所网站，当我查看墨卡托公司过去的股价时发现，该公司股价是斯洛文尼亚证券交易所指数 SBI 20 的一个反映。而且，这两家公司的步调保持一致。因此，墨卡托公司除了在欧洲东南部的经济发展中起着重要作用外，它还在努力将投资者带入斯洛文尼亚的证券市场。

这就是我至今还没有向墨卡托公司投资的原因。正像证券交易所网站显示的图表和数据一样，2001 年底，斯洛文尼亚市场开始迅速发展，到 2006 年底，其收入已接近原来的 3 倍，年均利润超过 23%。出现这种情况的主要原因是，2004 年，斯洛文尼亚加入了欧盟，而在此之前的几年时间里，投资者就已经将大笔资金投入了当地证券市场，他们认为，斯洛文尼亚成为欧盟的一员后，随着经济、法制和政治体系的不断完善，其证券市场的地位也会大大提高。

一旦斯洛文尼亚的市场冷却下来，我就会向墨卡托公司投资。其实，像其他所有市场一样，斯洛文尼亚市场一定会冷却下来。

　　事实上，我之所以对这个国家和这家公司产生兴趣，与其说是斯洛文尼亚或者墨卡托公司的独特，倒不如说是整个调查过程让我对它们有了更多的了解。在网上，你随处都可以找到有关某个海外市场的某家上市公司的信息。但有时候，这些信息会随机出现在不同的站点上。

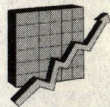

第五章

兑换中心：
全球投资与海外货币流通

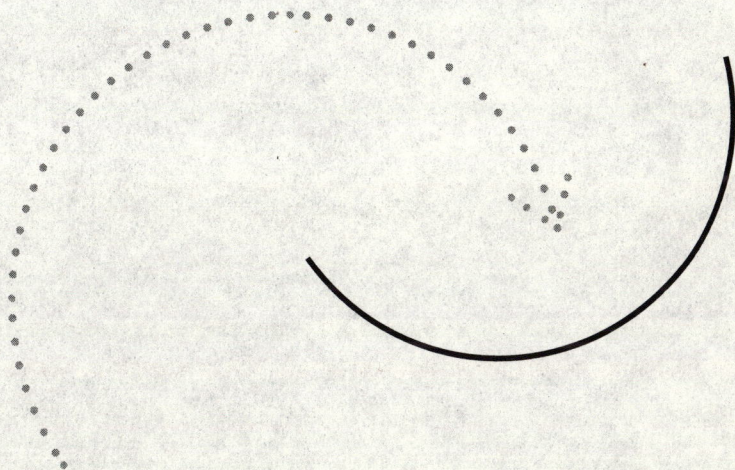

毋庸置疑，任何一位去过海外度假的人都是一个货币商人。

当你准备到一个陌生的国家，第一件要做的事情是什么呢？一定是找到一个货币兑换处，将美元兑换成当地货币，以便乘坐计程车、客车、公共汽车、电车或者火车，然后最终到达那座城市。如果你不需要兑换货币，那么，你很有可能是居住在一个类似纽约的大城市。你提前想到了这个问题，并在一家大银行兑换了那个国家的货币，而且，这些银行为你提供送货上门的服务。

无论你采用的是哪一种方法，在你的旅行过程中，你都会不由自主地留意货币汇率，它一般公布在旅馆大厅或者大街两旁商店的标志牌上。而且，你还会将它们与你兑换时的汇率进行比较，然后，考虑下次在哪里兑换会更划算。这样，你就是一位货币商人了。当然，你的货币交易动机和那些货币投资者是不相同的。但是，你们的目的都是想将相同的美元兑换成更多的外币，也就是进行货币交易。

然而，在一般情况下，大部分美国人不常兑换货币。除了到国外度假需要这些货币外，在旅行途中，你可能还会收集一些新奇而有趣的纸币做样本。毕竟在国内，我们往往不知道墨西哥比索、加拿大元、英镑或泰铢会是什么样子。我敢打赌，即使你所在的那个城市中心有一家这样的货币兑换商店，你可能也不知道到哪里找到它。因为，人们对这种服务的需求还不足以支撑生意，所以，美国的大部分城市并没有这种货币兑换商店。

世界各地各不相同。在英国乡村、中国的小镇、罗马尼亚东部最偏远的地带、南美洲的最南端、西伯利亚西南部与哈萨克边界接近的地方……无论你在上述哪个地方漫游，都会很容易找到乐意为你兑换货币的小亭子、商店或者旅馆。尽管，欧元与美元的竞争越来越激烈，但是，只要你一提到货币，美元仍然是货币界的老大。

但是，你不能用美元直接购买伦敦、布达佩斯、东京、温得和克①等

---

① 温得和克是纳米比亚的首都。——编者注

地交易的股票。（顺便说一句，作为一位美国投资者，你可以直接在纳米比亚交易所购买股票。）当你通过当地中介账户进行交易时，你的交易是以当地货币进行的。当你浏览海外证券交易所的股票报价时，你看到的报价也是以当地货币为准的。如果，你在海外直接购买了当地股票，那么，你得到的股息也是以当地货币来支付的。因此，你就必须精通货币兑换的程序，以免像我在新西兰开的第一个账户那样，你投资的公司支付股息时可能汇错款项。

本章的主要内容和货币兑换有关，它旨在帮助你认清货币交易以及直接用货币投资所面临的机遇和风险。

第一节　货币市场

除了周末，在每一天的每一分钟，世界的某个地方都存在货币交易。我说的不是那些小型飞机场的货币兑换处或者黑市。这种货币兑换，一天24小时都在一个正规的、大型的货币市场进行。在那里，美元与日元、欧元、斯洛伐克克朗以及其他货币之间的比率上下波动。在世界各地，由于不同的原因，大大小小的银行、政府和投资者不断地买进或卖出各种货币。所以，有的时候，两种货币汇率之间的差别也会很大。

当纽约市场的货币交易停止时，你可以在新西兰的周一早上（也就是纽约的周日下午）开始你的货币交易，并且，你可以一直持续到东部时间的周五下午4点。这个市场的交易额非同小可。2006年，纽约证券交易所的日均交易额大约是680亿美元，而货币市场的日均交易额是1.9万亿美元，超过前者的24倍。这一数据来自国际结算银行做的最新总结。

为什么连货币都能进行交易？为什么这些货币的价值又都在不停地上下波动？

最简单的答案是供求平衡。

我们就从这种供求平衡开始探讨。

2006年，丰田汽车公司在北美洲卖出了255万辆汽车，根据该公司的

年度报告，它们的价值相当于大约 7.5 万亿日元。问题是这些汽车多数都是在美国出售的，而美国人在购买汽车时，使用的不是日元，而是美元。然而，在太平洋另一边的日本，大部分的丰田汽车在那里制造，但该公司却不能将美元当作工资支付给工人。因此，丰田汽车公司就必须将美国赚来的美元卖掉，再买进日元以满足国内需求。再看另外一个例子。2005年，沙特阿拉伯生产了 2 680 万桶石油，按照石油输出国组织的标准，它的价值相当于 1 750 亿美元。和日本一样，这个沙特王国里流通的也不是美元，而是里亚尔。那么，所有这些石油赚来的美元就都必须兑换成本国的货币。

和石油一样，世界上大部分的交易都以美元为主，这就迫使各地政府必须保证适量的美元供给，以便其公民或企业能够在全球市场进行美元交易。你可以将这种需求看作一种调节机制，目的是使政府与商业之间能够方便而有效地进行货币转换。

这就是供求的来源。

按照最基本的原则，一种货币的价格，如瑞士法郎，其价格就取决于此刻人们对这种货币的需求。这一机制和股票相似，即供求关系决定价格。需求增多时，价格就上升；相反，供给增多时，价格就下降。除此之外，货币的供求机制与股票也有细微的差别。如果你想购买某种股票，那么，你就代表该股票的需求方，而当你出售该股票时，你又代表供给方。但是，对于货币市场，你在交易的时候，既是供给方，同时又是需求方。

例如，你想购买瑞士法郎，那么，在进行交易的时候，你既代表美元的供给方，又代表法郎的需求方。将这种单一的货币交易推广到全球范围，你就可以理解货币价格波动的原因及其过程。在某个阶段，并不是只有你一个人想拥有瑞士法郎，全世界可能有成千上万，甚至数以百万计的人们像你一样，要购买瑞士法郎。因为，货币交易的趋势通常都会保持很长一段时间，所以，在这种情况下，"一段时间"可以是一天、一个月或者一年。同样，在这段时间里，也许有几百家银行和集体投资者由于某种原因，正在抛出美元，买进瑞士法郎。

结果就是：大量美元流入市场，即美元越来越多，在基础经济学中，这就意味着美元会越来越便宜。同时，人们对瑞士法郎的需求越来越多，它的供给就变得越来越紧张，也就意味着法郎会越来越值钱。

实质上，货币和金钱就像是以纸币形式存在的水。它可以随处流动，滋润着万事万物，并且，由于某种原因，政府、银行和集体投资者通过货币市场，将他们带到世界各地。其中，一些货币运转与商业有关。例如，丰田公司需要将美元兑换成日元，还有一些运转却是投资者的投机买卖，他们将资金投入某种货币，期待着它们升值。无论是哪一种情况，这种供求变化几乎每时每刻都在进行，这就是货币价格不断波动的原因。

第二节 一种交易，两种货币

货币交易与证券、债券和共同基金不同，它都是成对出现的。例如，USD/JPY，即美元对日元。这对货币的运行就像跷跷板，一边上升，另一边就必然下降。举个例子，假如你对日元有某种需求，并且决定购买这种日本货币。事实上，你在潜意识中认为美元有一天会贬值，用市场中的行话来说，你"看低"美元，而"看好"日元。

大部分货币交易都是围绕7种主要的货币来进行的：美元（USD）、欧元（EUR）、英镑（GBP）、日元（JPY）、澳元（AUD）、加元（CAD）、新加坡元（AGD）和瑞士法郎（CHF）。如果需要，你很容易就能得到任何一种货币的报价，包括伊拉克的第纳尔和朝鲜的朝元。这些报价如表5-1所示。

因为，你在进行海外证券交易时，也不会真正用到这些，所以，我将不再做过于冗长的分析。尽管如此，你还是要了解，正如上述图表第一个例子显示的报价一样，它说明1欧元能买到你手中的1.292 33美元，但是，你却需要花1.292 50美元才能买到1欧元。这两个数字的差额称为"价差"。这和证券是一样的，只是用两种货币代替了某家公司。如果，可口可乐公司的股票在纽约证券交易市场的报价为46.53/46.58美元，就是说，你可以用 46.53 美元的价格出售该公司的股票，但是，你却要再花 5 美分多才能买到这些股票，这里的 5 美分就是所谓的价差。这个概念同样适用于货币。

表 5-1　外汇报价

货币类型	报价
欧元/美元	1.29233/1.29250
澳元/美元	0.7724/0.774
英镑/美元	1.99650/1.99683
美元/加元	1.1829/1.1833
美元/瑞士法郎	1.2494/1.2497
美元/日元	121.373/121.391

　　除非你了解其中的机制，否则，这对数值会让你的货币交易遇到障碍。再看一下那个货币图表，在某些情况下，你会注意到某对货币是 EUR/USD，它有时又会变成 USD/JPY，这就是你遇到的障碍。这是两种完全不同的报价。第一个报价的含义是"每欧元相当于多少美元"，即 1 欧元能买到多少美元；而第二个报价的含义是"每美元相当于多少日元"，即 1 美元能买到多少日元。因为，你将来可能会将美元汇往海外的某个账户，因此，了解这些差别对你很有帮助。即使你将来用不着，当你到另一个国家，你也会很容易理解那些在小型飞机场汇兑牌上的货币报价。

　　在一种货币报价中，如果 USD 列在第一位，那么，价格的上升就意味着美元升值，它可以买到更多的日元。相反，日元就贬值。而在另一些报价中，如果 USD 列在第二位，那么，价格的上升就意味着美元贬值。在这种情况下，1 欧元就可以买到更多的美元。顺便说一下，列在第一位的货币被称作"基准货币"。

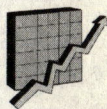

● 我们假设某年的 1 月 1 日，USD/JPY 的报价是 120 日元，到这年年底，报价变为 132 日元。因此，可以这样说，那一年，1 美元可以买到 120 日元，而在下一年，1 美元就可以买到 132 日元，也就是说，1 美元能多买 12 日元。所以，相对于日元来说，美元的价格上涨了 10%。如果在东京的鱼市，一家商店卖出的寿司是每块 12 日元，（其实日本的寿司不会这么便宜，暂且让我们做个假设），那么，第一年你可以买到 10 块寿司，第二年，你就可以买到 11 块。因为美元能够买到更多的国外商品，所以，美元就升值了。

● 再来看一下 EUR/USD 这对货币。某年的 1 月 1 日，其报价是 1.20 美元，一年以后，报价变为 1.32 美元。在这种情况下，你需要多花 12 美分才能买到 1 欧元，所以，相对于欧元来说，美元的价格就下降了 10%。如果在一家法国咖啡馆，一个面包的价格是 1 欧元，那么，第一年，你花 1.20 美元就能买到这种面包，而下一年，同样的面包，你就得花 1.32 美元，比上一年贵了 10%。因为买同一种面包，你却花了更多的美元，所以，美元就贬值了。

尽管如此，在海外证券交易过程中，你也不必每天为这些货币报价而担忧。我举这两个例子，只是为了让你了解货币的运转过程及其相互作用。同时你也会明白，为什么随着美元的贬值，以其他货币标价的资产就会升值。实质上，你的海外投资也是由海外货币来决定的。这样一来，与你投资时的美元相比，它的价格就会增高……接下来，我会给你举一个这方面的例子。

进行全球投资时，你要经常关注一些重要的货币报价信息，包括发布在《华尔街日报》、《财经时报》或者是每日更新的网站（如：XE.com）上的信息。这些报刊或网站上的货币报价只有一个数字，如 1.965 4 美元每英镑。如果你需要给一个英国的账户汇 1 万英镑，那么，你就得汇去 19 654 美元（即 10 000×1.965 4）。如果你需要给一个日本的账户汇 50 万

日元，而报价是 121.435 日元每美元，那么，你就得汇入 4 118 美元（即 500 000 ÷ 121.435）。

你需要记住的一个基本准则是：当报价是"美元每国外货币"时，用乘法计算；当报价是"国外货币每美元"时，用除法计算。

你还可以采用另外一个更为方便的方法，XE. com 网站上有一个货币换算器，它可以帮你进行计算。不过，就像为了鉴别香肠的好坏，你需要知道它用的是什么原料一样，你自己学会计算的方法会更有用。

由于汇兑率不断发生着变化，所以，你看到的货币报价，尤其是从报纸上看到的，可能与你实际兑换时的报价有出入。不过，这种偏差不会太大。你只需要得到一个近似值，以便进行海外投资时，向海外账户汇款。而且，你要记住汇款金额最好高出 2% ~ 3%，以免汇款中汇率产生波动从而使得股票价格发生变化。

第三节　货币市场带来全球多样化

尽管也有一些专业投资者在货币市场投资，但是，大部分货币交易在华尔街并不受欢迎。美国几乎没有货币共同基金，并且，除了当日买卖的投机者外，几乎没有个体投资者在货币交易的服务网站进行交易。尽管如此，直接拥有几种货币也是使投资组合多样化的一个很好的方式。这样，你不仅将投资面向了另一个国家，同时，你将资产基础扩展至另一种类型的投资，即货币本身。而且，这些货币与美国证券市场也没有任何关联。

因为你拥有经济体制运行的媒介，即它的货币，所以，拥有海外货币就是将投资直接面向另一种经济体制的最纯粹的方式。当然，由于海外证券是以当地货币进行标价的，所以，它也会为你提供这样的机会。不过，持有海外货币可以让你免去持有证券的一些风险，尤其是股票市场风险和公司风险。但是，由于当地立法者和政府有时会制定一些愚蠢的政策，破坏当地货币，所以，你仍然会受到政治诡计、利率变化、当地经济趋势和愚蠢政策的威胁。

与证券和证券市场一样，货币也有大型与小型、稳定与不稳定、发达与发展中之分。例如，瑞士法郎和美元是公认的稳定货币，在世界经济动荡不安时，投资者就会将资金投向美元和瑞士法郎，所以，在世界动乱时期，它们就是最基本的两种货币，也就是你所听到过的"安全港"货币。另外，你也可能听说过"储备货币"这个术语，其他国家会保存大量的"储备货币"，实质上它就是一个巨大的储蓄存款账户。很久以来，美元都是主要的储备货币，截止到 2006 年，世界上 2/3 的国家的储备货币都是美元。欧元仅次于美元，尽管出现得比较晚，但是，它也占据世界储备货币的 1/4。英镑和日元也是储备货币的形式，但是，以它们作为储备货币的国家比例很小。

再往下看，就是一些风险较大的货币，也可以说是货币领域的小型股票。例如，亚洲的某些新兴国家，非洲、拉丁美洲和中东的一些国家，其货币都属于这一类型。由于多年来的各种金融危机，这些国家的货币已经变得风险很大。例如，巴西的雷阿尔、阿根廷的比索、俄罗斯的卢布、墨西哥的比索、泰国的铢、土耳其的里拉。20 世纪 90 年代，当这些货币瓦解时，投资者的损失非常惨重。

尽管大部分地方的货币交易都是大型交易，但是，个体投资者也能参与其中。根据自己的投资个性，你可以全力以赴，考察澳元与英镑之间的相互影响，你也可以保守一些，在银行账户上存入一部分海外货币。进行这样的投资，你没必要亲自到国外去。

潜在风险最大的是进行网上货币交易。很多书籍都会介绍货币交易，但是，探讨网上货币交易的书籍却不多。这里我提到它，就是为了让你对这一概念有所了解。

因特网不仅使证券交易发生了革命性的变革，也使货币交易发生了根本性的变化。一些网站给人们提供了很多便利，它让每个人都能在网上进行货币交易，哪怕只是 1 美元的交易。这些普通投资者之所以选择这种交易方式，通常有以下两种原因：

其一，他们是谨慎的投资者，对货币交易有一定的了解，并且，想通过这种保守的方式使投资多样化；其二，他们是一些投机者，而且通常是一些新的投资者，他们通过杠杆原理来判断货币趋势，并且刚从某地得到消息，说某种货币交易现在十分火爆，他们认为一定能大赚一笔，所以他们不想失去这样的机会。（免费忠告：如果你是一位刚进入货币市场的投资者，在这样的情况下，你只会捡了芝麻，丢了西瓜。所以，你不要急于进行货币交易。）

利用杠杆原理进行货币交易，可以让你掌控更多的现金。通过某个网上货币账户，你可以将资金转换成200∶1，那么，对于存折中的 1 000 美元，你就能掌控20万美元的货币了。货币市场之所以利用杠杆原理，是因为货币的变化太细微了。例如，2007 年 2 月 5 日，澳元对美元的汇率变化范围是 0.775 ~ 0.776 1。价差只有 0.11 美分。如果你在低端投入 1 000 美元，在高端出售，那么，你当天的利润就是 1.42 美元。记住：千万不要炫耀你的胜利。

根据资金比 200∶1，你当天的收入就是 283.87 美元，利润约为 28.4%。通过这种杠杆原理，你就可以获取很高的利润（表 5 - 2）。

表 5 - 2　货币交易

开 盘 时 的 汇 率 为： 0.775 澳元 = 1 美元	1 000 美元可以兑换 1 290.32 澳元 （1 000 ÷ 0.775）	200 000 美元兑换 258 064.52 澳元 （200 000 ÷ 0.775）
收 盘 时 的 汇 率 为： 0.776 1 澳元 = 1 美元	1 290.32 澳元兑换 1 001.42 美元 （1 290.32 × 0.776 1）	258 064.52 澳元兑换 200 293.87 美元 （258 064.52 × 0.776 1）
利润	1.42 美元 （1 001.42 - 1 000）	283.87 美元 （200 283.87 - 200 000）

在 2007 年 2 月 5 日，澳元兑换美元的汇率徘徊在平均每澳元兑换 0.75 ~ 0.776 1 美元之间。如果你投资 1 000 美元，你可以通过一个 200∶1 的杠杆操控 200 000 美元。

当然，在货币交易市场，这种高额的收入有时也会变成巨大的损失。如果在这种杠杆原理中，你的投资是高进低出，那么，你的损失就会高达 283 美元。它不亚于你在证券市场最糟糕那一年的损失。

但是，不管怎么说，当货币市场和你的投资步调保持一致时，这种杠杆原理就是你真实的朋友。当市场和你的投资背道而驰时，它又像是一个吸血鬼，会直接吃掉你账户中的资金。最糟糕的情况是，某种货币的价格正在急剧下降，而你对此却毫无察觉，那么，你就有可能陷入继续向该货币投资的圈套。不过，很多个体投资者的网上账户都设置有一个系统，提醒你关注当前的资金状况，使你的损失不至于超出你账户中的资金。当你的账户余额接近 0 时，它会自动显示你当前的资金状况。

当然，利用杠杆原理，你不一定非要将转换比设置成最大值，但是，你可以设置得稍大一些，例如，10∶1 或者 50∶1。你还可以将其设置为 2∶1，但是，你要将账户的一小部分资金用于这种货币交易，其余的作为储备资金，用于缓和市场波动。这两种策略都会降低你的利润，但是当市场突然对你不利时，它会让你的损失不至于那么惨重。

那么，我们为什么还要以这种方式进行货币投资呢？就是因为货币转换可以带来利润。苏黎世、伦敦或者圣地亚哥的普通储蓄存款账户不会带来这样的利润，而货币交易账户却可以。

话又说回来，储蓄存款账户也不存在货币交易账户所面临的那么多风险。通常，海外银行都会像中介公司一样，会非常欢迎你的资金。2005 年，我在加拿大范库弗峰旅行期间，刚好在市区看到一家当地银行，几分钟内，我就凭借美国驾照和护照，在那里开了一个储蓄存款账户。前一章也曾提到，我通过电子邮件，将信和护照复印件发往悉尼，在那里我开通了一个银行账户。而在我还没有到中国之前，我就在位于纽约唐人街中心

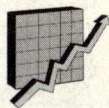

的东亚银行运河街（Canal Street）支行，开通了一个人民币账户。事实上，就像这样，开户就是如此简单。

如果你要开一个海外货币储蓄存款账户，那么，你既不用亲自到国外，也不用给海外银行发邮件，你只需要到佛罗里达的杰克逊维尔，在那里进行电子对话就可以。

那里有一家恒远银行金融公司，它是一家很节俭的控股公司，管理着该公司的网站：EverBank.com。截止到2007年，它是美国唯一一家网上银行，其业务包括开通存款账户，提供16种世界货币的存款单，这些货币包括前面提到的7种主要货币，还有捷克克朗、墨西哥比索和南非兰特等货币。在那里，你甚至可以开一个中国的人民币账户。所有的账户都会受到联邦存款保险公司（FDIC）的保护，这意味着，即使银行倒闭，你的账户也会安然无恙。但如果外币下跌，你的账户本身的价值也会降低。

为什么要采用这种方式投资海外货币呢？它有以下几种原因：你想让某一国家的货币加入你的投资组合，以使投资多样化；你想从海外的高利率中获取更大的利润；你只是推测美元会在某一天贬值。2007年2月，当我开始写本书第一章的时候，美国的年均存款利率是4.65%，澳大利亚是5.15%，而新西兰却是6.25%。尽管这些利率的差距很小，但是，在某种情况下，当美国的存款利率是1%或者更低时，新西兰的存款利率却会超过7%。

这种货币投资的方式有一个最主要的优点，你不用担心市场的大幅度波动会让你的投资全部泡汤。实际上，只要拥有一个储蓄存款账户或者一笔存款，你的投资就永远不会毁于一旦。也许随着时间的流逝，相对于美元来说，这些存款会损失一部分价值，但是，只要你一直持有这些货币，它们就会有一定的价值。如果实在没有其他的办法，我可以再到加拿大旅行，从自动取款机里取出我的加元，并在旅行过程中将它们花光。

第四节　跷跷板效应

在前面，我曾提到，当美元贬值的时候，你的海外投资就一定会突然增值。这就是货币市场跷跷板效应的最终结果。当一种货币相对于另一种货币升值时，另一种货币就会贬值。如果你在日常的投资过程中，没有遇到过类似的情况，那么，你就会感到困惑不解。让我们来看下面这个例子：

比方说，你刚从伦敦旅行回来，在那里，你看到了很多博姿化妆品公司连锁店，你甚至还急匆匆地到那里买了一些化妆品，却忘记装进包里，而且，你还挑选了一支家喻户晓的剃须泡以及你最喜欢的博姿植物精华素。回家之后，有一天你一边剃须，一边思考一个问题：怎样通过购买海外股票让我的投资组合多样化呢？突然，你看到了那支剃须泡，并想起了博姿公司。该公司的产品质量突出，商店便利，顾客众多，然后，你马上想到它在美国是否上市的问题。没错，它是一家上市公司。它以联合博姿股票上市公司的名义，在纽约证券交易所上市。因此，你以 7.03 英镑的单股价格买了 1 000 股股票。而在当天，1 美元只能买 0.508 8 英镑（这是报价的倒数，当天的报价为 £1 = $1.965 4。如果 1 英镑能买 1.965 4 美元，那么，1 美元能买多少英镑呢？你只需要用 1 除以 1.965 4，就能得出答案——0.508 8）。

一年后的今天，你决定出售该公司的股票，价格和去年一样，仍然是 £7.03。

从表面上看，你的投资似乎是一无所获。

不过，你再看一下美元交易，现在 1 美元只能买到 0.459 7 英镑，相对于美元来说，英镑的价格上涨了 10%。所以，你真正的所得已经超过 11%。下面是这个结果的计算过程。

购买：

1 000 股，每股£7.03，总价格£7 030

$1 = £0.508 8

因此，£7 030 = $13 816.82

卖出：

1 000 股，每股£7.03，总价格£7 030

$1 = £0.4579

因此，£7 030 = $15 352.70

利润：

$1 535.08（$15 352.7 − $13 816.82）

利润是原投资额的 11.1%

尽管博姿公司的股票价格没有发生变化，但是，相对于英镑，美元却贬值了，所以，你还是从中获得了利润。这是因为当你出售这些股票时，英镑被重新折算成美元并遣返，你就能够得到比你投资时多11%的美元数目。

再设想一下，现在不但美元贬值，而且，博姿公司的股票价格也上涨了20%，即每股£8.44，那么，这又意味着什么呢？

卖出：

1 000 股，每股£8.44，总价格£8 440

$1 = £0.508 8

因此，£8 440 = $18 431.97（£8 440 ÷ 0.508 8）

利润：

$4 615.15（$18 431.97 − $13 816.82）

利润是原投资额的 33.4%

上述这种情况代表了最好的股市行情，即海外股票涨价的同时，美元也在贬值。这样，对于你的投资组合来说，你的国际投资就相当于双赢了。

当然，也会出现完全相反的情况。如果相对于某个国家的货币，美元升值了，那么，你所投的资金价值就会减小。并且，如果股票价格同时也在下跌，那么，你就输了两次，至少名义上是这样。当然，没有明文规定，你必须在这个时候抛出股票。因为我知道，货币市场和证券市场都会有规律地盛衰消长，所以，我在哪里都购买了海外股票。对于这些循环往复的过程，我从来不给予太多的关注，并且，我坚持在第一章提到的那个原则：在好公司投资。因为它们能够在糟糕的情况下幸免于难，而且，随着时间的流逝，其股票也会继续升值。

因为币值波动是不可避免的，所以，到最后你只有去接受。并且，你要清楚，海外投资的目的是让你的投资组合多样化，而不是只依赖于美国投资。你只能接受货币市场会兴盛、也会衰落的事实，而且，它一直在重复这样的过程。

这都是投资过程的一部分。

小提示：共同基金能否防御币值波动

在第二章里，我曾提到过，但是，在这一章中，我还要重申一下：当你通过共同基金进行海外投资时，一定要注意，对其货币投资来讲，一种基金是否具有防御币值波动的能力。这一点对你的利润会产生很大的影响。

那些对币值波动具有防御能力的基金，通过货币市场投资来抵消对它的内部影响，而货币市场的目的就是阻止所有货币的波动。例如，如果一种共同基金拥有英国博姿联盟公司的股票，那么，这种共同基金就会实行货币紧缩政策，来抵消英镑贬值带来的损失。这样，无论利润是多少，它也只会受到股市行情的影响，而与币值波动无关。

这种策略有利也有弊。一方面，币值波动将不会对你的收入造成多么大的影响，唯一影响收入的因素来自公司的利润，而且，你也不用遭遇海外股市下跌、美元升值带来的双重不幸。另一方面，你错失了将货币多样化的机会，由于不受币值波动的影响，你也就不会从股市上涨、美元贬值的状况中获取双重利润。

对币值波动具有防御能力的基金，适合于那些只想进行股票投资，而不想面对货币风险的投资者。

相反，那些对币值波动没有防御能力的基金，就很容易受到各种货币风险的攻击，然而，你获利的机会也会增多。这类基金适合于那些既想进行股票投资，又想进行海外货币投资的投资者。

通常情况下，你都能在 Morningstar.com 网站确定某种基金对币值波动是否具有防御能力，或者，你可以直接登录该基金公司的网站，其基金内容说明书上就会详细介绍这些内容。

第六章

东方睡狮：
中国的觉醒

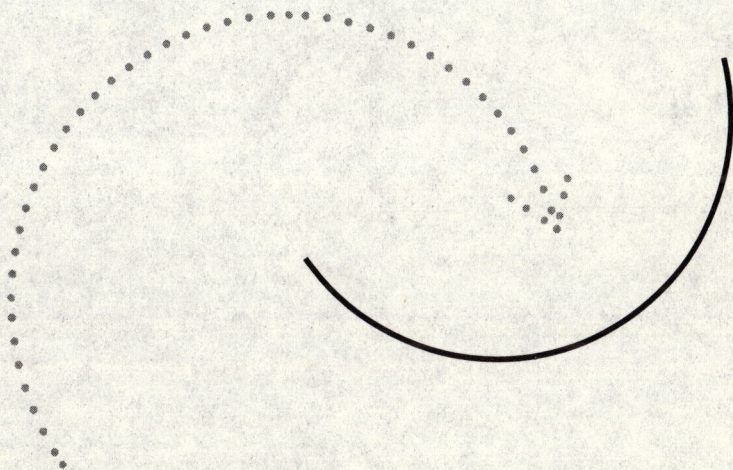

中国像一头睡狮。那就让他睡吧！因为他一旦从睡梦中醒来，全世界都将为之颤抖。

——拿破仑·波拿巴

这头睡狮已经苏醒。

进入新千年后，每个人都可以从电视、收音机、报纸或者杂志上，了解到中国正在迅速发展。我在新加坡和中国香港开通第一个中介账户的时候，就了解到了这一点。当时，开户是为了在中国内地与亚洲其他各地进行投资，那里的企业都将从中国经济的快速增长中获得长期的利润。

随后，我亲眼目睹了这一切。

我和妻子从上海出发，向西经过几个小时的行程，来到安徽省合肥市，目的是收养一位女婴。在此之前，我们乘坐中国南方航空公司的豪华波音客机，从广州国际机场飞往上海。中国在该机场投资 24 亿美元，它给到中国珠江三角洲旅行的上百万游客提供优质的服务。

那是 2004 年的秋天，我们的旅馆（这家旅馆是法国上市公司 Accor SA 的一家连锁店。该公司在美国同时经营着 6 家汽车旅馆、6 家演播室和红顶屋连锁店，然而，该公司的股票既不在纽约证券交易所上市，也不在全国证券交易所上市。）距离市中心公园很近。而且从阳台上，我们能看到公园全景、几个街区和一座有着 1 000 多年历史的寺庙。我还从一位老者那里了解到，该寺庙是为了纪念当地的一位执法严明的将领。一天早上，我坐在公园的长椅上，一位温文尔雅的中国老人迈着缓慢的步伐，走到我跟前，想试试他那不太流畅的口语。他说到："这座寺庙是这个城市过去的象征。"如果真是那样，那么，合肥，尤其是从我们这个阳台上看到的合肥，就是中国未来的象征。

一座座建筑物拔地而起。我数了一下，整整有 17 幢。然而，我看到的只是这个城市的一部分，它几乎遮挡了美丽的都市风景，每一幢办公楼、公寓楼和大型的购物中心都显示了这个城市的超现代化。

最主要的一点是：这里是合肥，不是北京，不是上海，也不是广州，甚至不是青岛。喝过青岛啤酒的美国人，可能听说过这座海港城市，因为青岛啤酒就是在这里生产的。并且，几乎在青岛的每一家餐馆，你都能在菜单上看到这个名字。这些城市，大部分都位于东部沿海地区，每当介绍中国的经济发展状况时，它们都会被作为新闻报道的例子。事实上，它们也确实反映了中国经济的迅速发展。例如，赫赫有名的上海，曾经给人的感觉是那么地压抑、狭窄。每当香港居民到那里探亲，主人都会邀请亲人到最豪华的和平饭店住宿。如今，上海的每一处都和香港不相上下，而且，衣着时尚的上海人也开始在高级时装店和珠宝店讨价还价。每到周末，他们还会去英国的前租界区购买衣服，因为，与市区法国流行服饰商城相比，那里的衣服价格要便宜得多。浦东新区也很现代化，它不禁让人想起那部名叫《刀刃上的奔跑者》的电影，除了没有那种不祥的气氛和哈里森·福特的画外音之外，高尔夫球场、风景秀美的公园以及具有田园色彩的池塘等等，这些设计都具有美国加利福尼亚西南部的建筑风格，它反映了上海的殖民地历史。2006年夏，那里大部分别墅的售价为40万美元或者更贵。

合肥与这些城市不同。当然，与美国相比，这种评比标准有失偏颇。

合肥拥有140万城市居民，如果将其挪到美国，它就和费城及菲尼克斯差不多大小。而且，从人口数量上算，它也相当于美国的第五或第六大城市。换句话说，这个城市应该拥有一到三支职业运动队。但是在中国，合肥却是一个相对不起眼的城市。在城市人口排名中，它甚至还没有排到前30位。如果你向一位中国人提起合肥，很多情况下，他都会用一种困惑的眼神盯着你，就像一位中国人告诉一位美国人，说他去过小镇斯塔克维尔（Starkvill），美国人也会表现出一样惊奇的神情。你可能在哪里听说过它，但你想不起它位于密西西比州。同样，如果在美国，合肥算得上是中等城市，而在中国，它却只能算是三等城市。

不过，合肥的大街也反映了一种趋势，即一个新兴的消费者群体正从东部沿海城市向中南部的重庆进军。重庆是在中国发展最迅速的一座城

市，并且，每年约有 50 万新人在那里定居，这些人口大约相当于新墨西哥阿尔伯克基市（Albuquerque）的总人口，这样一来，重庆每年都要做一次重新规划。

在合肥的近两周时间里，我和当地人一样，到高级百货商店购物。越来越多的中国消费者到那里购买物品，而且，所购物品从国外名牌食品到中国制造的空调，几乎无所不包。（海尔公司在香港证券市场上市，其产品不仅受到国内消费者的欢迎，在美国，也因其物美价廉，具有很强的市场竞争力。）这些商品都有大量的存货，放置在精心设计的柜台里，而且价格合理。商场里顾客盈门，服务质量也超过了美国。为了给手机交费，我急需找到一家电子产品零售店，旅馆服务员给我指明了方向。在几个街区以外的一个地方，我找到了那家商店，一个让零售商做梦都想见的场面出现在我面前，顾客围着中间的玻璃柜台，排了好几排，每个人的手里都拿着几部手机，这些手机甚至比美国的都要高级。一些顾客的手里还提着几台日本和韩国的 DVD 播放器。

当我好不容易挤到柜台前面时，我把我需要的电话磁卡告诉了那位 20 多岁的店员，并且，我把手机也递给他，让他看一下我用的 SIM 卡。说实话，那是一部新手机，是我三个星期前刚从纽约买的。但是，他却说："这部手机太旧了！您可能是在美国买的这部手机，先生，您已经落伍了。"而且，他当时说话的口气，就像是一位 20 多岁的年轻人在嘲笑一位跟不上时代的老头子一样。

从中国的一个三等城市来看，我得出这样的观点：在很多方面，今天的中国已经和世界其他地方一样现代化，并且，她的发展轨迹和 19 世纪晚期 20 世纪初期的美国非常相似，它变成了投资者的一个巨大的福地。当然，在这片土地，也存在着各种风险，包括市场骚动、经济滑坡等情况。对海外投资者来说，最大的成功就是，挑选一些能够抵挡各种风险的公司，确定它们既能在经济改革的过程中破浪前行，又能迅速地发展壮大，最终摆脱这些不稳定的状况。

但是，如果你不了解中国，也不了解中国经济、中国品牌和中国股票，更不会讲汉语，那么，作为一个美国投资者，你如何才能找到这样的公司呢？其实，找到这样的公司，并不意味着你必须亲自到中国去。这也就是第一章的主要内容：你如何在没有进行市场调查，也不熟悉公司的情况下，找到值得投资的对象。这一章和下一章，我会将这本书的所有内容集合起来，研究一些案例，帮助你循序渐进地了解投资的实际过程。

请不要被"研究"这个词所吓倒。其实，成为一名成功的投资者，并不要求你必须具备MBA的学识。搜索一些好公司就像做调查一样简单，而不会像天文学或者数学一样困难。以下内容就是你应该做的：

- 对你感兴趣的公司有一个基本的了解；
- 对该公司的发展前景有一个客观的认识；
- 具备一些最基本的金融知识，确定公司发展到哪种程度以及它是如何创收的，以便确保你以合理的价钱买到该公司的股票。

这个过程就像取出核桃仁一样，实际上，它并没有多大困难。最好的一点就是，你需要的所有内容都能在网上找到。而最大的挑战是时间，即使是利用电脑，理解一种投资理念也需要几天的时间。当然，如果你确定投资某家公司会带来很大的利润，而大部分美国投资者对它却一无所知，那么，你会觉得花费再多的时间也不算什么。

预先警告：在中国进行第一次投资之前，你一定要事先登录其网站，确信这种投资不是一个短期投资。

对投资者来说，中国市场也不是那么不堪一击。中国正处于经济、政治、法制和社会等各方面的改革之中，很多政策还需要时间来落实。因此，任何一个体制的不完善都会让投资者大失所望，对中国股市感到不安。并且，这种状况有可能会持续几个月甚至数年。因为，几十年的计划经济仍然影响着那些官僚主义者，他们还在努力限制自由市场和货币的自由流通，所以，政府部门一直在声明，市场问题有待进一步解决。贪污和腐败仍然存在，尤其是在基层的一些城镇。财政部门也应该引起你的注

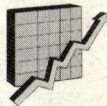

意，因为，对于中国内地的某些公司来说，其制定的财政结算和管理决策也会让你大吃一惊。另外，中国的法制也正在不断地健全，以便使个体投资者和公司的所有权得到更好的保护。

不管是禽流感，还是 SARS，任何一种全球性疾病的传播，都会使所有的投资者逃离市场。然而，即使疾病只是在局部流行，都会导致中国股市大跌。（例如，那次发生在亚洲东南部，尤其是中国香港和大陆的禽流感。）

也许中国最大的风险在于贫富差距的不断增大，中国的富人可以在东部沿海城市，购买欧洲私家车和西洋别墅，而那些居住在偏远地区的农民，却刚刚尝到改革开放的甜头。作为中国共产党 20 世纪 70 年代到 90 年代的领导人，邓小平提出了建设有中国特色的社会主义道路，并且，他认为"发展才是硬道理"。尽管，很多人走上了富裕的道路，但是，中国的贫富差距却是世界上最大的，甚至超过了美国。这种经济的极端不平衡，如果达到某种程度，就会引发社会动乱，从而动摇中国当前稳定的政治局面。如果这种情况发生，那么，投资者就会迅速逃离中国证券市场，以避免新的政府压制经济和自由，或者将资产充公。至少在几十年内，这种风险都会存在，直到某一天中国的东西部达到共同富裕。

针对这些令人恐慌的种种可能，中国领导人没有熟视无睹。他们认识到中国要想成为拿破仑所预言的经济大国，就必须在各个方面有所改进，而且，中国正在努力地这样做。中国的十一五规划，从 2006 年开始执行，其中包括从东南部稳步向西北部发展。这样的文件在网上随处可见。中央和有关政府部门指出，在经济迅速发展的过程中，出现了贫富差距、城乡差距、资源浪费、环境污染以及贪污腐败等一系列问题。中国的领导阶层对这些问题特别关注，这也正是寻找其解决途径的第一步。

另外，财政部门和中国的法律体系也受到了领导人的关注，对于投资者来说，它们的不完善也是一种潜在的风险。也许，中国的企业比其他任何一个发展中国家的都要多，他们认为，只要得到西方某家大型会计公司的认可，他们就能为全球投资者提供方便的平台。很多公司，尤其是那些还没有完全摆脱国有体制的公司，其股票都在中国香港上市，因为那里的市场规则早已经达到西方标准。如果以上两种因素结合起来，那么，投资者就会对这些公司充满信心。同时，2006 年底，中国法院宣布支持辉瑞制药有限公司对 Viagra 蓝药丸的专利权，责令中国的两家制药公司停止生产，并向辉瑞公司进行赔偿。这只是很小的一步，但确实是一个巨大的进步。

在中国投资，就意味着你要将上述所有情况都看做是投资过程的一部分，那些极不稳定的市场以及一边倒的政策，将是一个长期的过程。这里所说的"长期"至少是 10 年，或者更长。因为，中国要找到所有的政策制定标准，要将各种法律和制度落到实处，并且，同时满足投资者、商界人士和消费者的需求，这都需要很长的时间。在此期间，他们还要像西方国家一样，制定一些法规来保护投资者的权益，改进混乱的银行系统，推进内陆地区的发展和繁荣，解除所有的货币限制，保证人民币和其他货币自由兑换。所有这一切都会以不同的速度推进，但是，对于西方政府和投资者来说，这样的步调都太慢了。然而，这就是中国，就像欧洲和亚洲对美国政策不满时，华盛顿并不会迅速改变策略一样，西方国家的期望也不会改变中国的正常步伐。如果你想在中国进行短期投资，那么，你就向星巴克公司投资，当它首次公布要在中国开第 1 000 家连锁店时，其股票价格就会飞涨。或者你也可以在中国证券市场萎缩的时候，向 FTSE/中国新华25 指数基金（它是一支在美国证券市场进行交易的基金）发起猛攻，然后，在股市回升的时候，将基金抛出。另外，正如你听说的，你可以在纽约购买一些中国的 ADRs，或者你也可以模仿那些美国投资者，在经过一段时间对熊市的担心后，又开始在牛市中对中国股票进行投资。如果你是一位谨慎的投资者，上述这些投资方式就是你的最好选择。相反，如果你是一位敢于冒险的投资者，那么，向中国投资的最好办法就是直接购买中国的股票，特别是那些在中国国内证券交易所或者亚洲其他交易所上市的中国内地公司的股票。

21 世纪的最初几年，中国已经走上经济发展的道路，但是，它仍然还

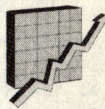

有很长的路要走。最重要的一点是，中国希望得到与其他发达国家平等的待遇，而不是把它当作一个新兴国家来看待。同时，中国人民也希望政治稳定、环境良好、法制健全，以保护自身的权利。尽管这是一个漫长的过程，但所有这一切都将会实现。

根据 2006 年的评估，目前，中国的中产阶级人数已达 6 600 万，大约是美国总人口的 1/4，而且，这个数字仍然在快速增长，其原因是当地和西方的商家在这里看到了庞大的消费群体，他们都争相在中国开设商店。为做到这一点，他们绞尽脑汁，提高工人的工资，同时，也增加了中国消费者的收入，使他们可以像得梅因市和丹佛市居民一样消费。即使中国只有 10% 的人口要步入中产阶级，假设现在已有 5% 的人口属于这个阶层，那么，这种增长也只是刚刚开始。其人数和美国的中产阶级一样多，这就意味着中国和美国一样，将拥有世界上最大的消费者群体。到 2020 年，中国的中产阶级很可能会达到 45%，根据权威调查机构 Ernst & Young 公司的预测，它意味着中国的中产阶级将是世界上最大的消费者群体。这一点非常重要，因为，消费者是零售商和日用品公司发展的命脉，除此之外，大部分的新兴市场与美国和西欧经济都有密切的联系。如果这两个地方的任何一个市场衰退，新兴市场就会感同身受，因为仅凭他们当地的消费者，还不足以支撑其商业的发展。由于人口众多，中国和印度就能摆脱这样的限制，尽管他们的市场也与美国和西欧有一定的联系，但是，他们本国的消费就可以自给自足。

至于城乡差距带来的诸多问题，中国领导人正在寻求解决办法，例如，将资金投向贫困地区，对中国产业和海外公司来说，这是一个机遇。目前，很多中国内地城市已经拥有 100 多万居民，他们可以到那里进行投资。

这个国家正在逐步地发展变化，尽管如此，你也不能盲目地购买中国股票。上面这个观点针对的是中国的长期变化，而且，这种变化会持续很长时间。2007 年夏天，当我开始写这本书时，中国大部分股票的价格都非常高。而如果在你看到这本书的时候，它的价格仍然很高，那么，你就要认真调查你要投资的公司，等待时机，直到股票价格回落至你愿意支付的水平。这就是投资，你要记住：追求高价股票继续走高只会让你输得更惨。最好的办法就是去购买好公司的低价股票。

问题是：你如何在中国进行投资？并且，哪些才是值得你进行长期投资的股票呢？

第一节　在中国投资的第一步

你只需要找到一家中介公司。

在你开始研究中国股票之前，你必须找到购买这些股票的途径。因此，你需要先从网上找到一家亚洲中介公司，他们不仅能为美国投资者服务，而且还能让其进入中国的证券市场。回过头看一下第三章，在开头几页，你就能找到发送这种电子信函的模板。

香港是开通中国投资账户的一个最佳选择，因为它的经济横跨西方世界和中国，可为投资者提供在中国直接进行交易的途径，并且，其交易和报告采用的都是两种语言，这和你在美国国内遇到的情况不一样。前面我曾提到，宝盛证券有限公司（www. boom. com）是中国香港的一家中介公司，至少在我写这一章内容时，你还可以通过它，直接在深圳和上海的证券交易所进行投资。不过，如果你在其他中介公司开户，它们提供的服务也许会更好。世界在不断地发生变化，在我写这本书的时候，当时的世界局势与你看到本书的时候会有很大的不同，不管你在什么时候看到这本书，都是如此。

第二节　中国市场

事实上，有 5 个证券交易市场可为你提供纯粹的中国投资。它们分别是：香港证券交易所、上海证券交易所、深圳证券交易所、台湾证券交易所和新加坡证券交易所。

香港证券交易所拥有主要的亚洲金融资本，是中国主要的交易所。它代表着中国最大、最透明的证券市场，而且，也是世界上为数不多的几个发达市场之一，其金融资本的份额位于纽约和伦敦之间。它的运作规范与其他发达市场类似，并且，参照与它们相同的会计标准。中国的蓝筹股都在那里交易，不过，通常它们又被看作是红筹股。这里是中国主要的大型企业交易场所，例如，中国航空公司、中国银行以及其他一些大型公司的首次公开募股都会在这里发行。然而，这里上市的股票并不只集中在中国内地公司，其中也有一些是香港公司。一般来说，很多香港公司与中国内地都有联系，但是，也有一些公司与大陆没有联系。因此，不要认为，你在香港投资就相当于在中国内地投资。

上海和深圳证券交易所是纯粹的中国市场，大部分的中国股票都在这里交易。不同的交易所分配有不同的证券。其规则和财务标准与你在香港和美国见到的不太一样。但是，它们正在不断改进，而且，某些公司已经符合中国香港和美国的标准。另外，这两个地方的交易透明度也是一个问题，尽管它们都是中国市场，海外投资者却只能购买中国公司的一部分股票，即 B 股。关于其中的原因，随后我将进行详细的解释。

台湾尽管是一个新兴市场，但它却具有完善的经济体制。2006 年，这个小岛拥有世界较大的经济系统和第三大外汇储备。该地区的软件设施，如法制、银行业、教育都非常强大，并且，台商也逐渐成为亚洲的主要投资者。在台湾证券交易所上市的很多公司在中国内地都有分支机构。当然，投资风险依然存在。一旦台湾出现重大的政治动荡，中国政府有可能会诉诸武力，投资者就会将台湾股票大量抛出。

新加坡不像香港那样，以中国为中心。其中的很多公司都集中在新加坡，尤其是当地的房地产公司和金融公司。但是，其他提供能源和海运服务的产业都有很强的全球趋向。不过，也有一些与中国联系紧密的公司以及香港公司在这里上市。它和香港一样，属于发达市场。这里的经济、政治和货币都很稳定，财务管理也非常严明。

第三节 A股、B股、H股、红筹股和P股

中国的股票类型最让人感到困惑。投资者身份不同，能买到的股票类型也就不同（表6-1）。以下我将分别进行叙述：

A股：A股是在中国内地注册的股票。截止到2007年，只有中国公民或者是一些海外的金融机构，才有权利购买A股。其中的国有企业代表中国的大部分上市公司。你会发现，经过一场私有化运动，很多机构臃肿、停滞不前的国有企业正逐步向私有企业过渡。你在香港或亚洲的其他地方或许发现某种共同基金拥有中国的A股，在这种情况下，你确实可以通过这种方式持有A股。否则，如果你不是中国人，就不用去考虑这些……不管在任何时候，A股都是以人民币来标价的，所以，你随时都可以辨别出它们。中国曾提出要调整其股票市场，这一举措将解除它们对A股所有权的限制，允许外国人购买A股。

B股：B股也是在中国内地注册的股票，不过，它允许外国人购买。其交易可以在上海或者深圳进行。B股要么以美元标价（上海），要么以港币标价（深圳），所以，你很容易就能辨别出它们。同样你会发现，其中的公司也是鱼龙混杂。但是，发行B股的公司非常少，这就限制了你投资领域的多样化。很多公司既发行A股，也发行B股，但是，你会惊奇地发现B股的价格比A股低，有时甚至会低很多。这是因为，对于那些不怕风险的投资者来说，A股市场本质上就是他们的运动场，他们认为，炒股

只是另一种形式的赌博；然而，对于那些在B股市场投资的西方专业投资者来说，他们的想法和传统投资者一样，他们不相信中国企业参照的会计准则。因此，为降低风险，他们就会购买这些打折的股票。如果关注B股市场，你会发现很多较好的公司，其股票价格非常吸引人。但是，由于海外投资者对中国投资的兴趣时高时低，进入B股市场的投资者也是或多或少，这样就导致了B股市场很不稳定。当中国的金融市场完全改革以后，B股也会转化为A股。

H股： 你只要记住一点，"H"代表的是香港。重申一下，H股指的是在中国内地注册、在香港上市的股票。美国投资者在本国购买的中国和亚洲的基金，其中的股票基本上都是H股。这是因为，H股容易变卖，并且，他们必须遵守香港有价证券规则，执行其严格的财务报表要求。这种股票都是以港币进行标价的。你需要考虑的关键问题是，在中国，发行H股的公司比发行A股的要少得多。这种状况正在改变，因为越来越多的中国公司都在追求发行H股的权利，在香港上市可以给他们赢得良好的信誉，获取全球资金。实际上，至少在2006年之前，历史上最大的首次公开募股就是中国的一种H股，它由中国工商银行发行。在2006年10月，其总价格已经涨到了大约190亿美元。

红筹股： 红筹股与H股类似，只是其公司注册的地点不同。红筹股指的是在香港注册的公司的股票，其资产大部分属于中国内地。红筹股在香港证券交易所上市，以港币标价。为什么把它称作"红筹股"呢？因为，在中国，"红"是繁荣和好运的象征。如果你想投资红筹股，你会发现它比美国的蓝筹股要好，蓝筹股的名字来自赌场纸牌游戏中的蓝色筹码。

P股： 发行P股的公司都是真正的私营企业，这也是称其为"P股"的原因。这些公司都是由私营企业家创办的，它们通常在其他国家注册，但其大部分业务和资产投资都在国内进行。虽然，其他所有类型的股票都与美国有着某种联系，但是，P股却不受美国的影响。尽管它和其他类型的股票一样，都要面临同样多的风险，但是，投资者对这些公司的财务和管理都非常有信心。这种股票在香港证券交易所上市。

表 6 - 1　中国的股票类型

中国股票	A 股	B 股	H 股票	红筹股	P 股
注册地	中国大陆	中国大陆	中国大陆	中国境外	中国境外
上市交易所	上海证券交易所、深圳证券交易所	上海证券交易所、深圳证券交易所	香港证券交易所	香港证券交易所	香港证券交易所
交易货币	人民币	在上海市场使用美元；在深圳市场使用港币；	港币	港币	港币
交易对象	大陆居民以及合格的境外投资机构	国外投资者	国外投资者	国外投资者	国外投资者

第四节　去哪里购买中国股票

随后我就会讲到，一个显而易见的答案是到中国购买股票；而另一个不太明显的答案是到太平洋沿岸的所有亚洲国家投资。因为，从新西兰到日本，再到智利的所有这些国家，它们都与中国发展的经济有关。

你也可以进一步想到欧洲，因为一些欧洲公司也与中国有着密切的联系。家乐福是法国的一家大型零售商店，其商场遍布中国。诺基亚公司是芬兰的一家移动电话公司，它已经从中国快速的发展中获取了巨大的利润。Kingfisher 股份公司是英国的一家零售商店，主要经营百安居（B&Q）自助家庭装修连锁店。该公司计划到 2009 年，在中国开设 100 家分店，以

便从中国快速增长的房地产市场赚取利润。

通过这种间接的方式，向中国投资也存在一定的缺点。一般来说，你的投资距离中国本身越远，你的投资就越不纯粹。再来看一下星巴克这个例子。尽管，这家咖啡连锁店将在中国开设更多分店，但它仍然是一家美国公司。当然，中国也一定会给星巴克公司带来很大的利润。尽管如此，就像中国不会承认家乐福或者诺基亚是一家中国公司一样，中国也不会承认星巴克是一家中国公司。

因为中国经济突飞猛进，很多亚洲公司从中获取了巨大的利润，所以，最好的策略就是向中国的邻国投资。对于这些公司来说，它们在中国的销售额占其总销售额的一大部分。例如，生产饼干的新加坡 Want Want Holdings 股份有限公司，其90%的订单来自中国。因为那些距离中国很远的公司只能从中国的发展中获取一小部分利润，所以，与投资这些公司相比，在亚洲公司投资就更为纯粹。

下面这些信息值得你认真考虑：中国台湾玻璃制造商为中国大陆的高楼大厦供应玻璃；日本重工业公司生产的建筑器械，中国用于挖土以及建造高楼大厦；澳大利亚采矿公司开采的铜矿和其他金属是中国制造汽车，建设住宅、办公大楼和零售中心的主要材料来源；对于中国不断增长的富人阶层，香港和新加坡的零售商以及银行正在满足他们的消费和储蓄；香港天然气公司正在将其管道铺设到中国各地的新住宅和商行；亚洲各地，尤其是马来西亚、泰国和印尼的农业综合企业，向中国提供食用油（如棕榈油）、稻米、乳制品以及鱼罐头。顺便说一下，如果你想了解中国食品的发展趋势，可以查看美国农业经济服务部门的一份长达68页报告，也可以在 www. ers. usda. gov 网站免费获取该报告。它的题目是"中国食品和农业：21世纪的问题"。这份报告有一个基本的观点：生产肥料的企业以及油料作物和谷物等产业的前景会很光明，而所有这些中国都需要大量进口。

但是，有一点你要谨慎，尽管在某些领域，中国不得不依靠海外进口，例如，由于中国的矿产资源有限，它就必须进口铜和其他工业金属，但中国其他产业的生产力发展很迅速，例如玻璃制造业。有一天，它甚至会给海外玻璃制造业带来压力。

第五节　投资调研

在第三章，我对投资调查作过详细的介绍。那些寻找有关公司数据、前景等信息的策略，同样也适合于调查中国的投资信息。在这里，我将介绍几个专门针对亚洲和中国的网站，它会给你一定的帮助：

Xinhuanet. com：这是一家中国官方通讯社网站。因此，其中的新闻具有明显的中国政治色彩。尽管如此，它也是世界公认的最杰出的通讯社。该网站报道的内容都相当简洁，没有太多的分析。但是，对于那些研究中国的投资者来说，它却能提供很多有用的信息，另外，它还能给出一些出版物的名称，帮助你在网上进行必要的调查研究。

ChinaNews. cn：它是另一个通讯社网站，不过，与政治没有直接的联系。

ChinaDaily. com. cn：它是《中国日报》英文版的网站。其中一些报道来自新华社和其他通讯社，但它也有自己团队所作的一些分析。

《人民日报》（English. peopledaily. com. cn）：它是另一个英文版中国新闻网站。与《中国日报》的通讯社和报道团队类似。

亚洲调查协会（Asianresearch. org）：它是一个非营利、无党派、无政治、相对独立的调查机构。主要向西方投资者介绍亚洲各地的社会、经济、文化、环境和政治等事务。在"经济与贸易"这个版块中，针对各种主题，它都提供非常详细的分析。例如，中国银行对人民币的估价是否过高。该网站就像一本出色的电子杂志，报道着关于亚洲的时事新闻。

中国经济研究中心（en. ccer. edu. en）：该网站由北京大学创办，内容有点陈旧，但它也有一些实用的中国经济信息，其中的观点可作为投资者的一个参考。

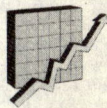

亚洲研究所（www. eias. org）：它是一家位于布鲁塞尔的研究所和智囊团，由欧盟发起创办。它提供的信息需要收取昂贵的会员费。不过，其中也有一些信息是免费的。它从欧洲人的观点对亚洲的经济进行分析，这与美国或者中国的观点有一定的抵触，这样，你在参考其他的观点时，就不至于走向极端。

美中经济安全回顾委员会（www. uscc. gov）：这是一家美国政府委员会的网站，负责监督和报道国家安全问题，也包括美国与中国的经济往来。针对各种经济问题，这家免费网站都作了全面而详尽的分析。其中的一些经济问题，可能会涉及你想在中国投资的某些产业部门。

第六节　买什么股票

对投资者来说，随着市场状况的变化，公司财务、证券价格的波动以及各个经济部门的起起落落，这个问题的答案也会频繁地变化。即使我现在告诉你 2008 年应该购买哪种股票，但是到了 2012 年，它就会发生变化。因为在这期间，各种情况都会发生巨大的变化。尽管如此，要在中国进行长期投资，有一个最简单而且通用的方法，那就是：中国需要什么，你就投资什么。

想一想，中国不断增长的经济意味着什么。事实上，你只需要考虑一下成员不断增加的家庭意味着什么。家庭是微观的经济实体，随着家庭成员的不断增多，他们需要更多的基础设施，例如，一辆更大的汽车、一座更大的房子、更多的保险、更多的食物等等。随着收入的增加，他们拥有更多的资金用于其他消费，例如购买电子产品和高质量的食品，外出旅游度假等等。为了推动本国经济达到发达国家的水平，消费者、商界和政府就会不断刺激消费。因此，消费将成为中国未来几年的主题。这些消费包括以下内容：

- 基础设施——道路、桥梁、机场、港口、下水道、灌溉工程设备、房地产开发、摩天大楼、购物商场、动物园、供电设备、大型露天运动场、医院等。

●休闲——空中旅行、旅馆、饭店、影院、保龄球场、娱乐场、运动器材、零售商店等。

●耐用消费品——洗衣机、烘干机、洗碗机、微波炉、冰箱、家具、汽车、电视、电脑等。

●常用消费品——牛奶、啤酒、饮料、药品、食物、衣服、天然气、汽油等。

●财经服务部门——银行业、保险业、共同基金、中介公司、投资服务部门等。

以上这些方面只代表了在中国进行长期投资的部分领域。当前，你还不能在上市公司找到所有这些领域，因为，其中有一些领域还很不成熟。不过，随着时间的流逝，它们会逐步走向完善。**你不要认为在中国投资只是进行全球投资的一个小把戏，也不要认为中国拥有廉价的劳动力，西方公司可以随意进行雇用。这两种思想都是错误的。**中国的未来不会这样。如果中国只是在生产最便宜的装饰品方面取得了成功，那么，中国也会将其看作是最大的失败。中国国内企业的数量正在不断增多，并且，其中有很多已经成为大型跨国公司，它们在努力创造着自己的国内品牌和国际品牌。

实际上，在2005年，中国最大的能源公司——中国海洋石油公司曾设法收购美国加州联合石油公司。2006年，中国移动公司收购了亚洲、非洲以及拉丁美洲的一些公司。同年，南京汽车公司成为第一家在美国开办工厂的中国汽车制造公司。我们再来看另外一个例子，像戴尔、夏普和索尼公司一样，中国香港冠捷电子产品公司是一家生产液晶显示屏的老厂家，它也是中国内地最大的液晶屏生产厂家，而且，它拥有稳定的消费市场。该公司正以易美逊（Envision）液晶显示器品牌，向海外市场进军，包括美国市场。再来看一下联想集团，它是一家中国的电子产品公司，曾收购

了美国国际商用机器公司（IBM）的笔记本电脑品牌，目前，在世界各地已是赫赫有名。即使是中国的食品连锁店联合利华超市也开始进驻欧洲市场，随后，我将对该公司进行详细的介绍。

作为一名在中国投资的投资者，你不能只关注制造业和外贸业，而要寻找那些几年后让众人瞩目的公司。

我是如何了解这些的呢？其实，所有这些信息都不是秘密。你不需要联系中介公司，也不用依赖某个经济智囊团，你可以通过阅读，分析一些数据来获得这些信息。因此，这本书只是起到了一个桥梁的作用。其实，直接进行海外投资比你想象的要简单得多。针对如何调查公司，我们还将做进一步的探讨。重申一下，上述提到的所有公司都不是专门为你推荐的，它们只是我举的一些例子，目的是让你知道中国存在哪些公司。有两件事情值得你去做：其一，你要了解如何在一个经济不断扩张的国家进行投资；其二，你要明白到哪里寻找投资机遇。

第七节　整装待发

我们来看下面这条新闻，它来自2006年4月26日的《财经时报》，摘自《世界新闻文摘》。尽管内容不多，其含义却很丰富。标题就说明了这一点。

中国旅游消费增长迅猛

一家工业协会在本周的一篇报道中这样说：到2016年，中国将拥有仅次于美国的世界第二大全球旅游市场。

三年前，世界旅游理事会（WTTC）成立，主席琼·克劳德·鲍姆加藤（Jean-Claude Baumgarten）曾说过这样一句话："我们需要付出很大的努力，才能赶得上世界的变化"。

世界旅游理事会报告还预测到，在2007年至2016年期间，中国的旅游需求将以每年8.7%的速度上涨。路透社，北京。

　　根据这份报告，如今的中国"到2016年，将拥有仅次于美国的世界第二大旅游市场。"如果你看好中国股市，并想进行长期投资，看到这句话，你也许就会想：什么样的旅游产业才能获利呢？

　　在第三章，我曾提到香港的香格里拉亚洲酒店公司，并且说明了我购买其股票的基本原则。在中国的发展过程中，香格里拉可能会是一位长期的赢家，但它并不是中国唯一的一家酒店连锁店。如果你到网上粗略地搜索一下，就会发现很多这样的公司，例如，东方国际有限公司，它是一家与香格里拉齐名的新加坡公司；香港上海酒店有限公司，它是位于香港的另一家连锁酒店，经营着豪华的半岛酒店以及帝王国际酒店；上海锦江国际酒店公司，2006年底，其股票在香港证券交易所上市。该公司在国内拥有200多家连锁店，而且家家都是五星级豪华酒店；另外，还有著名的上海和平饭店，它们的预算收入在国内都是屈指可数的。所有这些公司都值得你花时间去调查，以便你能确定，在中国长期发展的旅游业中，哪些公司能获得更大的效益。

　　除了宾馆之外，为旅游提供服务的还有航空公司，它们的航班会将旅客运往目的地。在中国有很多家航空公司，其业务大部分都是国内航班，它们之间的竞争非常激烈。中国航空公司是一家大型的国际航空公司，其股票在香港上市。在国内航空公司中，上海东方航空公司和广州南方航空公司是规模最大、发展最快的两家公司。除此之外，中国香港太平洋航空公司是世界上最好的航空公司之一，你只要到网上进行搜索，有关该公司的信息就会铺天盖地而来。以前，它的国内航班只飞往北京、上海和厦门。2006年，在该公司吞并了香港港龙航空公司以后，它就每天都有飞往中国内地的航班，而且，到达的城市数量也增加至20个。

　　航空公司总是以风险大而著称，尤其在美国，一些老公司的航班存在路线相同等问题，由于装备和燃料的价格非常昂贵，它们之间的竞争就显得更为激烈。虽然，国际航班同样会面对类似的问题，但它们之间的竞争

就比较小。因此，与美国航空公司相比，国外航空公司获得的利润要高得多。例如，2005年，中国香港太平洋航空公司的利润为8%，新加坡航空公司超过了9%，中国航空公司则高达10%。而美国航空公司却只有5%或者更低。如果你稍加留意，就会发现巴西高尔航空公司（利润为23%）、爱尔兰赖安航空公司（利润为22%）以及巴拿马高柏航空公司（利润为17%）是世界上效益最好的航空公司，而且，它们也都是股票上市公司。所有这些信息，你都可以在国际航空运输协会网站（www.iata.org）找到。这个网站中还包括各种各样的数据资料。

娱乐场也是与旅游业有关的一个方面，并且，在中国长期发展的旅游业中，它也能获得很大的利润。中国人也将成为这些娱乐场所的主要主顾，马来西亚和澳门会是他们的首选。澳门曾是葡萄牙的殖民地，于1999年回归祖国，它拥有亚洲最多的赌场。而马来西亚却拥有世界上最大的赌场——de Genting赌场。该赌场由Resorts World Berhad公司经营，其股票在吉隆坡Lumpur证券交易所上市。那么，是谁在生产所有的赌博器具？又是谁在制定这些游戏规则？澳大利亚贵族休闲有限公司曾在其2005年的年度报告中提到："澳门仍然是最出色的表演者。"

上述所有这些信息都来自那份报纸的一则报道吗？是，但又不是。之所以说是，是因为它引导我对整个产业的某些公司进行调查，并且，这些公司一直保持着不断发展的态势；说不是，是因为并不只是它才让我开始考虑旅游产业。在看到这则报道的前几个月，我已经搜集了很多有关中国旅游业的文章。其中有一篇来自美国的一家网站Expedia.com。该网站由世界最大的一家网上旅游公司创办，为了满足未来几年中国急剧增加的旅游者的需求，它宣布了一个更新中国旅游网站的计划。经济杂志上的一篇文章曾说："在七天长假中，中国国内的旅游人数和消费都创造了新的纪录。"中国及其邻国的旅游市场发展前景良好。其实，所有的事物都可以激发你的投资灵感。就这一问题，《旅游休闲》（Travel + Leisure）杂志也谈到三点：

● 联合国世界旅游组织预测，在未来的 13 年里，中国出境游每年将会增长 13%；

● 截止到 2010 年，中国内地将增加 48 个飞机场；

● 澳门正逐渐成为中国的拉斯维加斯，它建造了很多餐饮-停车场一体化设施，所有这一切都是为了让中国游客在这个赌城住得舒适、玩得愉快。

上面的那则广告只是堆积如山的信息中的一条。对于一位理智的投资者来说，它会让你了解中国的旅游产业，认识到中国日益增加的中产阶级将会促进旅游业的持续发展。

第八节 能否投资乳制品行业

中国是茶的故乡，但没有食用乳制品的传统。

如果登录 www. foodsolutionschina. com 网站，你就可以了解到，乳制品在中国老百姓的生活中出现得越来越多。进入这家国际供应组织的网站，你可以看到关于中国食品工业的文章，以下是一个片断：

随着中国经济的不断增长，西方国家也期望打开中国的消费市场。但是，有一种产业已经轻而易举地走进中国，它就是乳品产业。在中国，乳制品一直被认为是外国人的食品。但是，随着中国经济的日益繁荣，越来越多的中国人也开始享用这类食品。

然而，哪一类乳制品才能满足中国人对优质食品的需求呢？也就是，当中国人有钱以后，他们想买什么样的食品？

经济学的一个普遍现象是：当你的收入增加，你不仅要更换服饰品牌、汽车类型，而且还会提高食品质量。全世界的人们都希望，自己的亲人能够吃到更优质、更营养的食品。除了鸡脖、鸡腿，你还会买一些牛

肉。你不再喝邻居烧的白开水，而是去买啤酒。同样，你也会买一些乳制品。在经济发展过程中，牛奶和啤酒一样，都是人们生活水平提高的标志。经过 30 秒钟的分析，你就会去搜索"中国乳制品消费"，进入中国食品解决方案网站。其中有这样的信息，乳制品消费大部分集中在城镇，这些地方也是资金最集中的地方。另外，中国每年人均牛奶消费量仅为 11 千克，远远低于世界人均消费量 98 千克。简而言之，乳品工业在中国还有很大的发展空间，每年有上百万的人要喝牛奶。

网络还能为你提供一些其他信息。例如，其中提到了中国的两家乳制品公司，伊利和蒙牛。尽管它们的竞争和雀巢集团与达能集团一样激烈，但是，它们都已经迅速占领了中国市场。而且它们都是股票上市公司。伊利集团的股票在上海证券交易所上市，中国蒙牛乳业集团的股票在香港证券交易所上市。将它们的名字输入搜索引擎，你就能找到 2005 年底《商业周刊》的一篇报道。其主要内容是，蒙牛赞助中国的一名宇航员遨游太空，标题是《先进的市场理念让蒙牛在短期内成为中国的知名品牌》。该报道还包括 AC Nielsen 公司做的调查，其结果也显示蒙牛已经成为中国乳制品第一品牌，占据 22% 的乳品市场。

蒙牛公司拥有自己的网站，它能为懂英语的投资者提供很多信息。你只要浏览一下该公司的相关网页（www. mengniuir. com），就会发现蒙牛股票在香港证券交易所上市的代码（2319），还有一些数据显示该公司的收入正在急剧上涨。如果你对这家内蒙古大草原的乳制品公司感兴趣，这些信息就会给你帮助。

在此之前，西方的超级市场也开始在中国出现，一方面是由于人们对 SARS 的恐惧，另一方面则是"用户至上"思想的传播。超级市场成了方便食品的代名词。这条信息来自 2005 年的一篇报告。当时，人们对 SARS 的担忧仍然存在，我在网上搜索资料，想确定哪些产业可以从中获利，突然发现了这篇报告，它由美国农业部驻外办事处书写，其内容是关于中国海滨城市大连的。原文如下：

大连与中国的其他城市一样，随着其经济增长以及消费理念的成熟，自由市场正在逐渐消失。如今，消费者都走进超级市场，选购优质耐用、方便卫生的物品。在过去的几年里，随着大量超级市场和高级百货商店的涌现，大连的食品零售店也在发生根本性的变化。其出售的食品包括：干燥食品、冷冻食品、冷鲜肉、海产品、水果、蔬菜以及方便食品等等。而这些食品在购物商场和百货商店也都占据一席之地，与餐馆、剧场、时装店、体育用品店以及其他专卖店一样，超级市场和百货商店成了整个家庭的消遣场所。

人们难道会把购物当作消遣？听起来像是笑话，不过，它确实可以解释，为什么国外的高级百货零售商，如法国的家乐福、英国的乐购和美国的沃尔玛都云集中国。

你不用亲自到中国调查有哪些超级市场、高级百货商店和自助食品商店。只要在 Yahoo！上搜索联合利华超级市场有限公司，你就会发现，这家中国最大的食品杂货店零售商，正计划向欧洲市场进军。1991 年，联合利华还是上海的一家小百货商店，当时它只有几家分店，而如今，它已变成一个国家超级明星，在中国的 100 多个城市，拥有 3 600 家分店。美国哈佛大学商业学院曾对它做过这样的研究，它将联合利华的成功归因于该公司所采用的高新信息技术。同样，你也可以在其他网站找到相关的信息，例如，对联合利华公司的扩展计划和收入增长的评论。

超级市场之所以能在中国立足，是因为中国经济目前还处于快速发展时期，中国人的消费也在不断增长。在中国的牛奶市场饱和之前，牛奶产业也同样会拥有广阔的发展空间。

第九节　能否投资水资源行业

正如我在前面提到的，只要你顺应时代潮流，不断前进，全球投资的理念随时随地都会出现。

我们来看这样一条信息：中国的第十个五年计划表明了在2001年~2005年，中国的社会、经济和环境等各个方面的发展战略。其中，水就是一个重要的主题。中国政府决定增加财政投入，采取相应措施，保证城市用水卫生，控制水污染。

对中国来说，水资源一直是一个很大的问题，你只要做一个简单的调查，就会发现，水资源的供应也是中国乃至世界所面临的最大挑战。以下这些信息来自新农业网（www.new-agi.co.uk），它是英国的一家网站。

目前，中国最严峻的环境问题就是水资源问题。中国的水资源极其缺乏……水资源的不足已经限制了某些地区的工农业发展，同时，它也在威胁着中国经济的发展。

2004年，《中国日报》（www.chinadaily.com.cn）的一篇报道说，中国有400~600个城市"缺水"。1999年，温家宝时任中国副总理，他对这个问题作了如下的评论："中国的生存正在遭受水资源匮乏的威胁。"

那么，我们怎样才能从中国对水的需求中获利呢？

很显然，任何一家公司，只要能帮助中国解决水资源的短缺问题，它就能成为长期的投资对象。水是一种廉价的必需品。正如温总理所暗示的，无论是消费者，还是正在发展的商业和工业，污染的河水既不能满足公司的需要，更不能满足人的生活需要。水资源的一个最大特点就是，它不添加任何的添加剂，并且，它也不会受到经济、地理以及政治状况的影响。水在推动着世界的发展，尤其对于一个缺水的国家来说，水资源的不足会直接影响人们的生活和经济的发展。

中国的制水技术和管理不能解决它所面临的问题，因此，你要想在制水行业投资，而且，就需要将目光投向中国以外的制水公司。世界制水公司的水平不相上下，其中，法国的 Veolia Environment 和苏伊士的 Lyonnaise des Eaux 是世界上最主要的制水公司。它们已经开始了大规模的工业计划，这两家公司都有进军中国的规划。RWE 是一家德国的制水公司，它也正在参与中国的制水工程。

如果你留意一下中国的邻邦国家，你也会发现，一些距离中国很近的制水公司也开始繁荣起来。

例如，与中国仅有一水之隔的日本栗田工业有限公司，其股票在东京证券交易所上市，而且，该公司正在中国开办水净化工厂。积水化工集团也是日本的一家公司，它已经在中国开办了工厂，为其提供必要的输水管道，以满足当地对输水设施的需要。前几章，我曾提到过新加坡的凯发集团，你也可以从《人民日报》网站找到这家公司，它正在和中国合作，计划在中国北部的沿海城市天津建设亚洲最大的海水淡化工厂。其他自来水供应公司，如天津中新药业集团股份有限公司和亚洲水处理集团公司，它们的股票也在新加坡证券交易所上市。而且，亚洲环境有限公司和亚洲制水技术公司都在向中国进军。

你只要在网上输入"中国 水 新加坡"，"中国 水 日本"，"中国 水 国名"，或者只输入"中国 水 脱盐"，你就可以找到上述所有公司，甚至更多的公司。这种模糊搜索能链接到很多你不想了解的网站，不过，你可以从中挑选几个网站，这样就可以缩小你的搜索范围。你也可以只搜索某家特别的公司、特别的政府机构，还有它们做的报告或者对某个产业的分析，这些都将有利于你进行最好的投资。

第十节　保险、银行和信贷

"亚洲的银行业务都在发生着变化，但是，中国的变化更大，也更明显。"这句话来自马修斯国际资金管理部门的一次专题报告。这个部门位于旧金山，经营着各种马修斯亚洲共同基金。它对所有的股东都会有用，更重要的是，每一位对亚洲投资感兴趣的人，都可以从网上直接下载。

这次专题报告的标题是《银行业问题》，其中的很多内容都与中国有关。对于在中国投资的投资者来说，它很值得你去学习。下面就是其中的一部分内容：

在共产党的领导下，银行就像中国的一只手臂，它只是政府为工程建设筹措资金的一个地方。自从共产党执政以来，银行体制就一直没有改变……1999年，中国的改革开始面向银行，政府决定向银行投入新的资金，让其踏上新的起点。但是，当银行资金出现持续流失的时候，中国领导人才意识到改革的重要性。

2003年，中国政府对最大的两家银行的资本进行了调整，这一举措符合中国进行大规模改革的计划。这次银行体制改革包括：银行业务、经营和管理等各个方面……市场的反常和私有化的深入，迫使银行业必须有所创新，否则，它就难以在竞争中生存……

银行业发展的动力来自客户收入以及市场需求的增长。为适应个体消费者的需求，各种部门都在进行重新设计，银行也在快速扩展其电子银行业务。人们普遍认为，客户的存款是中国银行发展的主要因素。通过某些方案的实施，到2010年，中国所有银行的资产将比2004年翻一番……一些观察家还认为，消费品信用贷款也将使中国发生根本性的变化。

这里最明显的一点是，前几年，中国的银行都是在为国家服务，如今，中国的银行已经把业务集中在客户身上。随着数以百万计的人们涌向城市，他们对存款、借贷和信贷的需求也越来越多。因此，中国的银行要走向成熟，还需要很长一段时间。

中国保险业的未来与银行相似，信誉卡承办商、中介公司、房地产行销处以及资产管理公司等的未来也是如此。事实上，在此之前，财经服务行业已经有好几年的发展。简单地说，尽管中国历史悠久，但是，其财经服务行业还不成熟，不过，它也即将成为经济快速发展的一个促进因素。2006年12月，美国最大的卡莱尔集团（Carlyle Group）公司与香港大新银行集团一起购买了重庆市商业银行1/4的股份。更早些时候，花旗集团拥有广东发展银行近86%的股份，而美国另一家融资公司新桥公司，也购买了深圳发展银行的很大一部分股份。

总体来看，外国金融集团公司已经在中国的金融服务部门投资了数十亿美元，为此，它们不惜血本。因为中国对简单寄存、储蓄存款、信用卡、人寿保险的需求越来越多，所以，投资金融领域的潜在利润就会越来越高。因此，它们愿意在这个领域进行投资。

我们来看这样一份报告，它来自 Booz Allen Hamilton 顾问公司，你也可以从网上找到这些内容：

- 到 2010 年，中国将成为亚洲第三大人寿保险市场；
- 2003 年，中国已有 8 300 万人加入健康保险，而且，这一数字还以每年 30% 的速度增长；
- 到 2015 年，中国将成为世界第三大财经服务市场，仅次于美国和日本。

你能嗅到金钱的味道。

毫无疑问，当你向中国的金融公司和知名银行投资时，你就会有各种各样的担忧。中国的银行有一段不太光彩的历史：在看似健全的体制下，执行着不严格的贷款标准，时常发生欺诈客户的行为，管理方式也充满风险，一些银行职员也因受贿而被判刑。这足以说明，为什么在中国的某些行业，未经风险评估的贷款比西方银行多得多。

很明显的一点是，为了使银行业能够达到发达国家的标准，中国的财政部门正在努力采取相应的措施，制定一些法规，但这将是一个很漫长的过程。尽管，中国的银行内部存在经济犯罪、管理不善等情况，但它并没有阻挡人们继续接受金融服务，他们仍然认为银行能给他们带来利益。而作为一名投资者，其技巧就在于找到那些能把握分寸的金融公司。你在中国就可以找到这样的公司，如中国民生银行，它是中国的第一家私人银行，而且，它还为中国新生的社会保险进行担保。（2006 年底，民生银行跻身上海的 A 股市场，目前，它正在努力向香港市场拓展。而且，外国投资者也能购买该公司的股票。）还有其他一些金融公司，位于中国的沿海

地区。香港东亚银行和新加坡 DBC 银行有限公司都已经进驻中国，并且，它们都在建立分支机构网，这些机构网将随中国的经济一起发展。另外，台湾新光人寿保险公司也正在进驻中国市场。

如果以西方的标准来看中国的这些产业，那么，它们还都处在初始阶段。事实上，有很多家来自中国各地的公司，它们都开始涌向金融市场。其中，总有一些公司会赢利，一些公司蹒跚而行，还有一些注定会失败。因此，你没必要立即就在某种产业里投资。你需要花费足够的时间进行调查，最终，找到那些股票价格合理的公司。

第十一节　房地产行业的利润

以下这句话来自美国商业部门的一份报告：

中国将在 21 世纪的前 20 年中，建造很多的商品房，每年建造的总面积为 52～59 亿平方英尺。

这个总面积相当于纽约的 9 个曼哈顿岛。也就是说，中国每年都要建造相当于 9 个曼哈顿大小的商品房，而且是连续 20 年，目的是为商业和居民所用。

确实也存在这样一种情况，房子建造得过多，房价就会在某个时期下跌。这是媒体和分析家经常关注的一个问题，而且，他们也会继续跟踪调查这些情况。然而，毫无疑问，中国人对房产的需求还在继续增加，尤其是看到以下这些事实，你就会对此更加确信无疑。

●中国正在进行人口的大量转移，数千万的农村人口涌向城镇，而所有这些人都需要有房子。
●随着人们生活水平的提高，他们也有能力去购买更好的公寓，甚至是别墅。

●所有的新兴行业都是由当地人所创办，来自国外的行业只能成为经济增长的部分因素，或者，他们仅以一种零售店的方式，为几百万的消费者和其他行业提供服务。

所有这些都意味着，上万亿的人民币流向了房地产开发行业。建筑设计公司的前景良好，从设计和建造办公大楼、公寓以及居民区等工程中，它们获取了很大的利润。与此同时，通过出租或者管理办公大楼、公寓以及零售中心，房地产管理公司也将有利可图。这些公司包括万科公司、北辰公司和上海瑞安房地产公司等等。而且，它们在中国各地都有广泛的投资，它们所建造的商业区和居民区，总面积高达数千万平方英尺。2007年，它们的股票价格也不会很低，万科公司和北辰公司的股票价格都迅速上涨，而对于瑞安房地产公司来说，其股票在香港证券交易所上市仅仅几个月的时间，作为一家新的上市公司，我没有找到相关的记录。

在中国，如果你直接购买住宅或者公寓，然后再进行转卖，并不是那么容易。因此，要想在中国的房地产领域进行长期投资，这些房地产开发和管理公司就是你的最好选择。例如，瑞安房地产公司仅在上海、杭州、武汉和重庆4个城市，就拥有近9 000万平方英尺的办公楼、住宅区以及娱乐场所。设想一下，当这些公司在会议桌上展开一张中国地图的时候，它们会看到什么？你还记得在这一章的开头，我提到的合肥吗？其实在中国，还有许多这样的城市，其人口都在100万以上。房地产开发和管理公司已经开始寻找它们的领域。你要记住：中国的房地产存在非常广阔的发展空间，而目前，这些空间只被开拓了一小部分。

除了房地产的开发和管理之外，伴随这些公司的发展，尤其是随着居民区的不断扩大，人们对家用产品的需求也会越来越多。这些产品包括家具、电器和一些固定设备，在这个过程中，最大的受益者将是家具及家用电器制造商。例如，海尔集团公司，它是中国的一家电器公司，主要生产冰箱、洗衣机、电视机、热水器、空调和微波炉等等。海信也是中国的知名品牌，其产品包括电视、DVD、冰箱和空调等。它的股票以B股的形

式，在上海证券交易所上市。并且，对于中国另一家主要的电器公司科隆电器股份有限公司来说，海信公司还拥有其大部分股份，它的股票在香港上市。

像投资其他领域一样，在中国的房地产成熟之前，你必须小心行事。和美国不同，中国没有发达的房地产二级市场，也不提供相应的多重服务（MLS）来帮助客户确定合适的投资领域。你也没办法比较两家房地产公司的售房价格。中国的抵押信贷市场还很不发达，房地产法规也是刚刚起步。很多公司的房价都高得离谱，其中一部分原因是有人从中投机。在这种情况下，很多房子就会闲置，投资者的梦想面临破灭的危险。这样一来，房价回落以后，房地产公司的股票价格也将下调。以上内容，并不是在警告你远离有利可图的中国房地产，而是提示你要选择合适的投资地点。当房价更加便宜且房地产公司的股票下跌到一定程度时，投资者就获得了赚取巨大利润的机会。

第十二节　基础建设

在前面的内容里，我曾提到《旅游休闲》杂志中有一份报告说，截止到 2010 年，中国将增加 48 个飞机场。在中国大使馆网站，你可以看到华盛顿邮报的一篇报道，它说北京正在计划"铺设一条 34 000 英里的高速公路，将中国所有的大城市连接起来。其总长度仅次于美国，是世界第二大高速公路。"

这就是一个规模巨大的基础建设。

关于这个话题，我们还有话要讲。中国的基础设施建设很可能是在吃老本。之所以这样说是因为，中国的发展意味着必须投入几十亿美元进行工程建设，使当地居民生活得更安全、更方便、更美好。各地公司也会在各种工程上花费大笔资金，弥补基础设施建设带来的赤字。也就是说，中国不仅要建造新机场，铺设新道路，还要安装新的水处理设备和必要的输送管道，建造水利大坝，开办传统的电力工厂、核电站和输电线工厂，铺设桥梁和收费公路。中国人也逐渐认识到天然气具有无污染的优势，将用它来代替其他燃料。关于这一点，你可以从美国能源信息部门的网站中进行了解。不仅如此，中国对天然气的需求以每年近7%的速度增长。为了便于比较，我们看一下美国的情况。到2030年，美国的年均增长速度仅为1%。那么，对中国来说，它就必须进口天然气。这也就意味着，公司要将天然气输送到每个家庭以及工厂，这个国家就需要无法估量的天然气和不计其数的输送管道。

看一下你的家乡，人们正在建造什么？大型购物中心、办公大楼、医院、学校、大学、露天运动场、政府大楼、公寓以及单独住宅区等等。中国正在建造大量的类似场所，而在这个建造过程中，受惠者也会遍布世界各地。尤其是那些金属采矿商、玻璃制造商以及水泥生产厂家都会获取很大的利润。而那些建筑工程公司、重型机械公司、管道铺设公司、管道制造公司以及生产聚氯乙烯的化学公司等，都是其中的受惠者。而且，这些机遇会持续很长的时间。随着中国经济的不断增长，某些公司的收入也会持续增加，例如香港的 HKC 股份有限公司。HKC 是亚洲一流的建筑工程公司，它也将目光集中在中国。其网站的标题是："中国的房地产、基础设施和能源替代产业正在以指数形式增长。"

向基础设施投资也有风险：公司和政府会存在投机心理。也就是，在经济发展过程中，他们会认为："无论实施什么样的工程，总会有人来投资。"然而，这种思想有时并不正确。例如，来自亚洲发展银行的一份网上报告说："高质量的基础设施建设本身，并不是一个县、一个城市或一个国家开发资源、吸引外资、刺激经济增长的主要因素。"

你要坚信的一点是：如果你准备在中国的基础设施建设方面投资，那么，你一定要做一些调查和研究，确保你所投资的领域目前还有很大的发展潜力。

第十三节　零售业

许多公司之所以对中国的未来那么感兴趣，其主要原因是：就像美国

一样，用户至上的理念在中国已经深入人心。

中国是零售业的天堂，时间会证明，消费者将给零售业带来巨大的利润。对每一种商品来说，不断增多的中产阶级几乎都会追求它的高质量生活。汽车、服饰、手机、空调、洗衣机、冰箱、家具、电脑、DVD、电视机、数码相机、鞋……这个清单还有很长很长。并且，它几乎涉及前面所提到的各种产业，包括乳制品、房地产、金融服务以及旅游业。所有这些产业的发展都需要消费者来推动。

以前，中国人的品牌意识还不够强烈，如今，他们已经将品牌放在了第一位。走在上海的大街上，你就会发现人们对品牌的盲目追求是多么明显。汽车都是德国宝马、奔驰、法拉利等品牌，步行者的牛仔裤尾端都是打着"真实信仰"、"柒牌"、"李维斯"等标牌，拉夫·劳伦、耐克、阿迪达斯、寇兹、古驰、依云、万宝路、轩尼诗等品牌也是随处可见。

这种品牌意识不仅仅针对外国品牌，就像中国竭力创办自己的跨国公司一样，中国也在努力创造被消费者认可的自有品牌。我们来看李宁股份有限公司，它主要制造运动服饰，其股票在香港证券交易所上市。2006年夏末，该公司与美国篮球明星沙奎尔·奥尼尔签署了合约，为李宁运动鞋代言。李宁品牌不仅在国内具有很强的竞争力，而且，它也开始与耐克、阿迪达斯等品牌进行较量。

不要小看中国的用户至上理念，正是这种理念的不断扩大，发展中国家的股票上市公司才获取了更大的利润。PT AKr 公司是世界第二大生产山梨醇的公司，其股票在印尼雅加达证券交易所上市。如果你不熟悉山梨醇，不妨看一下你的牙膏，山梨醇是多种牙膏的生产原料。随着储蓄的不断增加，人们的健康意识也会逐渐增强，例如，对口腔卫生日益注重。这样，在中国牙膏的前景就会非常好，印度也是如此。因此，在未来的很长时间里，AKr 公司的财源将会滚滚而来。

尽管中华民族是一个有着节俭传统的民族，但是，随着人们消费意识的不断增强，零售商店也会从中得到好处。以前，中国的零售业没什么组织，其品牌也没有任何内在价值，这些零售店往往存货不足、经营不善，店主也没有什么推销策略。然而如今，这一状况已经发生了改变。各种百货商店受到西方营销策略的影响，它们开始采取一些策略整治店面，注重商品的质量和品牌，满足顾客的需求。

这种零售业的经营策略也在影响着其他一些部门。例如，前面我曾提到的联合利华超市，还有其他零售商，如国美电器股份有限公司和永乐电器公司，这是最知名的两家电器连锁店；物美是中国最大的零售商；亚洲便利店在香港和中国内地经营着 Circle K 连锁店。说到便利店，日本的7-Eleven便利连锁超市有这样的计划：到 2010 年，在中国开办几百家连锁店。而中国台湾的 President 连锁店、中国香港奶牛场集团公司以及泰国 Charoen Pokphand 集团公司也都想在中国的南方市场争得一席之地。数量说明容量。如果在网上搜索"中国零售业投资"，你就会找到一份 2006 年4 月的同名报告，它来自库珀制水公司。文中提到两个令人吃惊的统计数字。内容如下：

2005 年，在中国大城市之外的地方，约有 7 万家超级市场开张，北京市政府希望，在 2006 年，郊区增开 600 家便利店和超级市场。

服装连锁店、百货公司和折扣零售店也不甘示弱。香港佐丹奴国际有限公司是一家服饰零售商，如今，它在中国的业务已占到其总业务的一半。新世界商场是韩国最大的零售商之一，其百货商店和折扣店已经进驻中国市场。而与其竞争的乐天集团，也开始向中国进军。

另外，还有化妆品公司。奥思美容品有限公司是香港的一家化妆品公司，独家经销补水护肤化妆品。该公司在中国内地、中国香港、中国台湾和新加坡都设有连锁店。其 2006 年的中期报告说，如今，中国内地的市场正推动该公司的发展。它还向股东宣布，2007 年，中国内地将超过中国香港，成为该公司最主要的收入来源。美丽中国股份有限公司是一家新加坡的化妆品公司，在中国拥有 1 100 多家连锁店。在 2000 年～2005 年期间，该公司的销售额增长了 39%，随着中国女性收入的增加，她们会将其中的

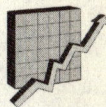

一部分用来购买化妆品。想象一下：销售知名品牌化妆品……吸引顾客的化妆品零售店……一个拥有 5 亿女性的国家。所有这些都不是假设。2005年夏，宾夕法尼亚大学沃顿商学院举办了一次中国商业论坛，主要探讨中国中产阶级不断上升的购买力。（你可以进入 knowledge. wharton. upenn. edu 网站，在网上免费注册并找到相关内容）。一位来自全球大型化妆品公司——倩碧公司的 CEO 说到，中国拥有亚洲第二大化妆品市场，仅次于日本，而且，这个市场的发展速度非常快。

中国的化妆品公司将会达到令人吃惊的数目。你只需要确定，中国对你投资的化妆品公司是否存在显著的影响。即使一家全球连锁店在中国设有 1 000 家分店，但是，它在世界各地还拥有上万家连锁店，那么，中国对它的影响就不会明显。最好的方法是向当地的化妆品公司投资，这样，那 1 000 家分店就会占公司总数的一半或者更多。

毫无疑问，中国还面临着一系列问题，如环境恶化、分配不公、城乡差距、法制不健全等，对投资者来说，所有这些都会给你带来一定的风险。但它们还不至于让你远离中国，充其量也只能算作一种短期的烦忧，不过，这个"短期"是个不确定的时间。从长远来看，这些问题都能在改革中得到解决。

如果你仔细回想一下，一个世纪以前，欧洲投资者将资金投向大西洋彼岸的美国，当时的风险比这个要大得多。那时候，美国还是一个充满活力，很有爆发力的国家。美国人在极力追求着自己认为最好的东西，而不是其他人认为的最好的东西。当时，美国社会还存在政治暗杀和内战，几乎导致国家分裂。另外，它还经历了一场经济危机，法律也没有制定，公司信任制度还很不健全。很多人认为，购买股票不是投资，而更像是一场赌博。而且，也没有人意识到，工业革命对环境造成的极大破坏。钢厂的废气都直接排入大气中，废水都直接流入下水道，伐木工人砍光了那些古老的森林，纺织厂和化工厂的腐蚀性废液也都排放到河流和湖泊里，造成很多动物的灭绝。所有这些似乎都是为了把美国建设成一个世界级经济大国。如今，与工业时代的前辈们相比，我们已经更加清楚地认识到人与自然的共生关系，保护环境也就是保护我们自己。尽管如此，在走向民族繁荣的道路上，中国也会出现差错。如果对其中的每一个差错，你都要进行挑剔，那就有点吹毛求疵了。

总而言之，中国要想成为与美国抗衡的经济大国，还需要几十年的时间。目前，尽管中国已经开始前进，但这个过程注定是曲折而漫长的。在前进的道路上，中国可能还会遇到一两个障碍而不得不绕道而行。这样，你就会在不知不觉中偏离了方向。但是，中国的发展机遇是以前几代人也不曾遇到的：它很快就会成为一个经济大国。如果你想通过投资，而不是通过彩票来获得利润，那么，你就应该在这样一个国家的发展中抓住机遇。就像美国那样，当最后一次机遇出现的时候，它已经发展成为世界级的经济大国，而在此之前，股市一直都是上升的。

东方睡狮正在苏醒。

第七章

土耳其与中东欧：
旧世界中的商机

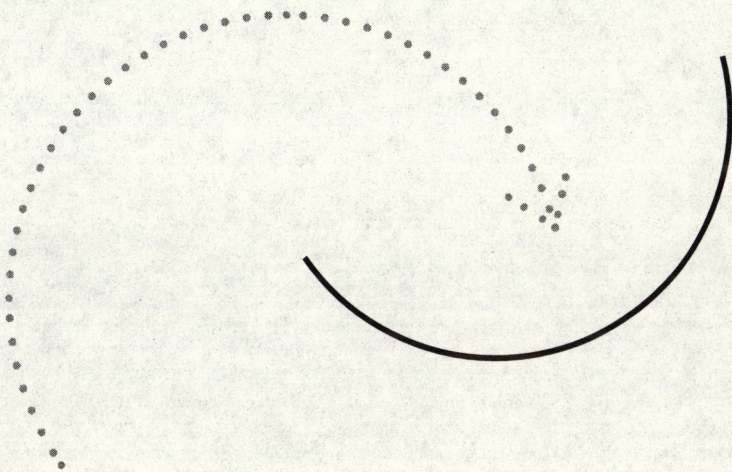

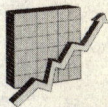

在阿塔图克（Atatürk）国际机场通往古老的伊斯坦布尔的路上，你可以看到在四车道的高速公路上，有一个很大的弯度。在那个地方，你可以望到马尔马拉海，并一直通向亚洲大陆。如果不是看到这里的尖塔高耸入云，你就会认为自己正行驶在加利福尼亚的太平洋海岸高速公路上。我们知道，加利福尼亚推动着美国经济的进步，同样，土耳其也是一个充满活力的经济体制，它也在推动欧洲经济的发展。

也就是说，即使欧洲人不能让欧洲振兴起来，土耳其也会帮助欧洲走向繁荣。

土耳其横跨欧洲和亚洲，那里的人们存在两种信仰，即基督教和伊斯兰教。而且，土耳其也即将成为欧盟的一个成员。然而，它必须调和两个大陆之间的矛盾。多数欧洲人信奉基督教，而土耳其人信奉的却是伊斯兰教。两种宗教之间的对峙、敌意、仇恨以及互不信任都成了土耳其加入欧盟的一个障碍。

作为一个全球投资者，不管怎样，你都应该关注土耳其的发展。因为，无论土耳其能否加入欧盟，也不管其中会遇到多少困难，它都将会成为一个经济强国。它的法制很健全，公司透明度也高，对投资者非常友好，而且，土耳其的股市也会比 2007 年夏天更好。

如果向一个充满风险的市场投资，那么，你应该具备哪些宏观思路呢？这一节，我将以土耳其为例，向你阐明这种思想。在有关中东欧的一节，我将详细介绍如何找到投资的产业以及某个特定的公司。

第一节　土耳其

在许多方面，土耳其都将会帮助欧洲解决最大的难题。欧洲大陆的人口正逐步走向老龄化。就像婴儿潮给美国带来的影响一样，欧洲也正面临相同的社会经济问题，上千万的工人退休，使得欧洲各国的财政负担越来越重。我们来看由欧盟统计局提供的一份 2006 年的报告，到 2025 年，欧洲人口的死亡率将超过婴儿的出生率。所以，到那时，欧盟人口的增长"将全部来自外国移民"。这份报告还指出，2025年之后，欧盟的人口就开始减少。对政府部门来说，这确实不是一个好征兆。因为，退休工人的年纪越来越大，花费就越来越高，而政府又找不到新的工人，来抵消这些老人的花费。因此，就像美国，为了保证退休工人的社会保障和医疗保险，它需要雇用年轻的工人一样，欧洲也必须这样做。而土耳其就是解决这个问题的关键。

土耳其拥有7 300万人口，占欧盟总人口的17%。2006年，土耳其人的平均年龄为28岁。14岁以下的人口占1/4，35岁以下的人口占70%。根据欧盟的规定，这一大批年轻的土耳其人可以在欧洲大陆自由流动，他们可以到莱比锡、伦敦以及里尔等地，寻找高薪的工作。这样，很多工人就会进入欧盟各地的课税清单，为各地政府创造大量的税收。同时，这7 300万土耳其人也是欧洲各个公司的消费者，并且，当这些公司扩大再生产的时候，他们还是既懂技术，又廉价的劳动力。

然而，欧盟领导人不仅不帮助土耳其尽快加入欧盟，还故意给它设置一些障碍。这不仅伤害了土耳其人的感情，最终也会伤害欧洲人的感情。因为不管投票结果如何，土耳其都会获得胜利。当然，对一部分土耳其人来说，欧洲人的拒绝是对一个民族的尊严的伤害。从各国加入欧盟的历史来看，成功来自于整个过程，而不是最终的结果。换句话说，即使一些人不允许土耳其加入欧盟，对土耳其人以及那些在土耳其投资的投资者来说，这个申请的过程，本身其意义就非常重大。基于这样的原因，你最好还是向土耳其投资。

和中国一样，在土耳其投资也不会一帆风顺。土耳其也是一个发展中国家，其金融市场还不成熟，不管是新兴证券交易所的风吹草动，还是各国币值的剧烈波动，都会对它造成严重的影响。

从某些方面来说，在土耳其投资的风险比中国和东欧都要高。中国的民族比较统一，政治相对稳定。但是，在政治和社交方面，土耳其的领土长期被伊斯兰教徒分隔。库尔德独立派为了建立自己的政权，不断用炸弹

以及其他恶毒的手段骚扰土耳其政府。如果土耳其政府不采取相应的措施，这种事件还会继续发生。中东是一个火药桶，土耳其不仅位居其中，而且，其南部还有几个动荡的邻邦国家，如伊朗、伊拉克和叙利亚。所以，一旦中东地区发生区域性暴力事件，为了自身利益，土耳其也会卷入其中。

此外，中国还拥有世界上最多的外汇储量。到2006年底，中国的外汇储量已达1万亿美元，其盈余超过每年的经济输出，不过，它还不是世界最大的经济输出国。而土耳其却是一个债务国，时常发生经济危机。例如，2000年1月，土耳其的银行业崩溃，全球投资者因此遭到巨大的损失。

如果欧盟允许土耳其加入的话，这一决议也很可能将在2012年~2014年才能通过。因此，在这个土耳其努力打通各个环节的时候，你如果关注这个国家，就会找到长期投资的机遇。不管欧盟与土耳其最终谈判的结果如何，跨国公司已经开始青睐土耳其公司，尤其是金融领域，最近几年，欧洲和美国的某些银行巨头已经拥有了土耳其银行的一些股份。它们之所以这样做，其中的一部分原因是，土耳其正在对其经济、法律和政治体制进行相应的改革，另一个吸引它们的地方是土耳其拥有7 300万人口，跨国公司接近土耳其，也就是在赢取更多的中产阶级消费者。

事实上，尽管土耳其是一个穆斯林国家，但从历史的角度看，它却将目光投向了西方，而不是中东。针对加入欧盟这个热点问题，土耳其的普通公民存在三种不同的看法：有利、不利以及无关紧要。但是，土耳其的商业团体全力支持加入欧盟。他们认为，如果土耳其成为欧盟的一个成员，那么，它将会推动土耳其的经济发展，巩固政治稳定，继续进行经济改革，还可以吸引更多的国内外企业进行投资。并且，大多数商业领导者都习惯采用特别的方式操纵政治家。

和中国一样，土耳其也经过了一段很长的商业历史。几十年来，一些东欧国家一直是社会主义国家，如今，它们刚刚走上资本主义道路。和这些国家不同，土耳其早已进入了资本主义社会。土耳其帝国曾经控制着东西部的香料交易，几百年来，土耳其一直处在非洲、亚洲和欧洲的交叉口，商人都聚集在这里谈论生意。土耳其被认为是联系欧洲和中东的纽带，事实上，它是西方和许多前苏联加盟共和国之间的桥梁，那些能源丰富的国家希望与欧洲和美国建立更直接的经济联系。而土耳其作为它们的邻国，就成为其最合理的商业基地。

土耳其帝国已经消亡近一个世纪了，如今的土耳其是一个经济发达的国家。与那些已经或即将成为欧盟成员国的国家相比，它在很多方面更加具有现代化的风格。伊斯坦布尔商业区的玻璃尖塔很容易让你想到达拉斯、迈阿密或者亚特兰大。50年来，马尔马拉海的海浪一直拍打着来自世界各地的货船，世界上最大的海运航线都汇集在土耳其伊兹密尔省（Izmir）的地中海港口。尽管伊斯坦布尔证券交易所很小，但它的设施却非常现代化，全部为电子控制。土耳其的房地产业正在迅速发展，随着消费者产业的扩张，人们也开始使用信用卡。土耳其人很有教养，技术也非常娴熟，他们认为要想找到一份好工作，就必须获取一定的学位。而且，土耳其汽车制造公司生产的汽车，其质量已经达到甚至超过了西方汽车制造公司。例如，福特汽车制造公司在土耳其有一家合资公司，名叫Otosan汽车公司，它生产的汽车连续4年在欧洲销量第一。与欧洲的一些资本主义商业团体一样，土耳其的商业团体也是久负盛名的。另外，土耳其的网上银行也在快速发展，当地投资者可以通过银行的异地传输模式，购买或出售股票以及共同基金。事实上，在中国，人们购买股票更像是在赌博，他们只是为了感受赚钱时的兴奋。与中国不同，2002年，土耳其开始建立一种个人养老金体系，它与美国普遍存在的401（k）计划类似，随着这种体系的建立，一种投资文化也正在悄然兴起。

根据2007年的情况，短期内，也就是在今后的5～7年里，土耳其的发展会比较缓慢，因为，它与欧盟的协商结果还不确定，而且，它与邻邦国家还存在地缘政治和金融方面的风险。除此之外，它还需要处理一系列预算问题，避免发生通货膨胀。并且，与其他世界主要货币相比，它的货币估价过高，所有这些都会导致你的投资在一定情况下泡汤。

不过，从长远来看，作为一名投资者，在向土耳其这样的市场投资时，你还是要谨慎一些。也就是说，你要等到下一次股市下跌的到来。当然，这种情况一定会出现，当新兴市场的投资者受到外来因素的影响而被迫离开的时候，无论这些新兴市场是否在土耳其，这种影响都会波及其他地方。按照欧盟的要求，土耳其需要进行一些改革，同时，其消费者也在不断地增长，某些公司就会因此而繁荣起来。如果你在这个时候，进入新兴市场，购买了这些公司的股票，那么，你也就抓住了机遇。

那么，你会考虑购买哪些公司的股票呢？

不管是小额存款业务，还是信用卡、汽车贷款、期房抵押等多种财经服务，土耳其人民对它们的需求都在不断地增加，同时，土耳其银行部门也会从中受益。特别是期房抵押业务，它是一种新兴的银行业务，具有很大的发展空间。你要记住，土耳其政府还是一个很年轻的政府，20 年前，它才确立了今天的政体。但是，它具有很浓厚的都市文化。此外，欧盟所要求的改革也会加快土耳其的经济发展，不断完善银行体系，这样，银行就会逐渐吸引投资者的目光。土耳其的大部分银行都有西方合伙人的股份，其中包括阿克银行、艾史银行、Garanti Bankasi、Türkiye Vakiflar Bankasi 和 Deniz Bank。一些小型银行也公开上市。

至于房地产，伊斯坦布尔证券交易所设有房地产投资信托公司。大部分信托公司都是当地银行的分支机构。无论它们属于哪一种类型，随着土耳其经济的迅速发展，房地产市场的价值都会越来越大。因为加入了欧盟组织，罗马尼亚、保加利亚等东欧国家的房价都飞速上涨。所以，土耳其也不会例外。当地的房地产投资信托公司主要有：Yapi Kredi Koray、Akmerkez、Ihlas、Nurol 和 Alarko 等。因为房地产是在当地投资的最终归宿，所以，从另一方面来说，它也是投资组合多样化的一种最好选择。毕竟，无论洛杉矶或者伦敦发生什么，都不会影响到伊斯坦布尔或安卡拉的办公大楼、零售中心以及公寓大楼的出租。因为信托公司都是凭合约占用或者管理着房地产，无论是处于什么时期，它们每月都能获得定额的收入。因此，当证券市场不稳定的时候，投资房地产信托公司就是一个更保险的方式，当然，其中也会出现一些例外的情况。

消费者的开支是一个很大的范畴，但是，我们很容易把它划分成两大类，其中一类是日常用品，另一类是非日常用品——例如汽车和电视。它们都会受到消费者数量及其收入的影响。在伊斯坦布尔证券交易所，你可以买到任何一家公司的股票，包括：啤酒和饮料制造商 Anadolu Efes 集团、土耳其手机制造商 Turkcell、土耳其最大的零售商 Migros、土耳其最大的家具公司 Arçelik 等。

土耳其的航空公司面临着巨大的压力，例如激烈的竞争、能源价格的飞涨、大型装备的高额费用以及恐怖袭击的威胁等。但是，如果你从另一个角度来考虑，当其他投资者都惧怕航空产业的时候，你却在这一产业进行投资，那么，你或许就会有意外的收获。由于土耳其航空公司恶劣的服务，所以，当旅行者提到它的时候，会嘲笑地称其为 They Hate You，这是对该航空公司的调侃，因为，其土耳其名字为 Türk Hava Yollari，缩写为 THY。但是，如今这家公司已经改变了它的策略，而成为欧洲发展最快的航空公司之一，其航班、乘客以及航线都在增加，托运服务也有了新的拓展。

当然，土耳其的很多产业都会受益。随着消费者收入的增加，他们需要得到对生命、家庭以及爱车等生命财产方面的保障，这样，保险业就会拥有更多的客户。为了让土耳其人民生活得越来越舒适，政府要进行一些基础设施建设，这样，建筑公司就会走向繁荣。另外，由于西欧国家的公司不断在土耳其开办工厂，土耳其厂商会从中获利，同时，电力公司也会拥有越来越多的客户。其实，这样的例子还有很多。

问题的关键在于，无论在土耳其的哪个地方观望，你都会看到同一幅画面：土耳其公司具有很大的发展潜力，多年来为加入欧盟所做的准备已经让它达到了欧盟的要求。如果在土耳其投资，当市场出现意外的时候，你必须具有足够的耐心，度过这个不稳定时期，而不是逃离。

与在其他地方投资不同，边境市场需要你具有更大的耐心和坚韧的毅力。

第二节　中东欧概述

中东欧是投资者的一片沃土，其中的理由非常简单。我曾经去过这一地区的一些国家：罗马尼亚、俄罗斯、匈牙利以及土耳其，我也看到了它们的一些巨大变化。我曾经和当地的投资者交谈过，对于这些国家的未来，我感到很兴奋。（从地域上讲，俄罗斯和土耳其不属于中东欧，前苏联的一些加盟共和国，如白俄罗斯、乌克兰和格鲁吉亚也不属于中东欧，在这里，只是为了简单起见，我把它们都归于中东欧地区）。

我所有的调查资料都无关紧要。作为一名持怀疑态度的记者，我从来不相信其他人告诉我的信息，例如在某个地方投资有多么好之类的话。因此，我也不指望你相信我所说的话。你看到的资料与我看到的可能截然不同，针对同一种情况，我们得出的结论也可能大相径庭。正如我在这一章开头所说的，我对中东欧和某个国家的观点，全部来自网络。我的目的是：教你如何借助浏览器，对某一地区或某个国家进行初步调查，而这些地区和国家是你从来没有去过的，而且，你对当地的公司、产业和经济状况等信息全然不知。如果你找到这些信息资料，那么，你就可以不再盲目地接受他人的观点，而是具备自己的分析和观点。

下面的这些内容都来自 Google 搜索引擎，其中有一些是反复出现的，例如：东欧、中欧、投资、建议、产权投资市场、证券、经济、个别国家的名称、各种部门、调查过程中出现的公司名称、投资评论、工人总数、中央银行等等。以上的任意两个短语连起来，基本上都与商业、产业、经济和证券有关。我不再注明这些信息具体来自哪个网站，因为大部分网站的名称都太长了。不过，我会提到创建这些网站的有关组织。为了简洁，一般情况下，我只摘录原文中的重点内容。

我对中东欧基本情况的调查来自两份报告（你也可以在网上找到它们），其中一份来自德勤公司（一家知名的网上顾问公司）2006 年的分析；另一份来自毕马威 2005 年的报告，题目为《新欧洲商业典型之间的

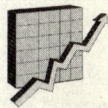

竞争：老虎、恐龙与瞪羚之间的较量》。其实，网上还有很多这样的调查与分析，在研究这些国家和地区的时候，我只代表性地引用那些范围较广的报告。但是，在这一章，我并不是有意回避其他的调查数据和内容，这两份报告只是比较容易说明我的观点。你可以快捷地找到大量的相关信息，帮助你形成自己的投资思想。

简单地说，以下内容来自这些报告中的一些关键点。一位理性的投资者看过之后，可能会想："嗯，我应该在东欧投资。"有些观点是逐句摘录，有些是我自己的阐述。

• 中欧逐渐成为欧洲乃至全球商业环境的一个主要角色，很多中东欧国家为了吸引外来投资，都大幅度削减税率，同时，它也是该地区制造业和以服务为导向的商业活动重新部署的主要驱动力。

• 随着经济体制的改变，中东欧经历了一个快速发展的过程，其经济增长比西欧快很多，并且，这种趋势还将持续很多年。

• 该地区基本上一直在遭受国外投资者的诽谤和误解，主要原因是中东欧不像中国或者印度。即使到了现在，人们仍然保留着一种错误的观点：中东欧地区仍然保持着臃肿、低效的官僚机构。

• 事实上，巨大的经营业绩正在给整个中东欧地区，包括所有的产业部门和经营场所，创造良好的发展前景。这一地区的竞争水平越来越高，消费者的选择也越来越广泛，所有这些都会迫使公司提高其产品质量，因为只有这样，它们才能在竞争中获胜。国内公司也开始到中欧各地寻找发展机遇，通过采取有效策略，其中的一些公司甚至可以与跨国公司相抗衡。

• 当地公司也在快速地发展，其生产力已经有了很大的进步。但是，与跨国公司相比，它们的发展速度还比较慢。

• 区域性公司代表着中东欧最有前途的一类公司。其中很多都是从原来的公司演变而来，并且，它们已经学会凭借对该地区的了解和认识来赚钱。例如，捷克斯洛伐克的制药厂商 Wallmark，就是这类公司的暴发户。

1989 年秋，出现了一些市场机会，这些公司抓住机遇，填补了该市场的空白。作为一个公司群体，区域性公司最有影响力，发展速度最快，它们已经是最高生产力的代表。

●与巴西、俄罗斯、印度以及中国等重量级新兴市场相比，中欧市场只能位居其后。总体来看，这一地区的人口是俄罗斯的90%，而其国内生产总值却比俄罗斯要高出约30%（这一数值不包括土耳其）。中欧和西欧毗邻，这一地区自然就成了生产、出口高附加值商品的最佳地带，同时，它也是欧盟最主要的市场。并且，中欧的政治和经济也比较稳定。也许最重要的一点是，这里潜在的利益率。到目前为止，与中国相比，在中欧获得更高的利益率要更容易一些。

●在中东欧投资的一些风险：尽管有些国家是欧盟的成员国，但是，它们仍然存在过度管理、官僚统治以及贪污腐败等问题。有些公司吸引不到足够的职员，而且，也不能对他们进行培训。基础设施建设的不足可能会成为经济发展的障碍，例如，波兰只有两条狭窄的通道连接着各大城市，投资者不愿意在那里投资，公司也很难买到土地，加上政府官员的贪污腐败，这些都严重阻碍了它的发展。在另一些国家，如匈牙利，对于这里难以为继的预算和频繁出现的账户赤字，信用评级机构已经给予了突出的关注。

网上存在很多类似的报告，仅仅从这两份报告中，你就会对中东欧形成一个具体的认识。对于那些雄心勃勃的投资者们来说，他们不想只在西方国家投资。除了必然的风险之外，中东欧确实给他们提供了一些实在的机遇。

不过，你或许又会这样问：作为一个普通的个体投资者，怎样才能将这些分析转化为实际行动呢？

关于这个问题，重点是要调查某个具体的国家，找到符合你投资标准的产业和公司。我们来看一个罗马尼亚的实例。之所以举这个例子，是因为我曾在 2000 年的一次巡回报告中，访问了这个国家。根据我在那里所看到的一切，我告诉自己：将来某一天，我一定会在这个国家投资。

罗马尼亚是欧洲最大的国家之一，它于2007年1月1日加入欧盟。正如我在上一章提到的，在申请加入欧盟的最近几年里，罗马尼亚的证券市场已经发生了巨大的变化。那么，如今对于罗马尼亚市场是否可以进行投资了呢？或者说，对于那些想在东欧发展过程中进行投资的投资者来说，是不是已经存在机遇了呢？

这种逻辑很严密，你需要先对罗马尼亚有一个宏观的了解，然后对其龙头产业进行分析，最后向其中成功的、有前途的公司投资。这只是我在调查之后所建立的一种投资理念。其中包括我的调查研究，也有我对这些调查的简单分析。你完全可以从不同的角度来看这些内容，这样是最好的。我总结这些内容的唯一目的就是，让你理解这些注解的含义，以指导你的调查研究。

小提示：关于欧盟成员的一段小插曲

在这本书中，尤其是在这一章，我不止一次地提到中东欧国家加入欧盟的事宜。以下就是我多次提到它的原因。

欧盟实际上是一个欧洲共同体，它是一个专门的经济集团，比美国大。像佛罗里达人先到乔治亚洲，再到南卡罗来纳一样，欧盟成员国的公民和商品可以自由跨越边界。欧盟拥有通用的货币——欧元。不过现在，并不是所有的欧盟成员国都在使用这种货币。大部分西欧国家都早已是欧盟的成员。2004年，欧盟从中东欧地区吸收了10个新成员，其中的大部分国家都曾经是共产党领导的社会主义国家。2007年，欧盟又吸收了罗马尼亚和保加利亚两个新成员。还有一小部分国家也想加入欧盟，事实上，它们也不得不加入欧盟。其中的大多数国家位于欧洲东南部的巴尔干半岛，还有一些是前苏联的加盟共和国成员。

这些国家要加入欧盟，就必须遵守一系列的政治、经济和法

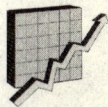

律准则，即所谓的哥本哈根标准。这就是投资者的利润来源。

按照欧盟的要求，这些国家必须具备民主思想，加强法制，尊重产权，尊重人权和本土的少数民族；它们还必须重组本国经济，避免通货膨胀，允许市场经济的发展，因为在这些国家，计划经济通常占支配地位。

从某种意义上说，我们讨论的是民主和经济的复兴。一个城市的繁荣，会使其邻近城市逐渐恶化的经济得以复兴。通常，在那个经济衰败的城市，投资者购买的股票价格都很低，当其邻近城市越来越受人欢迎的时候，这些投资者就会从其财产价值逐步升高的过程中，获取高额的利润。

一个国家要想成为欧盟成员国，就必须在此之前完成经济的复兴，相应的准备工作也得提前几年进行。这样，它就需要采取各种必要的措施促进其经济的进步，当地企业也会随之发展，同时，当地的证券市场也会更加繁荣。这时候，国外投资者就会蜂拥而至，反过来又会进一步促进经济的增长。总而言之，对于那些在本国投资的人们来说，这一良性循环会给他们带来很大的利益。

到目前为止，对于那些努力想加入欧盟的国家来说，它们已经看到其证券市场的状况，而且，在这个准备过程中，证券市场已经得到了明显的改善。毫无疑问，这种改善会一直持续下去，因为，这些国家所做的有关政治、经济、法律和财政等方面的改革都会给证券市场带来好处。

在一个国家加入欧盟的进程中，从中受益最大的公司包括：银行与金融公司、基础设施建设公司以及房地产开发公司。之所以这样说，是因为银行与金融公司对经济最为敏感；而且，随着这个国家向经济大国挺进，它必然会修建更多的道路和下水道；除此之外，西欧公司也想到这个国家寻找发展机遇，该国的市场就会不断发展壮大，结果是房价飞速上涨。

当前，很多国家都井然有序地准备加入欧盟，其中包括：克罗地亚、土耳其以及很多巴尔干半岛国家。克罗地亚差一点就被批准为欧盟成员国，如果欧盟领导人担心其成员国数目太多，或者抱怨欧盟成员国的国家现状，那么，就没有几个国家能够加入欧盟了。

罗马尼亚的宏观经济

罗马尼亚具有很大的发展潜力。它有肥沃的农业耕地、丰富的能源储备（包括煤、石油、天然气、水以及核能）、成熟的工业基地（几乎涵盖了制造业的各个领域）、高素质的劳动者群体。在其黑海和山区，该国还有丰富的旅游资源有待开发。

罗马尼亚的外来投资已经开始增长，但是，与中东欧的大部分经济转型国家相比，外来投资所占的比例明显不足。

2005 年，在能源部门的改革方面，罗马尼亚取得了突破性进展，制定而且落实了很多私有化方案。在这个国家的 8 个国有电力部门中，其中就有 4 个部门完成了私有化改革，并且，政府部门还在进一步深化这一改革。Distrigaz Nord 和 Distrigaz Sud 是罗马尼亚的两家国有天然气开发公司，它们分别出售给了德国 E. ON Ruhrgas 公司和法国燃气公司。因此，该国的天然气公司也开始私有化。然而，由于该政府改变了对 Rovinari、Turceni 以及 Craiova 能源集团公司的策略，其能源部门的私有化进程被延迟。

资料来源：美国商务部（2007 年 4 月）

点评：

这里是一个好地方。如果这个国家富含煤、石油、天然气以及其他能源，那么，其能源部门就会拥有很大的投资机遇。因为全球，尤其是欧洲都急需这些能源。在黑海沿岸的旅游业也会快速发展起来，并且，对于在此寻找发展机遇的西方国家来说，这个国家还能为它们提供大量的劳动力。

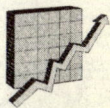

我的理解是：尽管罗马尼亚证券市场已经有了很大的改进，但是，与其他国家相比，在罗马尼亚的外来投资却不是那么集中。正是这种情况，使得罗马尼亚成为投资者进行长期投资的最佳场所。

你值得对天然气产业进行一些调查。西欧对天然气的需求量很大。而罗马尼亚是一个可以长期供应天然气的国家。其他上市的天然气供应商可能会买断罗马尼亚的天然气产业。罗马尼亚政府正在考虑将其他天然气开发公司私有化。

显然，罗马尼亚现在是一个有吸引力的投资地。由于获得了较高的信用评级，国际投资者欢迎它进入国际资本市场。

资料来源：世界银行（2006 年国家报告）

点评：

这仅仅是来自世界银行的反映，并没有什么实质性内容。不过，这是一个大量了解金融和经济背景的无党派国际组织对这个国家投出的信任票。

罗马尼亚整体经济的基本框架已经成型，尽管该国经济仍然不能与欧洲其他国家的经济水平相比，但是，它现在正以历史上最快的加速度向这一水平靠近。

随着罗马尼亚加入欧盟，抚恤基金也会集中在布加勒斯特证券交易所上市。造成这一结果的原因是罗马尼亚已经属于欧盟市场，很多外来抚恤基金也可以在罗马尼亚自由上市，最终，由于新的抚恤基金的上市，这种影响还会进一步扩大。

资料来源：罗马尼亚商业文摘（荷兰银行巨头，荷兰国际集团报告）

点评：

从总体上来看，罗马尼亚的经济发展速度不像其他欧洲国家那么快，但它的速度是不断加快的。也就是说，加入欧盟的过程促进了罗马尼亚商业以及投资环境的发展。

这条法定的有关当地新抚恤基金的信息很令人振奋。因为，它意味着当地工人将来也可以享受一个新的退休金政策，并且，它还能支持当地的证券市场。同时，这也很值得你进行更深入的调查。

罗马尼亚养老金改革的第二个支柱，即个人管理必需养老金将从2008年1月1日开始执行。主要做法就是将部分国家资金投入个人养老基金。对于全国35岁以下的公民，该政策必须强制予以执行。而那些36～45岁的公民可以采取自愿申请的原则。这一养老金资产的分配方法是：70%的政府债券、15%的股票以及15%的现金存款。

资料来源：欧洲委员会（关于罗马尼亚报告，2007年1月）

点评：

罗马尼亚正在建立一种新型的个人养老金体制。该体制要求其中的一部分资金属于股票。这条信息非常好。它意味着一定比例的养老金资产将长期支持罗马尼亚的股票。这样，一些罗马尼亚人也会对本国证券市场产生一定的兴趣。随着时间的推移，他们还会用自己的资金购买更多的股票。联想一下美国的401（k）市场，刚开始，它也是一个新奇的事物。如今，它已经让上百万家庭走进了证券交易市场。当地投资者的支持意味着罗马尼亚的证券市场对集体投资者的依赖会越来越少。同时，那些为工人提供养老金账户和服务的公司也会拥有很多投资机遇。

第三节　罗马尼亚产业分析

现在，我们对罗马尼亚已经有了基本的了解，这些信息足以让我们认识到，在努力加入欧盟的过程中，当地经济在不断地加强，并且，由于实施了新的法定养老金政策，越来越多的罗马尼亚普通公民也开始进入当地

证券市场。尽管这不是你最终得出的结论，但是，从这个简单的分析过程中，你至少可以确定，这个边境市场正在步入正轨，而对我来说，我急切希望在这个国家的某些产业进行投资。

罗马尼亚加入欧盟之后，它吸引了越来越多的建筑公司的目光……这将给建筑市场带来积极的影响。但是，当地的建筑公司可能无法完成一些大型的基础设施建设工程。因此，跨国建筑公司将会在这一市场拥有更大的发展空间。特别是现代化的商业领域，包括高级百货商店和购物商场，它们都具有最好的发展前景。

罗马尼亚2/3的公路需要修缮，而且，目前它已经起草了一个大方案，其内容是：到2013年，政府将建设总长达几千万公里的高速公路，其中的大部分工程由那些大型的跨国集团或跨国建筑公司承担，当然，它们会与罗马尼亚当地公司签订承包合同。

资料来源：PMR出版物（波兰顾问公司，2007年3月）

点评：

我们都有这样的常识，在一个新兴国家，建筑公司是一个大型产业。不过，罗马尼亚建筑承包商的规模不大，它们不能独立完成某些大型的建筑工程。这也就意味着它们只能作为二级承包商或者顾问公司，当然，也可以被外来公司收购。无论是哪一种情况，也不管哪些建筑公司上市，它们都会有很好的前景。另外，欧洲各地的跨国公司也能从罗马尼亚的发展中获利，同样，它们也值得你去调查研究。之所以将这个评论单独列出来，是因为它涉及另外一种产业——零售业。如果更多的高级百货商店和购物商场需要开张，那么，很显然，消费者的需求也在不断增长。这条评论尽管来自一份有关建筑产业的报告，但它引申出了零售业，所以，你也应该对其做一些调查。

这个方案将给那些建筑公司带来很大利润。如果你是一位聪明的投资者，那么，你就会关注桥梁和道路工程。前面我曾提到，外来公司进入罗马尼亚，会与当地公司进行合作，这两种观点其实是一致的。另外，对当地居民来说，这确实是一个好兆头。

对于我决定调查罗马尼亚建筑市场的做法，你可能会感到惊奇。对此我却不觉得奇怪。因为，当我在 Google 输入"2007 年罗马尼亚股票市场分析"时，列表的最上端就出现了 PMR 的这份报告。

以下是我摘录的一些片段，它们来自牛津大学 2007 年所做的一份报告。该报告本身售价 180 美元，而以下这些信息却都是免费的。

银行业：尽管有些人担心罗马尼亚正处于大幅度转型时期，但是，银行业却准备在此期间大干一番。

保险业：罗马尼亚的保险业发展速度之快，超出了所有人的想象。该部门的全面改革已经初见成效。保险业进一步的发展空间仍然很大。这一产业将成为竞争最激烈的领域。

能源：2004 年，罗马尼亚将其最大的石油公司出售，随后，该国的能源部门都向私有化过渡。按照欧盟的要求，到 2007 年，罗马尼亚的所有天然气公司都要私有化。

旅游业：对大部分世界旅行家来说，罗马尼亚是欧洲的一个小角落，其旅游产业还是老一套。近年来，甚至连罗马尼亚人都认为国内的旅游服务达不到国际标准，他们都喜欢到邻国旅行。尽管如此，这些旅游产业还是有很大发展空间……

电信业：电信业的竞争都集中在提供高附加值的服务以及服务多样化等方面。固定电话电信公司正面临着移动电话公司的威胁，而且，移动电话公司的业务正在向农村扩展。

零售业：罗马尼亚人口众多，国内生产总值也在快速增长。目前，其零售业的发展良好，并且，它也吸引了大量的外来投资者。开发商正快速地建设购物商场、高级百货商店以及其他零售渠道，以扩大这一领域的投资机遇。

资料来源：牛津大学商业集团（伦敦，经济政治研究）

点评：

这就是你寻找的宝藏。当然，这里对所提到的每一种产业都没有进行深入的探讨，你也肯定不会从这些信息中得出什么结论。不过，它足以引起你的投资兴趣。银行业发展良好；保险销售飞涨；由于政府部门将能源公司进行公开拍卖，这些私有化的能源公司就会拥有更多的投资机遇；旅游业还没有充分地开发，但正是这些没有开发的产业，在新兴国家才能成为巨大利润的来源；移动电信公司正在不断向农村市场进军；还有我最感兴趣的零售业，当地人们收入的增加提示我，消费者的需求是巨大的。对于那些想在中东欧投资的人们来说，他们都愿意花费时间去调查这些产业。其中，你也可能找不到任何有价值的机会，尤其是旅游业。但是，这只是一个可能，并非一定没有机会。不管怎么说，你都可以根据这些信息，形成一个基本的认识，以便帮助你在罗马尼亚和中东欧等地进行投资。

正如上面那份来自牛津大学的资料一样，这也是一份报告的摘录。其售价为 2 000 美元，不过，下面的信息是免费的。它不仅给你提供了有关银行部门的一些有用数据，还向你推荐了一些可供调查研究的银行。

2007 年罗马尼亚的银行业市场报告

2006 年，罗马尼亚的银行数量（包括自动取款机和网上银行）增加了几百个。很多银行还通过增加业务渠道（互联网、呼叫中心）来提高它们的服务水平，同时，也降低了运行成本。

罗马尼亚银行业的中期前景非常好。个人财富的增加、失业率的降低以及良好的企业状况等都促进了银行业的发展。同时，外来直接投资也给

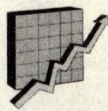

银行业带来了更多的业务。就像其他欧盟成员国所经历的一样，罗马尼亚加入欧盟以后，其市场透明度明显提高，这些都有可能引起新的银行业主及金融服务专家对它的关注。

2006年，一些银行业的后起之秀显著地改变了罗马尼亚顶级银行的排位。例如，最有活力的银行——Banca Transilvania 在2004年处于第10位，到了2006年第3季度，该银行处于第5位，创造了当地银行比外来银行发展更快的奇迹。

资料来源：Mindbranch（美国市场调查公司）

点评：

这些免费资料确实很好。分支网点和自动取款机的数量在不断增加，消费者的收入也在不断增加，这些都证明了人们需要更方便、更优质的银行服务。人们对某一产业的需求越大，该产业获得的利润也就越大。

此外，罗马尼亚拥有了欧盟成员国的资格，这一点使它成为银行业发展最具活力的地方，并且，还吸引了很多外来投资者——外来银行进入罗马尼亚，收购当地银行，直接拥有银行股份。（注意以下这个附加说明："就像其他欧盟成员国所经历的一样……"当你看到类似的文字时，一定要注意这样的评论。如果罗马尼亚正在发生一些变化，那么，其他欧盟成员国已经经历了这些变化，并且，这些变化同样也会出现在将来加入欧盟的国家，例如，克罗地亚、土耳其等。这就意味着你已经明白去哪里寻找投资机遇了。）

也许最重要的一点是，在这些信息中，提到了一个当地银行的名称，即 Banca Transilvania。很显然，这个银行正在进步，因此，它就是我们的起跑点……

第四节　罗马尼亚公司分析

通过上述的三份报告，我们已经了解了很多可供调查的产业。但是，

我将重点阐述银行业以及 Banca Transilvania 银行的情况，因为，最后那个有关该银行的例子告诉我们，它是一个发展迅速的银行，而且，顾客对这种产业的需求正在急剧上升。如果我没有记错的话，它是我在这些报告中遇到的第一家公司，即使 Banca Transilvania 不是一家股票上市公司，对它进行一些调查，也可以让我们了解其他可以参考的银行。

大多数罗马尼亚人都具有一种特别残忍的性格，也就是布拉姆·斯托克性格（Bram Stoker character）。让我们来看一下这个银行，或许还能发现什么其他的信息。

小提示：入乡随俗

进行调查的一个秘密是，使用当地和区域性的搜索引擎。

当你在 Google.com 上，搜索罗马尼亚的时候，当然，你也可以用美国人常用的一些搜索引擎，它搜索出的内容都带有一定的偏见。尽管，你也能够发现几个外国网站，但是，你看到的却是美国心目中的外国市场。

如果你求助于当地的搜索引擎，那么，你搜索出的内容就会发生天翻地覆的变化。

Google 在世界各地都设有网站，并且，每个市场都拥有自己当地的搜索引擎。你要充分地利用这些搜索引擎。如果你进入 Google.co.uk 网站（这是一家英国网站，伦敦是全球投资的调查中心，因此，从这家网站搜索，将是一个良好的开端），就会出现一系列不同的搜索结果。而进入 Google.ro 网站（罗马尼亚网站），它又会显示不同的搜索结果。这些结果大部分都与罗马尼亚有关，不过，你需要找到一家翻译网站，来帮你理解这些内容。

首先，一个最基本的问题是：Banca Transilvania 的股票是否公开上市？如果它不是上市公司，那么，你就没有办法购买该公司的股票，对它进行调查也就没有什么意义了。

你可以在布加勒斯特证券交易所的主页，找到这个问题的答案。"公司目录"的英文版显示 Banca Transilvania 是罗马尼亚的一家股票上市公司，交易代码是 TLV。2007 年夏，该公司的股票价格是 0.85 列伊①，处于这一年股价最高与最低值之间。

现在，我们就搜索有关该公司的所有信息。

在 Banca Transilvania 网站（www. bancatransilvania. ro）上，有一个"投资者联系"的链接，它提供该公司近三年的年度财务报告。该报告按国际财务会计准则制定，由毕马威公司审计。Banca Transilvania 的发展势头良好。以下内容来自该公司 2006 年 12 月之前的一些数据：

- 该公司的资产已由最初的 14 亿列伊增长到 80 亿列伊。这个速度让 Banca Transilvania 公司的市场份额位居罗马尼亚顶级银行的第五名。
- 按照公认的财务底线，其纯利润已由原来的 3 100 万列伊增长到 1.08 亿列伊。
- 其支行和自动取款机的数量分别由原来的 71 和 157，增至 341 和 528。

该网站给你提供了各种金融文献和银行评论。它们能帮助你了解该公司的具体情况。就是在这个网站，你才可以了解到该公司的这么多内容，而大多数美国人至今都还没有听说过它们。

- 1994 年开始运行。

---

① 列伊是罗马尼亚的货币单位。2008 年 9 月，1 美元约折合 2.55 列伊。——编者注

●16%的市场面向小型和微型商业，在这一领域，该公司是罗马尼亚的第二大银行，也是 BT 公司的核心。

●该公司拥有近 90 万张银行信用卡，包括贷方和借方。它们都在小额存款客户中流通，这些客户也是 BT 公司获取市场份额的主要来源。

●截止到 2006 年底，该公司一共拥有 70.6 万个客户，比 2005 年增长了 75%。

●在 BT 公司名下，还有一些附属业务，如保险、出租、客户金融资产管理等等。在该公司的"投资者联系"链接中，还有一个 BT 有价证券公司的链接。该公司是一家网上中介公司，美国投资者可以在该公司开户，并进行罗马尼亚证券交易。按照 2007 年夏的货币兑换利率，每次交易为 6.58 美元。

●2007 年，该公司的主要目标为：客户总数至少达到 100 万个；流通的信用卡达 105 万张；资产基数扩大 50%；新增 100 家以上的支行；建立 5 个培训中心；开设一个呼叫中心；针对核心商业，增加几种以贷方为基础的新业务。

简而言之，BT 公司是一家不断进步的银行，并且，它也逐渐成为罗马尼亚最好的银行。不过，这些信息都来自该银行自己的网站，而其他网站是如何看待 Banca Transilvania 公司的呢？我们从哪里才能得到其他的信息呢？

●一些欧洲的大型金融机构，包括世界银行和欧洲改革与发展银行，它们在 2006 年 11 月，决定以贷款的方式，向 Banca Transilvania 公司投资 6 000 万欧元，主要用来"维持其实质性发展，并且实施一些宏伟计划"（来自 www.ebrd.com，它是欧洲改革与发展银行的网站）。这些机构之所以这样做，就是为了帮助罗马尼亚逐步提高财经服务水平，提高其市场竞争力，帮助 Banca Transilvania 公司将银行业服务引入小型和微型商业，以发展罗马尼亚的经济。

● 海康保险公司（AEGON）是荷兰的一家人寿与养老保险公司。2007年初，它与 Banca Transilvania 公司一起创办了一家合资保险公司。到 2008年，罗马尼亚开始实施其强制性养老金投资系统的时候，它就能为客户提供相关的业务和服务了。Banca Transilvania 公司将在支行和附属保险公司代理处办理这些业务，其目标就是使本公司位居同类公司的前五位。我的理解是：在提供养老金业务方面，Banca Transilvania 公司已成为一个国际专家，并且，它还将成为政府委托办理各种账户的主要银行。这样，上百万罗马尼亚人的投资选择和建议就会越来越多。作为一家发展最快的当地银行，Banca Transilvania 公司要赢得一大部分市场份额，就会具有很大的优势，这一优势又会给它带来综合办理某些业务的机遇，包括存款服务、贷款服务以及信用卡服务，而这些服务所面对的人群可能还不是 Banca Transilvania 银行的客户。

● 再来看这样一份报告，它是罗马尼亚产权投资市场 2006 年的年度报告。罗马尼亚中介公司、Intercapital Invest（www. intercapital. ro）提到，BT 和 Banca Carpatica "仍然是接管对象"。当然，在那些有可能被接管的银行投资，确实存在一定的风险，并且，这种方式通常也不是建立投资组合的最有效途径。不过，我在这里所讨论的是一个新兴市场，它是欧洲的一部分，并且，正快速地赶上其他欧洲国家。另外，它还拥有一个日益增加的零售业和商业消费群体，提倡海外公司到其国内进行投资，寻找立足点。然而，在这样的情况下，跨国公司和区域性公司却坐观其变，等待时机，目的是从中发现它们认为最有发展前景的公司，抓住它们的投资机遇。就算证实了以上两家银行是接管对象的说法，你也可以从中建立一个全面的投资理念。此外，对于那些发展前景好的罗马尼亚公司来说，你还希望当地的中介公司能够提供有关它们的一些资料。因此，Intercapital 公司的评论至少可以让你相信 BT 公司的美好未来。（从另一个角度来看，接管的说法可以解释股票价格增高的原因——但对银行来说，它还没有偏离BT 公司的增长曲线。投资者之所以购买并一直持有这家公司的股票，是因为他们希望该公司能被一个更大的欧洲公司接管，这样，其股票价格增高

的幅度就会更大。）

• 说到 BT 公司将成为接管对象，我想起了罗马尼亚的《商业标准报》（the Business Standard，网址是 www. standard. ro）。它曾在 2007 年 7 月上旬，刊登过这样一篇报道，内容是关于荷兰银行巨头 ING 人寿保险公司的，其罗马尼亚办事处的总经理说，为了达到 ING 人寿保险公司的发展目标，它会收购一些当地的小型银行，例如 Banca Transilvania 和 Banca Carpatica。

• 据罗马尼亚的新闻网站 Hotnews. ro 报道，同样是在 2007 年 7 月，按照最新的调查，Banca Transilvania 已经是罗马尼亚第 6 大最具影响力的品牌，排名跃升了 4 位，这也让其成为发展最快的一个品牌。尽管，这些信息并不是全面调查的主要内容，但它已经证明，越来越多的罗马尼亚消费者有了这样的认识，即这家区域性银行正在努力创造一个国家品牌，并且，这种努力已经有了回报。

• 在一份银行业的市场调查报告中，一家波兰的市场调查公司 Intelace（www. intelace. com）将罗马尼亚列为"中东欧银行业发展前景最好的国家"。尽管，这里并没有特指 BT 公司，但是，我们了解到 BT 公司的资产在快速增长，罗马尼亚人对其银行业自主品牌也有了一定的认识，这些都证明，罗马尼亚人对银行小额存款业务和商业银行服务的需求在迅速扩大，这一点正是 Banca Transilvania 公司利润和资产快速增长的原因。

以上所有信息都来自 Google 链接中的前 8 页内容。如果你想了解 Banca Transilvania 公司的全部信息以及对其进行投资的潜在价值，那么，这些资料还远远不够。你要调查的关于 BT 公司的内容还有很多，包括对该银行财务成果的分析。所有这些信息你都能在网上找到，但是，这些必要的财务细目超出了本书的范围。

最后，不管采取哪一种方法，你都会对罗马尼亚做出一个全面的分析，并找出一个有发展前景的产业和一个潜在的投资对象——Banca Transilvania。帮你得出的这个结论的资料都可以从网上获得。

全球投资就是这么容易。

尾声：

我曾在本章开头提到，一位理智的投资者将会得出这样的结论："嗯，我应该在东欧投资。"长期以来，尽管我对中东欧一直都很感兴趣，但是，在我开始写这一章的时候，我在该地区既没有进行任何投资，也没有开通任何一个中介账户。正是由于我所获悉的这些资料（再说一下，我仅仅罗列了其中的一些重点），我才在 Vanguard. ro 网站开通了一个账户。该网站由罗马尼亚的一个网上中介公司创办，它也正是我所喜欢的那类提供多个国家证券中介服务的公司。它不仅提供罗马尼亚的证券交易服务，还提供保加利亚和奥地利的证券交易服务。在我写完本章内容不久，克罗地亚和乌克兰也将和其他市场一起，进入这一中介公司的业务范围。

不要让巨头垄断财富

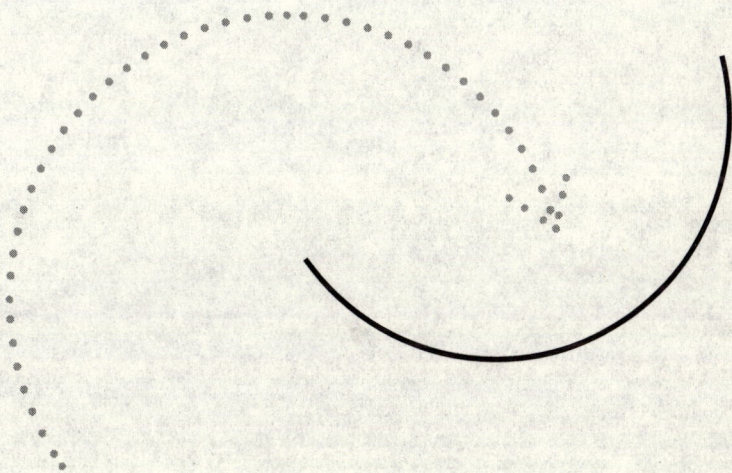

我以一台洗碗机的故事，开始了这本旅行指南的撰写。现在我就把这个故事从头到尾讲一遍。

在1995年秋之前，我对 Fisher & Paykel 股份有限公司一无所知，甚至还不知道有这样一家公司。我是在网上浏览一份新西兰报纸的时候，才第一次注意到这家公司的名字。当时，我只是想从新闻中，搜索亚洲的一些值得调查的公司。在网上，Fisher & Paykel 公司只公布其半年财务报告，并且，还提到它的发展速度以及在亚洲的发展前景。我找到这家公司的网站，并给它发了一份电子信函，索要最近3年的年度报告和半年报告。两周以后，我收到了回复。经过一番努力，我终于向这家公司投资了，而这种做法与那位新西兰代理人特德给我的建议正好相反。当时，我让他用我的账户购买 Fisher & Paykel 公司的股份，他礼貌地暗示我这样做可能并不明智。因为，设备制造商的前途很渺茫。他还告诉我，他的公司一直都持有这家糟糕公司的股票。

10多年过去了，直到2007年，我仍然持有那些股票。

事实上，这个前途渺茫的设备制造商当时在亚洲发展得很好，而且，它的品牌已经被美国消费者认可。它的一款名叫两屉洗碗机的产品是一台两用洗碗机，已成为美国厨房用具的一次革新。而在此期间，该公司的股票也在迅速攀升，并且，它们还为股东提供高利润的卫生保健红利。原来的那些股票价格如今都提高了4倍，与我的初始投资金额相比，在整个过程中，该公司支付给我的奖金和特殊津贴已经超出其40%之多。综合起来看，在 Fisher & Paykel 公司投资的年均利润超过17%。从这些数据来看，它的前途并不渺茫。

这么多年来，我从《华尔街日报》上了解到了所有的金融市场。我经常会看到这样一些内容，对于那些投资金额不到10万美元的投资者，产业部门建议他们只向共同基金投资，而不要向普通股投资。当然，如果你对普通股不感兴趣，这个建议就很好，但是，如果你只想投资普通股，而不想投资共同基金，那么，华尔街的建议就没有什么用处了。因为，无论你是在美国还是国外，开户都用不了 10 万美元。我在开通那个新西兰账户的时候，只花了 5 000 美元。即使到了现在，如果我想购买某些基金，我还会给我的多种账户汇 1 000 美元。此外，这些年来，针对那些外来投资者，与我有联系的所有国外账户都没有投资金额的最低限制。即使有，数目也非常低。

华尔街的领导集团不过是想告诉你我这样的小投资者们，尽量少买个人股票，尤其是海外股票。很多人赞同这种观点，因为个体投资者还没有成熟的技巧去分析另一个国家的公司和那些产业的运行状况，并且，他们也不了解海外账户的规则和政府的相关政策。所以，很多人就认为个体投资者应该避免购买海外股票。华尔街的专家也赞同你将投资多样化，不过，他们最多只会建议你购买美国的共同基金或者开放式基金，而让那些大人物来承担海外投资的重任。如果你是一位真正的冒险家，而且也不害怕承担风险，那么，他们就会建议你向众所周知的 ADRs 进行小额投资。

我可以告诉各位读者，我在其他国家拥有 6 个账户，并且，每个账户都获利颇丰，那么，你就知道我是站在哪一边了。直接进行海外投资是一种投资策略，个体投资者只要凭借常识，或者利用网络等简单工具，就能很容易地掌握它。除了拥有工商管理硕士学位和金融分析家特许证之外，那些共同基金管理者和股票分析专家经常会出错。

为什么会发生安然事件和帕玛拉特事件？为什么德国默克集团的 Vioxx 药物与致命性心脏病之间的潜在联系会导致股市大跌？当那些分析家听说，一家加拿大制药公司宣布生产一种可与 Plavix 相抗衡的药物时，为什么必治妥公司就失去了其主导地位？又是什么导致 20 世纪 90 年代出现的那次预测失误呢？当时，那帮分析家做了一个极好的推测，他们认为股票价格会升至 1 000 美元，而最终结果却与它相差甚远。为什么华尔街的专家们花大价钱选出的股票，其价格都会降至个位数，甚至公司最终会破产呢？这些股票在几个月前还是市场中的宠儿！

以上诸多例子并不是说这些专家不擅其职，其中的很多专家对业务相当娴熟，而另一些却相反。不管怎么说，问题的重点在于，任何投资者和

分析家都不可能准确地预测到某家公司的股票会出现什么情况。但是，作为一个个体投资者，你却拥有自由的时间，而这是那些专家所不具备的。

我曾经通过传真简单地采访过沃伦·巴菲特，他是现代最伟大的一位投资者。尽管我不是沃伦·巴菲特，但是，我完全赞同他的投资方式，他将其总结为："很多成功都来自静止不动，大部分投资者都禁不住诱惑，不断买进并出售股票。"他还明确地写到："昏睡和懒惰是这种投资方式的基石。"而我就是一个懒惰的投资者。我购买海外股票，就是为了长期保存它们，并不准备某一天在中国买进，然后抛出，再购买伦敦的股票。过去的 12 年里，在我投资的所有海外公司的股票中，我只抛出了两种，一种是由于那家上市公司破产了，它把我剩余的那部分资金还给了我；另一种是因为我贪图小便宜，有一家公司想购买我投资的那家木材公司的股票，我就将其卖给了那家公司。当然，我也获得了一笔不小的利润。如果当时我稍加考虑，就不会贪图那点小便宜，因为在商品繁荣期间，该股票的涨幅会更高，我从中赚取的利润也会更多。

在这 12 年间，从我在新西兰开通第一个账户开始，我就时刻关注市场的起伏变化。我向很多公司投资，如我在前面提到的 Aristocrat Leisure 公司，它是澳大利亚的一个博彩机制造商，为美洲提供娱乐赌具和老虎机，为日本人提供弹球机。我也看到 SARS 对东亚银行和香格里拉亚洲公司所造成的影响。尽管很多管理人纷纷抛售这些股票，很多分析家建议投资者关注这些公司的运转，但是，我却并不着急，因为我坚信它们会在这场危机中安然无恙，甚至会更加稳定。最后的情况也确实如此。如今，它们的价格已实现了 3 位数的增长。

如果香格里拉亚洲公司受到 SARS 或禽流感的影响，那么，结果会是怎样呢？是不是就意味着游客再也不会到亚洲去了呢？或者说，这种情况只是这些公司走向繁荣的一个小插曲？一旦这些危机过去，随着中国人收入的增加，亚洲的旅游业又会迅速地恢复繁荣。香格里拉仍然是那些高贵游客认可的一流品牌，并且，这家公司还将继续在中国增开更多的旅馆。因此，其股价下跌只是外来事件短暂影响的结果，它对该公司的长远发展并不会产生太大的影响。

在这种情况下，那些分析专家会迅速做出反应，随后，就像他们很关注任何一个可能出现的问题一样，他们会提出一些质疑。当共同基金组织发布其季度结果，上市公司发布其财务报告的时候，这些分析家就有必要显示自己的才华，他们想让那些寻求投资建议的顾客认为自己是精明的。所以，他们必须做出这样的反应。然而，当某位管理者所投资的公司宣告破产，或者分析家所热衷的股票出现大跌的时候，他们看起来就不那么精明了。

作为一个个体投资者，这个时期确实很具有挑战性。但是，你也不必有任何压力。如果你对某家公司充满信心，那么，当别人由于恐慌而将该公司的股票大量倾销的时候，你甚至可以再多买进一些。然后，你就可以按巴菲特先生建议的那样，做一个投资懒汉了。

作为一名普通的美国投资者，进行海外投资的最大优势是，你可以在直接购买海外公司的股票中获利；你可以顺利地找到乐意与你合作的中介公司或者银行；你也可以方便地将资金汇往海外，并恰当地处理一些必要的相关琐事；你还可以成功地找到并调查你闻所未闻的公司。即使你从来都没有去过这个国家，并且，将来也不准备去，你还是能够利用手中的美钞，抓住这个国家的机遇。相反，大部分美国投资者由于恐惧，将永远不会知道这些机遇的存在，更不会去奋力追求它们。因为他们认为，将资金投入国外是最具冒险性的一种做法，他们只想向国内的一些热门股票投资，而在他们的资金刚刚到位的时候，这些热门股票已经开始下跌，他们只能眼睁睁地看着自己的股票市值不断缩水，却束手无策。

全球投资并不是一个很难掌握的游戏。它需要一些时间，当然，了解任何一件有价值的事物，都需要花费一定的时间。即使你只是想调查一下，在美国的国际基金中，哪些具有货币风险防御功能，这也是需要花费时间的。

世界确实就是一枚珍珠贝，而珍珠就包含在这枚贝壳中。要想得到这些珍珠，你就需要具备一种冒险精神，而不要将目光只局限在曼哈顿岛。

你应该将投资组合指向伦敦、东京、赫尔辛基、圣地亚哥、曼谷、奥克兰、约翰内斯堡、上海、开罗、圣保罗……然后，等待机遇的到来。

在结束这本书的时候，我还想说一点，尽管在投资过程中，你会遇到一些风险和挑战，但是，不管这些钱来自哪里，赚到你手里的钱却都是大把大把的美钞。最后，祝你旅途愉快！

鸣　谢

　　我对外部世界的认识要追溯到 1976 年，那时我只有 10 岁。一天晚上，我的单亲母亲和她的几位朋友一起到德国法兰克福（Frankfurt）的一家小酒馆中喝酒——也带上了 10 岁的我。母亲那时在一家航空公司工作，这家公司运营往返沙特阿拉伯的航线。在我们的航空旅行经历中，那是一段特别时期，我们可以免费飞往任一个母亲喜欢去的地方。她对每一个地方都充满了向往，因此，我们经常乘着飞机，到危地马拉、印度、智利、阿根廷、德国、英国、巴哈马群岛等各个地方。

　　那天晚上，我学会了一句德语敬酒辞，到现在我还清晰记得；我还学会了将一叠杯垫从桌子边缘掷出，在它们还没有散落一地时，用手接住；而最重要的是，我了解到外国人的生活与美国人并没有太大的不同。世界各地的人们都和我们一样做着相同的事，只是做这些事情时所使用的语言不同，在不同国家的商店中也销售着相似的商品。

　　我和母亲一起旅行的经历拓展了我的视野，也让我认识到美国只是这个世界上的一座小岛，虽然我只在这座小岛上生活过，但我一直觉得自己是一位世界公民。儿时的经历，坚定了我想成为一名全球投资者的信念。我必须成为一名真正优秀的全球投资者——这一信念激励我直接进入海外证券市场。这样做虽然不会出现财务危机，但也并不是想象的那么容易，并且还时常被人嘲笑为傻瓜。这么多年来，我在海外市场中有得有失，与海外中介公司和银行有过多次交涉经历，我也对中国、罗马尼亚等地的投资市场进行了调研……所有这些丝毫没有改变我的想法，而且进一步坚定了我在全球进行投资的信念。当一位母亲带着她的儿子认识这个广阔世界的时候，你会发现，一旦你的思维与行为走向了世界，那么到处都会充满机遇。

　　所有这一切，都让我对母亲充满无尽的感激，她让我认识了这个世界

的瑰丽和奇妙。

我还要感谢吉姆·罗杰斯（Jim Rogers），他因《投资骑士》（Investment Biker）一书而享有盛名。我曾在《华尔街日报》的人物专访中对他进行过多次访问，他也知道他对我的投资生涯有着重要影响。吉姆最初就是骑着一辆摩托车环游世界，并记录下各个国家的投资环境。正是他的这些研究，让我有勇气冲出纽约证券交易所的舒适环境而走向世界。很多美国人在纽约证券交易所投资，从不敢轻易走出这个环境，即使陷入困境，他们也不会逃脱。吉姆的这些信息、经历和分析让我看到了隐藏在世界各地的商机。正是在读完这本《骑摩托的投资者》之后——在同一个月内我读了两遍——我于1995年才开始寻找我的第一家海外中介公司，并且从那以后再也没有后退过。

还有约翰·马哈尼（John Mahaney），他是皇冠出版社的一位编辑，也是我这本书的第一位读者。从这本书中，他看出了特别的趋势：直接进行海外投资，十多年来一直是那些财大气粗的富豪才能做的事情，但是这种方式最终将成为美国大多数投资者的投资策略。投资者需要一本投资指南，指导他们的海外投资之旅，而这本书就做到了这一点。对此，我对他深表感谢。

我还要感谢华尔街日报社的几位朋友，几年来，他们一直支持着我的写作。罗·丹吉洛（Roe D'Angelo）对我的书写规范作了很大的指导，还有我的编辑鲍勃·萨巴特（Bob Sabat）和拉里·格林伯格（Larry Greenberg），他们正不厌其烦地帮我编辑我的另一本书。

还有我的妻子艾米（Amy），她一直支持着我的写作，就在几周前我刚完成一本书后，她还在鼓励我写另一本。她时刻警醒着我，让我不至于因懈怠而落伍，我感谢她为我做的一切。

最后我还要感谢我的朋友黛比·达比（Debbie Darby），在我的写作过程中，她对这本书做了大量的阅读、修改和校对工作，我非常感谢她。还有你们，我的读者朋友们，千言万语不足以表达我对你们的衷心感谢！

杰夫·D·奥普代克

图书在版编目（CIP）数据

伟大的投资机会——在全球股市蓝海中拾贝/〔美〕杰夫·D·奥普代克 著. 胡丽英译. —北京：东方出版社，2008（书名原文：The world is your oyster）

ISBN 978-7-5060-3333-6

Ⅰ. 伟… Ⅱ. ①奥… ②胡… Ⅲ. 投资—通俗读物 Ⅳ. F830.59-49

中国版本图书馆 CIP 数据核字（2008）第 168720 号

The World is your Oyster by Jeff D. Opdyke.

Copyright © 2008 by Jeff D. Opdyke.

This translation published by arrangement with Crown Business，an Imprint of Random House，Inc. through Andrew Nurnberg Associates International Limited.

The Wall Street Journal is a registered trademark of Dow Jones.

Simplified Chinese edition copyright © 2009 by Oriental Press.

All rights reserved.

本书由安德鲁·纳伯格联合国际有限公司代理
中文简体字版专有权属东方出版社
著作权合同登记号 图字：01-2008-3627 号

伟大的投资机会——在全球股市蓝海中拾贝

作　　者：〔美〕杰夫·D·奥普代克
译　　者：胡丽英
责任编辑：李　丹
出　　版：东方出版社
发　　行：东方出版社　东方音像电子出版社
地　　址：北京市东城区朝阳门内大街 166 号
邮政编码：100706
印　　刷：北京智力达印刷有限公司
版　　次：2009 年 5 月第 1 版
印　　次：2009 年 5 月第 1 次印刷
开　　本：710 毫米×1000 毫米　1/16
印　　张：16.5
字　　数：168 千字
书　　号：ISBN 978-7-5060-3333-6
定　　价：34.00 元
发行电话：(010) 65257256　65245857　65276861
团购电话：(010) 65230553